HEREDAR LA PALABRA: CUERPO Y ESCRITURA DE MUJERES

Para Luis por
la sorpresa del
encuentro.
Con cariño
B. Ferrús
8/4/2008
Bellaterra

HEREDAR LA PALABRA: CUERPO Y ESCRITURA DE MUJERES

BEATRIZ FERRÚS ANTÓN

tirant lo blanch
Valencia, 2007

En caso de erratas y actualizaciones, la Editorial Tirant lo Blanch publicará la pertinente corrección en la página web www.tirant.com (http://www.tirant.com).

Director de la colección:
MANUEL ASENSI PÉREZ

EDITA: TIRANT LO BLANCH
C/ Artes Gráficas, 14 - 46010 - Valencia
TELFS.: 96/361 00 48 - 50
FAX: 96/369 41 51
Email:tlb@tirant.com
http://www.tirant.com
Librería virtual: http://www.tirant.es
DEPOSITO LEGAL: V - 1578 - 2007
I.S.B.N.: 978 - 84 - 8456 - 832 - 2
IMPRIME: GUADA IMPRESORES, S.L. - PMc Media, S.L.

A mis padres

A Pablo y Miguel Ángel

ÍNDICE

AGRADECIMIENTOS

Si los textos literarios sólo pueden ser pensados en el entramado intertextual, todo trabajo de indagación crítica forma, asimismo, parte de un juego de flujos y referencias cruzadas, de lecturas y de afectos, de charlas y llamadas, como huellas derridianas, unas iluminando a las otras, todas diferentes, únicas, al tiempo que toda iguales, pues todas participan de la comunidad de lo entrañable. Así, me gustaría presentar este trabajo como un entrecruzamiento autobiográfico, de mi vida con la de todos aquellos que en ella intervienen en primera persona; pero también de mi escritura con todos los textos que amo, ¿pues no es hoy día todo aquel que se dedica a la literatura sospechoso de un enamoramiento salvaje, casi de una locura, como en su día lo fueron las monjas coloniales que se decían místicas?

Por ello deseo dedicar este ensayo a todos los que conmigo comparten esta "locura amorosa".

A Manuel Asensi, loco donde los haya en esto de la literatura, que ha sido para mi siempre un oído atento y una inagotable fuente de entusiasmo y de ideas, maestro en múltiples caminos, muchas de estas páginas nacen de su sabio consejo; pero, ante todo, apoyo insustituible, al que, además, debo todo lo que sé sobre mística.

A Nuria Girona, capaz de descifrar mi deseo y de guiarlo, por haber hecho el papel de "confesora", porque con ella me faltan palabras para expresar suficientemente mi agradecimiento.

A Carmen Simón, que creyó en mi desde el principio, por transferirme su tenacidad y su amor por la historia y el archivo; pero también por haberme concedido una amistad que me llena de energía.

A Meri Torras que al confiar tanto en mí me devuelve la imagen a la que acudo a mirarme en los momentos de "melancolía". Por estar siempre ahí, haciendo más fácil y más enriquecedora mi profesión y mi vida.

Y, como siempre, a mi familia, a los que están: a mis padres y a mis hermanos que han hecho especial cada instante desde donde me alcanza la memoria, a mis tíos y primos, que siguen mis "andanzas académicas" con contagioso entusiasmo, y a mi abuela Carmen, que me ha revelado que el cariño verdadero pervive ante los avatares de la vida y la memoria; pero también a los que no están, aunque forman parte de mi: a mi abuelo Gil, interlocutor y destinatario principal de todo lo que hago y lo que escribo, que me guía desde dentro, a mi abuela Lolita, sin quien no imagino ninguna historia de mujeres y quien me legó mi propia "escena de lectura", y a mi abuelo Manolo, que constituye mi recuerdo más antiguo de un rostro entusiasmado leyendo.

CUADRO DE ABREVIATURAS (por orden de aparición de textos)

MJ = María de San José: *The Spiritual Autobiography of Madre María de San José (1656-1719)*, Liverpool: Liverpool University Press, 1993.

US = Úrsula Suárez: *Relación Autobiográfica*, Santiago de Chile: Biblioteca Antigua Chilena, 1983.

MC = Francisca Josefa de la Concepción del Castillo: *Mi vida*, Bogotá: Publicaciones del Ministerio de Educación Colombiana, 1942.

AE = "Afectos Espirituales" Francisca Josefa de la Concepción del Castillo: *Obras Completas*, Bogotá: Banco de la República, 1968.

LV = Teresa de Jesús: *Libro de la vida*, Madrid: Cátedra, 2001.

ASB = Ana de San Bartolomé: *Obras Completas de la Beata Ana de San Bartolomé*, Roma: Teresianum, 1981.

PRÓLOGO

El descuidado de sí y las tecnologías del no yo: la relación entre monjas y auto-tanatografía

La monja es una invención reciente que quién sabe si está destinada a desaparecer pronto o no. Esta paráfrasis de Foucault me sirve para comenzar diciendo que cualquier parecido entre las monjas que yo he conocido y aquellas de las que habla Beatriz Ferrús en este libro es pura casualidad. Para mí "monja" significaba Sor Encarnación, maestra del primer colegio al que fui, que un buen día me llamó en medio de la clase para que yo acudiera a donde ella se encontraba en la tarima. Bajo el pretexto de que yo estaba armando jaleo me propinó mediante un lápiz forrado con funda de metal un puntazo en la cabeza que me dolió mucho. Tanto que siguiendo un impulso que me subió incontrolable por las venas le propiné una soberana bofetada con mis manos pequeñas, y ella me respondió clavándome sus uñas en las mejillas. Se armó tal revuelo en el colegio y en mi casa que el asunto se resolvió expulsándome a mi y trasladando a Sor Encarnación a otro convento. Está claro que esta monja, que además tenía un carácter endemoniado, representaba para mí y otros muchos un super-yo materno, represivo y gobernante. Nada que ver, o muy poco, con algunas de las monjas escritoras de la España y de sus colonias entre los siglos XV y XVIII.

Para explicar este punto, vuelvo a Foucault. En su texto "¿Qué es la crítica? (Crítica y *Aufklärung*)"[1], señala cómo la actitud crítica, definida como "el arte de no ser gobernado o incluso el arte de no ser gobernado de esa forma y a ese precio",

---

1 En *Sobre la ilustración*, Madrid, Tecnos, 2006 (2ª ed.).

encuentra sus raíces en el periodo de la Reforma. Lo que estuvo en la base de esta empresa fue un desacuerdo en torno a la manera de interpretar las *Sagradas Escrituras* y a la consiguiente forma de gobierno que de ella se desprendía. Gobernar quiere decir, como señala Foucault en el mencionado texto, dirigir la vida de las personas, controlarlas, someterlas a determinadas normas, y la confesión era un mecanismo importante de ese control. Si la Reforma se entiende como una desobediencia hacia las normas reguladoras, se comprende por qué Foucault la señala como uno de los puntos de partida de la actitud crítica. La base de mi argumento aquí es que una actitud crítica la adopta quien está en disposición de hacerlo.

Si, como subrayó Spivak, un "subalterno" es aquel o aquella que no puede hablar, aquel o aquella cuyos actos de habla no pueden obtener una sanción institucional[2], entonces parece evidente que un subalterno parece incapaz de adoptar una posición crítica. ¿Qué tipo de crítica puede adoptar una mujer (y vale la pena subrayar que se trata de una mujer) encerrada entre los muros de un convento (prisionera, pues, en un sentido literal), cuyo cuerpo es separado de la posibilidad de una percepción sensorial, y cuya mente es escrutada, espurgada y controlada, en mayor o menor medida, por un confesor al que debe obediencia? Bien conocemos las correrías y los desmanes de una disidente de la talla de Teresa de Jesús, descalza claramente posicionada en contra de las disposiciones y la acciones de la Iglesia y de las instituciones oficiales, pero no todas las monjas tuvieron la posibilidad de poder hablar y de cumplir actos refrendados por tales instituciones.

La subalternidad, por supuesto, tiene grados, casi podríamos decir que consiste en una escalera que va creando los subalternos del subalterno y, así, *ad infinitum*. La monja del

2 Gayatri Chakravorty Spivak, *A Critique of Postcolonial Reason*, Harvard, Harvard University Press, 1999.

periodo colonial, María de San José, Úrsula Suárez, la Madre Castillo, no es un subalterno profundo, sino la subalterna de un grupo no subalterno (el del poder religioso), por ser monja, por ser mística y por ser mujer. Pero sí se subalterniza, al fin y al cabo la imitación de Cristo supone situarse en la posición del servidor de los servidores, como cuando Jesús lava los pies de los discípulos. Y lo que este libro pone en evidencia es que a pesar de situarse en la órbita del cuidado de sí y de la tecnología del yo, en realidad habla del "descuidado de sí".

Las dietas estrictas, la abyección del propio cuerpo, la anorexia, la enfermedad, la auto-tortura, el dolor, el beber el pus de las heridas propias y ajenas, la melancolía, aparecen en este libro como tecnologías del yo destinadas a descuidar el sí mismo como condición de la escapada. La actitud crítica de las monjas aquí descritas consiste en emplear una lengua conocida y codificada para expresar un referente extraño, un fenómeno irreconocible y siempre sospechoso: el contacto con Dios. Y la escritura, la relación, es una forma más de tortura. De hecho, Beatriz Ferrús escribe que "la destrucción del cuerpo femenino posibilita la escritura de mujeres" porque la fragmentación de la escritura corresponde a la fragmentación del cuerpo.

Aquí no se trata de la desconfianza frente a los placeres, ni del desafecto hacia otros cuerpos, ni tampoco de evitar el abuso: "Se puede caracterizar brevemente ese 'cultivo de sí' por el hecho de que el arte de la existencia (...) se encuentra dominado aquí por el principio de que hay que 'cuidar de uno mismo'"[3]. Es algo muy diferente lo que se plantea en este libro, pues la monja en tanto mística practica el abuso y el "descuidado de sí" como un medio de imitar a Jesucristo y alcanzar la comunicación con él. Es el arte de la inexistencia, se vive para no vivir la vida del mundo, se vive para perder el yo, triturarlo,

---

3 M. Foucault, *Historia de la sexualidad, 3. la inquietud de sí*, Buenos Aires, S. XXI, 1987, p. 42.

desobedecerlo. Quien no lo deje todo no podrá venir conmigo, dice Jesucristo, y el budismo indica la necesidad de matar el yo, un yo ficticio, como condición de acceso al nibbana. Simone Weil se refiere a esa pérdida en términos de sufrimiento y desdicha, en términos de un devenir cosa: "la desdicha es ante todo anónima, priva a quienes atrapa de su personalidad y los convierte en cosas. Es indiferente y el frío de su indiferencia es un frío metálico que hiela hasta las profundidades del alma a todos a quienes toca. Estos no volverán a encontrar el calor, ni volverán a creer nunca que son alguien[4]." Preocuparse por las posesiones y por la salud constituye un interés por completo ajeno a estas monjas y a la tradición mística.

En algunas cartas que Marco Aurelio envía a su maestro se observa una notable hipocondría, y ello desata toda una serie de prácticas: estar en la cama más tiempo abrigado y caliente si se está resfriado, hacer gargarismos con agua y miel, comer con moderación, conversar con los familiares. Y a ello se debe que la inquietud de sí esté en una estrecha correlación con el pensamiento y la práctica de la medicina, a ello que la filosofía se resuelva en unos preceptos para la salud[5]. Sin embargo, la vida y la escritura de estas monjas son una anti-medicina, unos preceptos para lo pernicioso y la enfermedad, todo lo contrario del "cuidado de sí". La Madre Castillo escribe: "Cuando leía que las vírgenes seguían al Divino Cordero y Esposo Jesús, estaba firme en mi corazón, que primero me dejaría martirizar y pasaría por el fuego y el cuchillo que ser toda suya (de los hombres)"[6]. A caballo de los siglos XIII y XIV, Maestro Eckhart dice en su sermón "Cómo tenéis que vivir" todo lo contrario de los autores seleccionados por Foucault para ilustrar su teoría del "cuidado de sí": "no tienes que ser nadie"[7], y en *El libro del*

---

4 Simone Weil, *A la espera de Dios*, Valladolid, Trotta, 1996 (2ª ed.), p. 79.

5 M. Foucault, *Historia de la sexualidad, 3. la inquietud de sí*, op. cit., p. 53.

6 Francisca Josefa de la Concepción, *Mi vida*, Bogotá, Publicaciones del Ministerio de Educación Colombiana, 1942, p. 18.

7 Maestro Eckhart, *El fruto de la nada*, Madrid, Siruela, 1998, p. 63.

consuelo divino hace toda una apología de la tortura, el sufrimiento y la enfermedad. La mística radical se posiciona en contra del yo y del cuerpo que lo encarna, estas monjas de las que se habla en este libro no practican ninguna tecnología del yo, sino una tecnología del no yo, una tecnología cuyo objetivo es borrar el yo del mapa, para lo cual la salud del cuerpo no sirve de nada, es más bien una molestia, una excrecencia. Foucault dice que hay cuatro tipos de tecnología: la primera produce, transforma y manipula las cosas; la segunda se aplica a los sistemas de signos; la tercera es la del poder y cuyo fin es determinar y someter la conducta de los individuos; y la cuarta tecnología es la del yo que permite alcanzar cierto estado de felicidad[8].

Pues bien, se le olvidaba una tecnología, la del no yo, conjunto de prácticas que persigue matar el yo y destrozar el cuerpo con la finalidad de llegar hasta Dios y alcanzar una felicidad extrema (no "cierto estado de felicidad", sino una felicidad culminante de orgasmo más allá de la materia), o bien una protesta radical. Si no pensamos esta tecnología del no yo, será imposible comprender los actos terroristas llevados a cabo mediante la auto-aniquilación (los ataques del fundamentalismo islámico contra las torres gemelas, contra posicionamientos israelitas, contra los enemigos de esa religión en todo el mundo), la anorexia, la huelga de hambre, el borramiento del sexo, de la raza, o el misticismo radical. De algún modo, lo que este libro de Beatriz Ferrús plantea en relación a las monjas que estudia es una suma de todos esos fenómenos, pues sus actos son una auto-aniquilación, una práctica de la anorexia, una huelga de hambre y un misticismo radical. Con razón se puede decir que los relatos de vida de la Madre Castillo, Úrsula Suárez, María de San José, etc., más que autobiografías son autotanatografías, pues lo que en ellos se cuenta no son las etapas

8 M. Foucault, *Tecnologías del yo y otros textos afines*, Barcelona, Paidós, 1990, p. 48.

de una vida, sino los pasos que tratan de cumplir el consejo socrático: "compórtate como si estuvieras muerto". Lo que se inscribe en el trazo de la letra de esas auto-tanatografías no es el cuerpo, sino la desmembración del cuerpo.

Es cierto que la carnalidad y la sensorialidad son indispensables para la realización cristiana (Hegel acierta), también lo es que Lacan entiende el cristianismo como la recuperación del cuerpo para la religión, pero sería necesario enmendar esas hipótesis argumentando que lo indispensable es destrozar el cuerpo y los sentidos y que, por ello, no se trata de recuperar el cuerpo sino de acabar con él, de hacerlo trizas, pedazos.

La tesis que sostiene este libro es muy clara: la práctica y la escritura de las monjas citadas constituyen un modo de subversión de la mujer en el periodo colonial y más allá. Beatriz Ferrús lo dice parodiando a Paul de Man: "tras la apariencia de un inocente juego contiene un lenguaje de subversión y de rebelión femeninas altamente poderoso". Donde de Man habla de análisis retórico, ella pone la escritura de las monjas. La farsa y la comedia de Úrsula Suárez sirven, según la autora, para el cuestionamiento de las jerarquías de una sociedad cerrada y dominada por la hegemonía masculina, legitimada, además, por el propio Dios, por la propia divinidad. Podría argumentarse que dinamitar el sistema desde dentro corre siempre el peligro de legitimar ese "adentro" del sistema, peligro del que Derrida era plenamente consciente. El opio de la religión, ya se sabe. Pero está claro que la primera mascarada de los relatos de vida de las monjas se sitúa ante todo en el hecho de que el lenguaje no sirve para constatar una identidad acabada, sino para contar la historia de una desaparición y una destrucción. Así, mientas el lenguaje es gramatical, el cuerpo que se cuenta y que se expresa en esos relatos de vida entra en la agramaticalidad que supone toda destrucción. La comedia (nunca mejor dicho) sobreviene porque lo que el lenguaje de esos relatos narra es la historia de una desaparición, algo así como si una novela contara la desaparición de quien narra dejando el texto sin soporte responsable de la narración (*Nombres* de Sollers).

En fin, lo que Sor Encarnación quería no era destrozarse a sí misma, sino destrozarme a mí, la suya era una tecnología del no tú que, por desgracia, conoce tristes ejemplos en el siglo XX.

Manuel Asensi Pérez
Universitat de València

I. CAMINO DEL ESPEJO

Escribe Alejandra Pizarnik del "Miedo de ser dos/camino del espejo;/alguien en mi dormido me come y me bebe", mientras Gabriela Mistral afirma "Me sobra el cuerpo vano/de madre recibido;/ y me sobra el aliento/ en vano retenido/: me sobran nombre y forma/junto al desposeído", versos que apuntan a un origen y a un porvenir, versos nacidos desde el desgarro, desde la mascarada identitaria que persigue a la mujer, y que pesó sobre Eva en el Paraíso, pues entre el mandato de ser la compañera perfecta de Adán y la prohibición de comer del árbol de la ciencia, eligió la segunda, obteniendo como resultado el "parir con dolor", vínculo entre expresividad y cuerpo, entre sangre y letra, versos donde se hallan cifradas la mayoría de las incógnitas que atraviesan este libro.

De esta forma, una pregunta se sitúa en el umbral y funciona como punto de partida: ¿Cuál es la relación entre la *vida* colonial y la autobiografía? A partir de ella otros interrogantes se derivan: ¿Nos encontramos ante dos manifestaciones de una misma modalidad discursiva o ante modalidades distintas?, ¿Son correctas etiquetas como "autobiografías coloniales" o "autobiografías de los siglos de oro", manejadas por buena parte de la crítica? Para responder a estas cuestiones este trabajo parte del análisis de un corpus de textos literarios pertenecientes al mundo latinoamericano colonial: las *vidas* de María de San José, Úrsula Suárez y Francisca Josefa de la Concepción del Castillo, que me permitirán indagar las características específicas de ese género que aquí llamaremos *vidas*.

Todos estos textos tienen en común el protagonismo de un yo-monja que relata su vida siguiendo la tradición de la hagiografía, pero también de la *imitatio Christi*. Por tanto, la *imitatio* retórica funciona como valor de composición. La escritura de vida religiosa, especialmente femenina, (no en vano la mujer que accede a la palabra escrita no debe alejarse de la falsilla que le entrega el confesor), se presenta, por sus constantes formales, como el campo de pruebas idóneo sobre el que indagar continuidades y rupturas. Desde aquí, es posible señalar otro foco de interés en este ensayo: la especificidad de la autobiografía femenina, que habrá de deslizarse hacia una problemática más amplia: la de la escritura de mujeres. La mística como fórmula y posición de expresividad de la mujer cobra en este contexto singular interés.

Desde aquí, la teoría de la intertextualidad de Julia Kristeva, con atención a los grammas escriturales y grammas lectorales, se convierte, a través del estudio del ideologema textual, en la herramienta escogida para trazar la parábola entre *vidas* y autobiografías, para tratar de dar respuesta al que sería un primer nivel de lectura: el de la teoría autobiográfica. Asimismo, una revisión de la historia de la crítica autobiográfica, desde Dilthey a de Man, se presenta como necesaria. Por ello, el capítulo "La autobiografía como problema intertextual" sirve como umbral teórico desde el que configurar una posición de lectura, fruto de la revisión de nociones como "intertexto", "ideologema", "autobiografía", etc.

No obstante, para poder recorrer este camino y validar algunas respuestas es necesario recorrer itinerarios paralelos: en primer lugar, hace falta estudiar las condiciones de vida y escritura de la mujer en la colonia. En el capítulo "De puertas adentro: mujer, vida y escritura colonial" se esbozan las características sociohistóricas que las determinan. El convento como recinto intelectual, pero también sus limitaciones vitales y corporales, son analizadas con detalle, mientras que, la mística como opción de expresividad femenina será también comentada. La idiosincrasia del convento colonial, que aquí se describe, justifica la selección de textos latinoamericanos para el corpus de trabajo.

En segundo lugar, se ha mostrado indispensable realizar un estudio detallado de una serie de figuras-lecturas que trazan el intertexto tanto de *vidas* como *autobiografías*: Agustín de Hipona, Catalina de Siena, Ignacio de Loyola, Teresa de Jesús, Ana de San Bartolomé y Rosa de Lima conforman la galería estudiada. Así, el capítulo IV "Las leyes de la herencia: lecturas para una mística" se ocupa de comentar la importancia que la hagiografía tiene en la historia de la escritura del "yo", pero también de completar un recorrido donde se analizará: la tecnología corporal diseñada en los escritos de Agustín de Hipona, el cuerpo anoréxico y andrógino que renuncia a toda adorno de Catalina de Siena, y que se configura como modelo de identidad para la mujer, la tecnología de control que diseñan los *Ejercicios Espirituales*, la nueva expresividad femenina que representa la escritura teresiana o los tonos propiamente americanos que a ésta añade Rosa de Lima.

Nuevos focos de atención y lectura, que, no obstante, conducen al segundo gran tema de este ensayo: la retórica corporal sobre la que se asienta la tradición de escritura religiosa de vida, que va a convertirse en el núcleo generador de respuestas en torno a la intertextualidad y la teoría autobiográfica, pero que posee un interés específico, pues apunta hacia el siempre complejo tema de mujer, cuerpo y escritura, hacia el vínculo entre sangre y letra. Por eso, el apartado "Cuerpos puestos en escena: hacia una retórica de la corporalidad" analiza las *vidas* seleccionadas para el corpus de trabajo, prestando especial atención a la retórica corporal que sobre ellas se dibuja, y a la relación intertextual y polifónica que la conecta con la galería de figuras-lectura del capítulo anterior.

Por todo ello, este ensayo busca dar respuesta a algunas preguntas sobre la teoría autobiográfica y la teoría del género, a través del rastreo genealógico de la retórica y de la tecnología corporales presentes en los textos que constituyen el corpus de trabajo. ¿Por qué? Porque la historia de la mujer en la colonia es la historia de su cuerpo, porque es un yo-cuerpo el protagonista del relato de vida, porque el catolicismo recupera y estigmatiza el cuerpo para la historia de Occidente y convierte a las mujeres en sus principales depositarias.

¿Qué respuestas podrán encontrarse en este libro?

En primer lugar, el análisis detallado de las relaciones intertextuales existentes entre hagiografías, vidas y autobiografías y el diseño de dos ideologemas marcadamente diferentes revela que la distancia que separa a *vidas* y *autobiografías* es suficiente para hablar de modalidades discursivas distintas. A partir de la definición de "autobiografía" de Paul de Man y del rastreo de dos genealogías: la de la noción de sujeto y la de las tecnologías corporales, tomando como referencia la obra de Foucault, es posible probar que el siglo XVIII constituye una frontera de sentido indispensable para entender la *autobiografía*, como relación triádica: "autos", "bios" y "graphe", pues antes de esta fecha el espacio del "autos" es una casilla vacía, lo que se escribe es el "bios", un yo-cuerpo, "sujeto cerológico", todavía alejado del yo-sujeto autobiográfico. Además, ese "bios" cambia al producirse el advenimiento del tiempo de la "biopolítica", en tanto tránsito de una sociedad que juzga y castiga al cuerpo a una sociedad que juzga y castiga al sujeto.

El doble rastreo intertextual y genealógico permite, de una vez, encontrar un modo sistemático y razonado de delimitar las fronteras del género autobiográfico y de acabar con una falta de acuerdo crítico que ha durado décadas, desde aquí el trabajo se desliza hacia el tema específico de la autobiografía de mujeres. Las ya mencionadas etiquetas "autobiografías de los siglos de oro" o "autobiografías coloniales" se revelan inapropiadas; al tiempo que, con el trazado de estas genealogías, se revisan algunos de los problemas centrales de la llamada teoría "postestructuralista".

En segundo lugar, el rastreo de la retórica y la tecnología corporal, que atraviesa los relatos de María de San José, Úrsula Suárez y la Madre Castillo, hace posible indagar la importancia que los lenguajes del cuerpo han tenido en la historia del arte de mujeres como medios de expresión alternativos. El malditismo bíblico y los programas de *imitatio Christi* e *imitatio Mariae,* que la mujer debe asumir con determinaciones especiales, se revelan en el origen del veto a la mujer ante el espacio de la letra. El mapa corporal que las *vidas* facilitan, trabado por los lenguajes de la abyección, apunta hacia algunos de los núcleos y temas de máxima expresividad en la historia de las mujeres: el alimento, la anorexia, la maternidad, la sangre, las lágrimas... Los núcleos temáticos de las *vidas* de monjas se muestran de plena actualidad.

No obstante, si bien es cierto que este ensayo se detiene ante una pregunta: ¿qué significa escribir con el cuerpo?, pregunta por la materialidad en literatura y filosofía hasta ahora nunca resuelta, también lo es que realiza un itinerario previo sin el que sería imposible responderla y que aventura caminos posibles; mientras historiza y dota de sentido a algunas de las modernas reivindicaciones de los feminismos contemporáneos. Por todo ello, este estudio se presenta como un trabajo de linajes y de herencias, herencias entre mujeres y herencias de la palabra.

En tercer lugar, este estudio permite recuperar para el siempre cambiante corpus de la literatura hispanoamericana colonial textos que por "religiosos" y "de mujeres" habían quedado fuera; mientras que, como consecuencia, figuras-lectura como Ignacio de Loyola o Rosa de Lima han recibido una lectura literaria, pues la indagación hagiográfica, el eslabón de las *vitae* resulta indispensable para comprender la historia de la autobiografía, elemento que la crítica no siempre ha tenido en cuenta.

De igual manera, como derivas de la hipótesis central del texto: se documenta el origen de la retórica del llanto, se trabaja la relación entre *anorexia mirabilis* y anorexia sagrada... El capítulo "Dime qué escribes y te diré cómo es tu cuerpo" recoge y desarrolla las respuestas que aquí se apuntan; pero también los cabos que estás lanzan para leer el presente de las mujeres y su presencia en la escena literaria.

El resultado es un texto polifónico que habla de polifonía, donde la *lógica del merecer* de María de San José, la *lógica del padecer* de la Madre Castillo y la *lógica del parecer* de Úrsula Suárez se muestran como lógicas corporales y expresivas, que nacen de la confrontación con muchos espejos y muchos modelos de escritura. Nunca las "tretas del débil" fueron ni más sutiles ni más efectivas.

Sólo me resta invitarles a leer.

II. INTERTEXTUALIDAD Y AUTOBIOGRAFÍA

¿Se trata de una cita?-le pregunté.

Seguramente. Ya no quedan más que citas. La lengua es un sistema de citas.

Jorge Luis Borges, "Utopía de un hombre cansado", *El libro de arena.*

2.1. EL CONCEPTO DE INTERTEXTUALIDAD DE JULIA KRISTEVA

En 1967 Julia Kristeva acuñó el concepto de "intertextualidad" en un artículo sobre Bajtín publicado en el número 239 de *Critique:* "Bakhtine, le mot, le dialogue et le roman", que más tarde pasaría a formar parte de *Semiótica*. De este modo, la noción de "intertextualidad" nacerá como relectura de las teorías bajtinianas sobre la polifonía y el dialogismo; aunque, desde entonces, ha sido usada de maneras dispares. José Enrique Martínez Fernández explica en su libro *La intertextualidad literaria* cómo "Teóricos y críticos hicieron uso del concepto, ampliando o restringiendo su campo significativo o solapando bajo el nuevo término estudios tradicionales de fuentes e influencias"[1], e insiste en la necesidad de acabar con las limitaciones de estos términos; al tiempo que, redacta un minucioso estado de la cuestión al respecto, donde se ofrece rendida cuenta de las posibilidades con que dotaron a la noción de intertextualidad Bajtín y Kristeva, pero también Barthes, Genette, Lotman, Zavala, Bobes Naves, Derrida..., por citar

[1] MARTÍNEZ FERNÁNDEZ, J. E: *La intertextualidad literaria,* Madrid: Cátedra, 2001, pág. 9.

unos pocos entre el extensísimo listado de nombres de quienes han revisado y usado este concepto.

No es el objetivo de este trabajo repetir dicho estado de la cuestión, sino repasar por medio de sencillos trazos aquellos momentos de la historia crítica que conducen al concepto de Kristeva, y al manejo que ella hace de la noción de intertextualidad, para luego pasar a detallar este uso y establecer las precisiones con las que será empleado aquí.

Dentro del estudio de los géneros literarios Bajtín[2] dedicó el mayor interés a la novela, como género vinculado al despertar histórico de las clases bajas, la novela hereda y surge de las formas expresivas de dichas clases. Así, ésta se presenta como fenómeno pluriestilístico, plurilingual y plurivocal, que hace de la polifonía su principal característica. La narración literaria directa del autor o autores, formas de narración oral, la presencia de otros géneros, intervenciones de personajes con marcas de pertenencia a diferentes sectores sociales... son algunas de las voces que se encuentran en la novela, que surge del entrecruzamiento de voces propias y ajenas, individuales y colectivas, de la puesta en escena de una estética carnavalizada. Además, para Bajtín la novela sólo existe en tanto materialidad, producto que circula en un contexto social determinado, como tal recibe el nombre de "ideologema".

Asimismo, la teoría de Bajtín sobre la polifonía en literatura se extenderá a su pensamiento sobre el hombre, que va a ser entendido como ser dialógico, inconcebible sin el otro. La "dialogía", como concepto clave en la obra del teórico praguense, permite revisar la voz monológica, autoritaria y normativa.

---

2 Una caracterización detallada del lugar que Bajtín y su círculo ocupan en el seno de Historia de la Teoría de la Literatura puede leerse en ASENSI PÉREZ, M.: *Historia de la teoría de la literatura,* Valencia: Tirant lo Blanch, 2003, págs. 456-477. He seguido las indicaciones de este trabajo para la redacción de este apartado.

Frente a esto, el pensamiento de Julia Kristeva, relacionada en sus comienzos con el grupo *Tel Quel* y con lo que ella misma habría de llamar "semanálisis", partiría de la caracterización de la "escritura literaria" como medio que pone en cuestión el código del que surge, tensando sus límites y activando todas sus posibilidades; al tiempo que, representa un trabajo más allá del marco del valor, en términos de economía marxista: "se trata de plantear el concepto de ese "trabajo" que "no quiere decir nada", de esa producción muda, pero señalante y transformadora, anterior al "decir" circular, a la comunicación, al intercambio, al sentido". Así, el semanálisis nace de la necesidad de estudiar un tipo de mensaje que por su radicalismo escapa a las posibilidades de la semiótica.

Desde aquí, en ensayos como "El engendramiento de la fórmula" o "Para una semiología de los paragramas", Kristeva estudiará con detalle las características del lenguaje poético, acuñando diferentes conceptos clave para su teoría de la intertextualidad:

> El significado poético remite a significados discursivos distintos, de suerte que el enunciado poético resultan legibles otros varios discursos. Se crea, así, en torno al significado poético, un espacio textual múltiple cuyos elementos son susceptibles de ser aplicados en un texto poético. Denominaremos a este espacio intertextual. Tomado en la intertextualidad, el enunciado poético es un subconjunto de un conjunto mayor que es el espacio de los textos aplicados a nuestro conjunto[3].

"Espacio intertextual", "intertextualidad", pero también "texto", porque Julia Kristeva nos dirá: "definimos el texto como un instrumento translingüístico que redistribuye el orden de la lengua, poniendo en relación un habla comunicativa que apunta a la información directa, con diferentes tipos de enunciados anteriores o sincrónicos"[4], donde lo translingüístico es aquello

---

3 KRISTEVA, J.: *Semiótica,* Madrid: Fundamentos, 1978. Vol II, pág. 66.
4 ibid: Vol. I. 147.

que escapa al orden lingüístico, que altera las leyes de la lengua para crear una nueva distribución de elementos, para engendrar nuevos sentidos. De esta forma, si un texto puede destruir la lengua natural y dar lugar a otra lengua distinta, con una lógica diferente, eso supone que ese texto ha sido construido a partir de la cita de otros textos anteriores o sincrónicos, que representan el código lingüístico de una época. Estos textos serán afirmados o negados, no sólo desde el punto de vista de las ideas, sino también del significante. Desde aquí, "a la actitud que un texto guarda con respecto a los textos que incorpora, la teórica búlgara lo denomina 'ideologema'. El ideologema es la confrontación de una organización textual dada con los enunciados que asimila en su espacio o a los que remite en el espacio de los textos anteriores"[5]. En palabras de la propia Kristeva:

> El ideologema es una función intertextual que se puede leer "materializada" en los diferentes niveles de la estructura de cada texto, y que se extiende a lo largo de su trayecto dándole sus coordenadas históricas y sociales. No se trata ahora de una actividad interpretativa al análisis que "explicaría" como "ideológico" lo que primero ha sido conocido como "lingüístico". La aceptación de un texto como ideologema determina la actividad misma de una semiótica que, estudiando el texto como una intertextualidad lo piensa así en (el texto de) la sociedad y la historia. El ideologema de un texto es el hogar en que la racionalidad cognoscente aprehende la transformación *de los enunciados* (a los que resulta irreductible el texto) en un todo (el texto), así como las inserciones de esa totalidad en el texto histórico y social[6].

Desde aquí, el lenguaje literario que no conoce límites ni prohibiciones representa la infinitud del código, pero también:

> es una escritura-réplica (función o negación) de otro (de los otros) texto(s). Por su manera de escribir leyendo el corpus literario anterior o sincrónico el autor vive en la historia, y la sociedad se escribe en el texto. La ciencia paragramática debe pues tener en cuenta una ambivalencia: el lenguaje poético es un *diálogo* de dos discursos. Un texto extranjero

---

5 ASENSI PÉREZ, ibid: 631.

6 KRISTEVA, *Semiótica,* ibid: Vol. I. 148.

> entra en la red de la escritura: ésta lo absorbe según leyes específicas que aun están por descubrir. Así en el paragrama de un texto funcionan todos los textos del espacio leído por el escritor[7].

Por ello, si todo texto es una huella de otro texto será conveniente distinguir entre texto como lectura y texto como escritura, entre "grammas lectorales" y "grammas escriturales". Un gramma lectoral puede ser o bien el texto extranjero como reminiscencia o bien el texto extranjero como cita. Mientras los grammas escriturales hacen referencia a cómo el texto transforma él o los textos anteriores mediante un trabajo cualquiera de los diferentes niveles lingüísticos, del plano fónico o del plano del contenido: "En esta perspectiva, el texto literario se presenta como un sistema de *conexiones* múltiples que se podría describir como una estructura de redes paragramáticas"[8].

Asimismo, el texto literario, pensado por Julia Kristeva como doble, intertextualidad o escritura réplica, habría de aproximarse a la noción de "huella" sobre la que trabajaría otro de los miembros del grupo *Tel Quel*: Jacques Derrida.

Si Sausseaure había afirmado que el lenguaje es un sistema de significaciones cuyo valor reside en las diferencias entre sus elementos, Derrida pensaría que el significado no está inmediatamente presente en el signo, sino que se encuentra diseminado[9] en toda una cadena de significantes, sometido al juego de la presencia y la ausencia:

> Todo elemento habrá de remitir a otro elemento que no sea simplemente presente, esto es, cada diferencia es retenida y trazada por las demás diferencias, cada elemento se constituye a partir de la huella de los demás elementos —huellas— del sistema. El juego depende así de la huella que sólo existe por otra huella y no hay ninguna que sea primera. La diferencia que se sitúa en el "origen" de todas las diferencias posibles

---

7 ibid: Vol. I. 235-236.

8 ibid.: Vol. I. 239.

9 Véase DERRIDA, J.: "La diseminación" en *La diseminación*, Madrid: Espiral/Fundamentos, 1997.

> es la huella misma como archi-huella, como movimiento del origen absoluto del sentido[10].

El pensamiento de la huella tachará el concepto de origen. El lenguaje está sometido a un intercambio continuo, donde cada elemento se explica y se define por los demás, el significado se encuentra diseminado, el texto es juego, tejido infinito, huella, "una escritura/lectura realizada sobre la huella, siendo ella misma huella, con proyección de huellas y gracias a la cual puede funcionar como escritura/lectura"[11]. Esto supone la posibilidad de leer un texto desde cualquier otro texto, pero no como lectura única, sino como pluralidad, la huella marcaría una infinidad de relaciones textuales.

Desde aquí, este ensayo tratará de abordar el complejo entramado de relaciones intertextuales que une a tres tradiciones literarias: hagiografías, *vidas* y autobiografías, donde cada una es escritura-lectura de las otras, donde es necesario leer las tres para comprender el sentido de una sola, donde, además, el estudio de la intertextualidad puede convertirse en un punto clave para resolver algunas de las incógnitas que han atravesado la historia de la teoría autobiográfica.

2.2. ENTRE EL ESPEJO Y LA SEPULTURA (LA TEORÍA AUTOBIOGRÁFICA)

> *¿Qué tienen en común un espejo y una sepultura? Algo del yo que ambos retienen... Si toda cultura es capaz de guardar a sus muertos es porque es capaz de identificarse con ellos. Y al identificarse con sus muertos es capaz de hacer un intercambio de imágenes que sostiene la*

---

10 DE PERETTI, C.: *Jacques Derrida. Texto y deconstrucción,* Barcelona: Anthropos, 1989, pág. 72.

11 ASENSI PÉREZ, M.: *Theoría de la lectura. Para una crítica paradójica.* Madrid: Hiperión, 1987, pág. 76.

idea de inmortalidad. Siempre yo y otro que es como yo, sin ser yo. El trayecto empieza donde termina: siempre yo como un desorden de identificaciones imaginarias que se lleva hasta la tumba.

Nuria Girona, *Memorial de Isla negra y otras topografías del yo nerudiano.*

Un mundo conflictivo, el barroco, y una escritura sinécdoque del mismo, plagada de incógnitas, de engaños, de máscaras, albergan voces, cautivan discursos, como un juego de cajas chinas que contiene siempre un "yo". Las *vidas* de María de San José, Úrsula Suárez y la Madre Castillo lanzan una pregunta sobre su papel en la historia de la autobiografía.

Escribir como "yo", escribirse, contarse, trazar un autorretrato, mirarse en el espejo, tallar el propio epitafio "me parece indispensable decir *quién soy yo*", afirmará Nietzsche[12]. La escritura de vida recorre la historia de la literatura a través de manifestaciones polimorfas que invitan a pensar en una genealogía.

La teoría literaria gira y vuelve a girar sobre el problema autobiográfico[13], del acuerdo legal a la prosopopeya retórica, del espejo a la sepultura, del retrato positivista a la mascarada textual, pues "Lo que escribo sobre mí no es nunca la última palabra respecto a mí"[14].

La autobiografía como género literario goza ya de un extenso trazado crítico, invita al pensamiento teórico; pero si las explicaciones sobre su *qué* y su *cómo* son abundantes y dispares, nadie parece dudar respecto al *cuándo*. La consecución del

---

12 *Ecce Homo*, Madrid: Alianza, 1998.

13 A modo de visión panorámica sobre la historia de la teoría autobiográfica pueden consultarse los textos: ANDERSON, L.: *Autobiography*, New York: Routledge, 2001 y el recopilatorio ya clásico LOUREIRO, Á.: *La autobiografía y sus problemas teóricos. Estudios e investigación documental*, Barcelona: *Anthropos*, Suplementos 29, 1991.

14 BARTHES, R.: *Roland Barthes por Roland Barthes,* Barcelona: Kairós, 1978, pág. 132.

poder por parte de la burguesía en el tránsito del siglo XVII al XVIII y la institucionalización filosófica, social y legal de la categoría de individuo[15], serán requisitos necesarios, que ya cumple la considerada primera obra del género: las *Confesiones* de JJ. Rousseau:

> Emprendo una tarea de la que jamás hubo ejemplo y que no tendrá imitadores. Quiero descubrir ante mis semejantes a un hombre con toda la verdad de la naturaleza y ese hombre seré yo.
>
> Yo solo. Siento mi corazón y conozco a los hombres: no soy como ninguno de cuantos vi, y aun me atrevo a creer que como ninguno de los que existen. Si no valgo más, soy, al menos, distinto de todos. Tan solo después de haberme leído podrá juzgarse si hizo bien o mal Naturaleza al romper el molde que me vaciara[16].

No obstante, son muchas las obras que dicen "yo" antes del siglo XVIII, mostrando el espejismo de su parecido con la autobiografía; este será el caso de todas y cada una de las obras del siglo XVII incluidas en el corpus de análisis. Por eso, todo lector moderno que se pose sobre ellas no podrá dejar de

---

15 El cambio que tuvo lugar sobre la noción de sujeto en filosofía a fines del XVIII, como resultado de una tradición iniciada en el Renacimiento, será determinante para la comprensión del concepto de "autobiografía". Durante el periodo clásico la mente se considera invadida por fuerzas superiores, no teniendo ella más que un papel receptivo y especular. Sin embargo, en este momento se encumbra un concepto de mente según el cual ésta tiene un papel activo y formativo (Descartes, racionalismo, empirismo, Kant). Además, coincidiendo con esto surgiría la duda de si esta autonomía no sería más que un pretexto para otros procesos que provienen de un lugar inaccesible para el propio sujeto. Schopenhauer, Nietzsche y Freud indagarían respecto a este particular. "Voluntad", "voluntad de poder" e "inconsciente" son conceptos que, aunque de muy distinto significado, ponen en común el hecho de que el sujeto no es dueño de su acción, de su comportamiento o del escenario histórico en que se mueve, no es un ente compacto, sino un ser de fisuras, un espacio quebrado, heterogéneo, lleno de fuerzas encontradas y grietas. Las menciones de este trabajo a la noción de "sujeto moderno" se hallan inscritas en esta problemática.

16 ROSSEAU, J.J: *Las Confesiones,* Madrid: Espasa-Calpe, 1983.

interrogarse sobre su relación con la escritura autobiográfica, aunque reconozca la especificidad que las caracteriza.

Además, a esto se suman como temas de reflexión: el devenir específico de la autobiografía religiosa, y el problema concreto de la relación mujer-autobiografía, que articula lo que Aranzazu Usandizaga ha llamado la *retórica de la incertidumbre:*

> El registro retórico que ha caracterizado la expresión siempre incierta de la autobiografía femenina, constantemente sometida a impulsos contradictorios, por la tensión entre la necesidad de reconocerse y recrearse mediante la expresión autobiográfica, y el temor a alienarse de las nociones de feminidad aceptables dentro de sus culturas propias[17].

Desde aquí, siempre que una mujer decida contarse inscribirá su gesto en una historia dislocada, pues relatar una vida supondrá ejercer un acto de reescritura y de reinterpretación, implicará elaborar y mostrar una auto-imagen que reivindica un lugar en el espacio de la letra, que tematiza un desafío; pero ese mismo gesto también podrá ser pensado como condena, como prohibición de transitar otras esferas de escritura, como obligación de permanecer relegada en las narraciones privadas y en sus silencios; puesto que, la escritura de vida fue durante siglos un género menor. Aunque hoy la autobiografía ocupe un importantísimo lugar en la historia de la teoría de la literatura y de la crítica.

"'Autobiografía': vida de una persona escrita por ella misma" dice el diccionario[18]. Sin embargo, tratar de abarcar con precisión crítica este concepto no es tan sencillo como puede parecer, pues la problemática que lo acompaña nos impide conformarnos con esta sencilla definición, ya que "autobiografía", bien como categoría de notable interés para los estudios

---

17 *Amor y Literatura. La búsqueda literaria de la identidad femenina*, Barcelona: PPU, 1993.

18 RAE: *Diccionario de la lengua española*, Madrid: Espasa-Calpe, 1992.

históricos, bien como "género literario" se ha convertido en una parcela controvertida; cosa que, se refleja en la ingente cantidad de aproximaciones críticas que se han ocupado de ella, en la maraña teórica a la que debemos enfrentarnos si queremos acceder a su sentido. Así, el género autobiográfico se ha transformado en los últimos años en el campo de batalla sobre el que se han de resolver viejos y nuevos conflictos de la teoría de la literatura y de la crítica.

Fue Dilthey quien en el siglo XIX inauguró el protagonismo teórico que iba a tener a partir de ese momento la autobiografía[19]. Para él este género, vinculado a la historia, funcionaba como forma esencial de comprensión de los principios organizativos de la experiencia y de los modos de interpretación de la realidad histórica, la autobiografía debía leerse siguiendo una clave de verdad. El lector buscaba verificar de forma positivista un listado de hechos.

Pero la relación entre texto e historia iba a protagonizar un giro hacia una conexión entre texto y sujeto a partir de los trabajos de Georges Gusdorf[20], a quien ya no interesaba la reconstrucción mimética de la vida, sino la elaboración de la vida en la escritura: "La autobiografía no es la simple recapitulación del pasado; es la tarea y el drama de un ser que, en un cierto momento de su historia, se esfuerza en parecerse a su parecido... La significación de la autobiografía hay que buscarla más allá de la verdad y de la falsedad"[21]. Ahora el lector ya no constata datos, sino que se ha transfigurado en intérprete.

---

19 Me refiero a su trabajo DILTHEY, W.: *Dos escritos sobre hermenéutica: el surgimiento de la hermenéutica y los esbozos para una crítica de la razón histórica*, Madrid: Alianza, 2000.

20 GUSDORF, G.: "Condiciones y límites de la autobiografía" en LOUREIRO, Á.: *La autobiografía y sus problemas teóricos (Estudios e investigación documental),* Barcelona: *Anthropos,* Suplementos, 29.

21 DILTHEY, ibid: 15.

Sin embargo, será el trabajo de P. Lejeune "El pacto autobiográfico"[22], uno de los que habría de ser más determinantes para la historia de la autobiografía. En él la autobiografía va a ser considerada tanto un modo de lectura como un tipo de escritura, pues se trata de un "efecto contractual que varía históricamente"[23]:

> La historia de la autobiografía sería entonces, más que nada, la de sus modos de lectura: historia comparada en la que se podría hacer dialogar a los contratos de lectura propuestos por los diferentes tipos de textos (pues de nada serviría estudiar la autobiografía aisladamente, ya que los contratos, como los signos, sólo tienen sentido por efectos de oposición), y los diferentes tipos de lectura a los que esos textos son sometidos. Si entonces la autobiografía se define por algo exterior al texto, no es por un parecido inverificable con la persona real, sino por el tipo de lectura que engendra, la creencia que origina y que se da a leer en el texto crítico[24].

Autor, narrador y personaje quedan implicados en ese "pacto autobiográfico". No obstante, pese a que ésta parecía la solución perfecta para algunos de los problemas clásicos de la teoría autobiográfica, Paul de Man revela cómo tras este contrato se encuentra realmente una estrategia que no resuelve ningún problema, sino que simplemente supone un desvío del plano epistemológico al plano legal. Aquí el lector se ha convertido en un juez que debe verificar la autenticidad de la firma y el respeto que el firmante tiene por aquello que ha signado; pero Lejeune también ha confundido firma y nombre propio: "En los textos impresos, toda la enunciación está a cargo de una persona que tiene por costumbre colocar su *nombre* en la portada del libro y en la página del título encima o debajo de éste. En ese nombre se resume toda la existencia de lo que

---

22 LEJEUNE, P. "El pacto autobiográfico" en *El pacto autobiográfico,* Madrid: Megazul-Endymion, 1994.

23 ibid: 85.

24 ibid: 61.

llamamos *autor*"[25]. Barthes, de Man y Derrida tratarían de plantear diversas alternativas a la teoría de Lejeune[26].

Recuerda Nicolás Rosa[27] que el verbo *escribir* se ha vuelto performativo en la posmodernidad, ha decidido jugar el juego de la autorreferencia; pese a ellos, obstinados, seguimos creyendo que se escribe para alguien o para algo: "Ya no se trata de saber quién escribe, o por qué se escribe, sino que cosa es *escribible*[28]", ¿Es la vida "escribible"?, ¿Qué cosa es escribible?

La performatividad del verbo atenta contra la autobiografía, *Roland Barthes por Roland Barthes*[29] se convierte en el ejemplo de la culminación del atentado:

---

25 LEJEUNE, ibid: 51.

26 Asimismo, resulta muy significativa la trayectoria posterior que han seguido los estudios de Lejeune, quien en artículos como "La autobiografía de los que no escriben" (1980) o "Enseñar a la gente a escribir su vida" (1982), ambos incluidos en *El pacto autobiográfico,* demuestra el creciente interés que la producción autobiográfica ha cobrado en la vida moderna. En estos textos el autor francés analiza el proceso de grabación, recopilación y traslado de vidas relatadas oralmente, y llevadas después al papel por escritores o estudiosos de distintas disciplinas, creándose nuevas y complejas relaciones en el conjunto de los relatos de vida. Al mismo tiempo, también va a considerar el significado y el valor de toda una colección de libros publicados y pensados para el mercado de EEUU, que tratan de "enseñar a escribir la propia vida", aportando toda una serie de reglas e instrucciones que permitan redactar con solvencia la propia autobiografía.
Por ello podemos observar un deslizamiento hacia la esfera de estudios en torno al testimonio, pero también hallamos un claro antecedente del que ha sido el principal interés de P. Lejeune desde que en 1992 fundara la APA (Asociación para la Autobiografía): recoger todos los escritos autobiográficos inéditos que la gente quiere confiarle, sin someterlos a juicios de valor, pidiéndoles como único requisito que cumplan el "pacto autobiográfico".

27 ROSA, N.: *El arte del olvido (Sobre la autobiografía)*, Buenos Aires: Puntosur, 1990.

28 ibid:, pág. 14.

29 BARTHES, R.: *Roland Barthes por Roland Barthes,* Barcelona: Kairós, 1978.

> ¡Pero yo nunca me he parecido a eso!
>
> –¿Cómo lo sabe usted? ¿Qué es ese "usted" al que usted se parecería o no? ¿Dónde tomarlo? ¿Cuál sería el patrón morfológico o expresivo? ¿Dónde está su cuerpo de verdad? Usted es el único que no podrá verse más que en imagen, usted nunca ve sus propios ojos a no ser que estén embrutecidos por la mirada que posan en el espejo o en el objetivo de la cámara (me interesaría sólo ver mis ojos cuando te miran): aun y sobre todo respecto a su propio cuerpo, usted está condenado al imaginario[30].

Barthes exhibe la ficcionalidad de *sí mismo*, que sólo puede verse a través de la parábola trazada por la mirada del Otro. El cuerpo se convierte en elemento indispensable para la autobiografía y termina por inscribirse en el trazo de la letra, o por ser escrito por ella. Escribir una autobiografía contra uno mismo, malear el pronombre que designa al sujeto-objeto de la escritura: "yo", "tú", "él", incluso "R.B", en elección arbitraria. El sujeto "esencial", el sujeto cuyas profundidades deben ser reveladas es una ilusión, una construcción ideológica, lingüística. La autobiografía se presenta aquí como la ostentación de la fragmentariedad y la arbitrariedad de las combinaciones, hasta hacer estallar la noción de sujeto. El tiempo se disloca y se colapsa la distinción entre el presente y el pasado. El futuro se elude: "Lo que escribo sobre mí no es nunca la última palabra respecto a mí: mientras más "sincero" soy, más me presto a la interpretación ante instancias muy distintas a las de autores anteriores que creían que no tenían que someterse más que a una ley única: la *autenticidad*[31].

Apenas cinco años después de esta desconcertante autobiografía R. Barthes publica *La cámara lúcida* (1980), donde plantea un análisis poderosamente personal sobre el valor de la fotografía. Escrito tras la reciente muerte de su madre, este texto retorna sobre el problema de lo autobiográfico y habla de la necesidad de conjurar un miedo, el miedo a la Muerte,

---

30 ibid: 40.

31 ibid: 32.

inscrito en la trivialidad de la propia existencia. La Historia y la fotografía, como posibles conjuros, sólo logran enfrentar a la especie a una impotencia: "No poder concebir, efectiva o simbólicamente, la *duración*[32]".

La muerte de la madre desencadena un retorno al origen, una búsqueda de la auténtica fotografía donde ella exprese su esencia, lo autobiográfico transita lo íntimo y habla de una imposibilidad que agujerea la letra. Pues ¿no es la búsqueda de la "esencia materna" en la foto otra forma de alzar "la prosopopeya del nombre y de la voz"[33] de la que hablará de Man?

Es precisamente este crítico quien desencaja para siempre los cimientos de la teoría autobiográfica. Si la teoría clásica de la autobiografía entiende lo biográfico como la proyección mimética de un referente, de Man, invita a un itinerario inverso de pensamiento: ahora el proyecto autobiográfico produce y determina la vida, la estructura de la mimesis aporta una ilusión de referencialidad. Dos sujetos "narrador" y "personaje" quedan atrapados en una estructura especular, donde se reflejan mutuamente y se constituyen en el ejercicio de reflexión mutua. El género autobiográfico esconde un andamiaje tropológico. Por ello, de Man entiende que se encuentra no ante un género literario, sino ante una forma de textualidad que posee la estructura del conocimiento y de la lectura. El tropo que domina la autobiografía es la prosopopeya, tropo que da rostro y voz a los muertos, tropo que como todos los tropos forma parte de un lenguaje despojador:

> En cuanto entendemos que la función retórica de la prosopopeya consiste en dar voz o rostro por medio del lenguaje comprendemos

---

32 BARTHES, R.: *La cámara lúcida (Notas sobre la fotografía)*, Barcelona: Paidós, 1999, pág. 163.

33 Cifr. DE MAN, P.: "La autobiografía como desfiguración" en LOUREIRO, Á. (ed.): *La autobiografía y sus problemas teóricos (Estudios e investigación documental)*, Barcelona: *Anthropos*, Suplementos 29, 1991, págs. 113-114.

> también que de lo que estamos privados no es de la vida sino de la forma y del sentido de un mundo que sólo es accesible a través de la vía despojadora del entendimiento. La muerte es un nombre que damos a un apuro lingüístico y la restauración de la vida mortal por medio de la autobiografía (la prosopopeya del nombre y de la voz) desposee y desfigura en la misma medida que restaura. La autobiografía vela una desfiguración de la mente por ella misma causada[34].

El problema autobiográfico, indisociable de la teoría de los tropos emergerá una y otra vez en la obra de de Man, *Alegorías de la lectura*[35], "Shelley Disfigured" y "Anthropomorphism and trope in the Lyric", dos artículos pertenecientes a *The Rhetoric of Romanticism*[36], son algunos de los textos principales que inciden sobre él.

En *Alegorías* la búsqueda de una nueva teoría de los tropos se asocia con la construcción de un espacio retórico específico: el del yo. La alegoría se presenta como figura de figuras, la nueva retórica y la deconstrucción afirman la figuratividad de todo texto, lo literario ya no es la desviación de la norma, es la norma. Así, en el lenguaje se ha producido una quiebra entre referencia y figura, en el origen todo él es sustitutivo y, por lo tanto, figurado.

Tal como afirma Nora Catelli[37], cuando de Man repara en lo temporal incluido en el tropo, descubre que la alegoría podría construir el sustrato retórico oculto del ejercicio autobiográfico. La alegoría encarna el fracaso de fundar una estrategia de construcción del yo. Este fracaso se inscribe en su propio carácter de figura de figuras, de figura de la prosopopeya, representa el desajuste entre la máscara y el vacío.

---

34 DE MAN: "La autobiografía como desfiguración", ibid: 118.

35 DE MAN, P.: *Alegorías de la lectura,* Barcelona: Lumen, 1991.

36 DE MAN, P.: *The Rhetoric of Romanticism,* New York: Columbia University Press, 1984.

37 CATELLI, N.: *El espacio autobiográfico,* Barcelona: Lumen, 1991.

Jacques Derrida escribe, a la muerte de Paul de Man, el bellísimo y lúcido texto titulado *Memorias para Paul de Man*[38], donde además de rendir homenaje al pensamiento de su amigo, presenta su propia lectura de la obra de Man, al tiempo que expone sus reflexiones sobre el problema de la memoria: "Lo que está en juego es una tropología de la memoria como epitafio, si algo de esta suerte fuera posible de otro modo que mediante una figura, tropo o ficción. ¿Qué figura? ¿Qué ficción? ¿Qué tropo? La *prosopopeya*[39]".

El propio texto de Derrida va a convertirse en un epitafio, en una prosopopeya, da voz y rostro. Las *Memorias para Paul de Man* materializan "lo que está en juego", se convierten en la memoria tropológica que se teoriza. La teoría tropológica de de Man es su epitafio. Y el nombre será una de las más controvertidas máscaras de esta mascarada tropológica.

Escribir para recuperar un nombre, escribir para la madre que ha olvidado el nombre, que ya no reconoce al hijo. En el origen del linaje hay ahora una amnesia, un hueco que debe llenarse. Derrida en su *Circumfesión*[40] conecta con *La cámara lúcida* y persigue en el fondo una similar "esencia", esencia que no se busca en el retrato, sino en el habla ahora silenciada. La prosopopeya ha tornado a alzarse: la madre muerta, el amigo fallecido, la madre amnésica y enferma, la memoria truncada y la memoria inscrita: en el retrato, en el trazo de la letra, en la escara y en la sangre, en la teoría de los tropos.

La autobiografía se ha convertido en resto, en residuo, escribirse es circuncidarse, generar un resto. La máscara procede del resto y oculta la muerte, la máscara es un epitafio, la autobiografía es tanatografía. El hueco del origen coincide con

---

38 DERRIDA, J.: *Memorias para Paul de Man*, Barcelona: Gedisa, 1998.

39 ibid: 37.

40 DERRIDA, J.: "Circonfesión" en BENNIGTON, G. y DERRIDA, J.: *Jacques Derrida*, Madrid: Cátedra, 1994.

el hueco del final. El nombre escogido por la madre también forma parte del epitafio. Recuperamos el nombre para la muerte: "me erijo en mi circuncisión durante siglos como memoria petrificada de una amonita, monumento mineral de un cadáver"[41]. A través de estos juegos intertextuales tratará de abrirse camino este trabajo.

2.3. TEXTOS QUE DICEN "YO" ANTES DEL SIGLO XVIII

Pese a la pluralidad de enfoques críticos desde los que hemos visto es posible enfrentar el estudio de la autobiografía, la mayoría de teóricos coinciden en señalar el momento de su origen: el siglo XVIII y en la nueva noción de sujeto, que quedaría plasmada en *Confesiones* de J.J Rousseau, como primera manifestación acabada del género. Si esto es así, no podemos dejar de preguntarnos qué sucede con aquellos textos que dicen "yo" antes del siglo XVIII, más todavía si lo hacen para relatar una vida. El parecido entre *vida* y autobiografía puede terminar por confundir a un lector que acabe por pensar que se encuentra ante una misma manifestación discursiva.

Desde los comienzos de la historia literaria es posible encontrar textos que dicen "yo" con diversas intenciones y valores, pues no todos los relatos que así se enuncian persiguen la construcción de una identidad, sino que muchos responden a un problema literario distinto: el de la verdad. Decir "yo" representa una manera de convertirse en testigo, en espectador privilegiado del fenómeno sobre el que se va a hablar. Por tanto, resultaría de una simplificación excesiva tachar de autobiográfica a toda narración que dijera "yo" en la historia, sin atender a otro tipo de consideraciones.

---

41 ibid: 250.

Durante el Renacimiento, el sentido antropocéntrico del mundo y la búsqueda de una verdad laica disparan el uso de la primera persona en todo tipo de discursos (navegación, cosmografía, medicina...), que quieren, ante todo, hacer valer el conocimiento experiencial. Éstos no son relatos que den cabida a la introspección o la construcción identitaria, y poco o nada aportan a la historia de la autobiografía.

Sin embargo, durante este mismo siglo sí va a ser posible rastrear todo un conjunto de prácticas literarias, entre ellas las *vidas* conventuales, que jugarán su papel en el posterior nacimiento del género autobiográfico: vidas de bandoleros y soldados, cartas mensajeras, escritos religiosos (soliloquios dirigidos a Dios, letras confesionales, intervenciones ante el tribunal de la Inquisición...), poemas cancioneros en primera persona, la propia picaresca... El gusto por la mascarada que exhibió el barroco facilitaría su evolución y su desarrollo. De hecho, una buena parte de la crítica se ha contentado con llamar a esta producción "autobiográfica", sin tener en cuenta su específica idiosincrasia[42].

Marcel Bataillon indicaba en un estudio sobre el *Lazarillo*[43] que la "autobiografía" ficticia en prosa comenzó a darse en España "hacia 1550 en géneros muy diferentes", como sucedía con el relato que el protagonista del *Abencerraje* hace sobre sus desdichas en algunas de sus páginas, o en el coloquio *Eremitae,*

---

42 Nicolás Spadaccini y Jenaro Talens recogen distintos artículos sobre la producción en primera persona de los siglos XVI y XVII bajo el título *Autobiography in early modern Spain*, también Sidonie Smith habla de autobiografía antes del XVIII en "Hacia una poética de la autobiografía de mujeres" en LOUREIRO, Á.: *La autobiografía y sus problemas teóricos. Estudios e investigación documental, Anthropos,* Suplementos 29. La edición de Rodrigo Canovas, incluida en la bibliografía final, para el texto de Úrsula Suárez participa de esta misma postura error al presentar el texto bajo el título *Relación Autobiográfica.*

43 BATAILLON, M.: *Novedad y fecundidad en el* Lazarillo de Tormes, Salamanca, 1968.

de Juan de Maldonado, cuyos personajes van contándose brevemente episodios de sus vidas. Podríamos encontrar muchos fragmentos en primera persona en los relatos del periodo, pero, como recuerda Francisco Rico[44]: "Introducir un parlamento autobiográfico en una narración en tercera persona es un recurso demasiado frecuente en todos los tiempos para juzgarlo representativo de ninguno". Pese a ello, resulta de sumo interés recorrer la línea que conecta a *Lazarillo* con el *Asno de Oro* de Apuleyo, narrado al completo en primera persona por su protagonista Lucio, orígenes "autobiográficos" en la literatura clásica.

Además, la retórica clásica desaconsejaba hablar de uno mismo, ni en bien ni en mal, salvo si se trataba de hacer notorio a la posteridad cómo un "nobilis virtus" había llegado a triunfar sobre el "vitium". Por tanto, una "autobiografía" como la de Lázaro sólo era posible si se acogía al molde epistolar. De hecho, molde epistolar y narraciones de carácter autobiográfico funcionaron juntos desde la Antigüedad. Además, el humanismo sería el gran tiempo de la epístola y de Petrarca en adelante el cultivo de este género se dispara.

Las *carte messagiere* o *lettere volgari* se convertirían en grandes éxitos, e incluso quienes carecían de educación letrada se animarían a componerlas. Por lo que surgirían tratados del tipo *Estilo de escrebir cartas mensajeras* de Gaspar Texeda, que parece en 1547 y se reimprime en 1549 y 1553, el *Segundo libro de cartas mensajeras* en 1549, 1551 y 1553, el *Nuevo estilo de escrebir cartas mensajeras* de Juan de Yciar, que se publica en 1547 y se reedita en 1552, o el *Manual de escribientes* de Antonio de Torquemada, que tiene una segunda parte dedicada a las

---

44 RICO, F. (ed.): *Lazarillo de Tormes*, Madrid: Cátedra, 1994, pág.51. Para una mayor información sobre las "cartas mensajeras" puede consultarse el extenso prólogo que acompaña a esta edición, del que resumo aquí algunas de las ideas fundamentales.

"cartas que comúnmente se llaman mensajeras". El gusto por estos relatos obedecería a un interés creciente por el vivir contemporáneo, que cuando no se satisfacía suficientemente con las cartas auténticas permitía recurrir a otras noveladas. En el tiempo de *Lazarillo* la moda había alcanzado un éxito impensable en Italia y España[45].

En esta misma línea, también obtuvieron cierto éxito las *vidas* de soldados, que solían escribirse como memorial de servicios, donde la narración de las hazañas logradas iba dirigida a una autoridad civil de la que se buscaba obtener una recompensa o beneficio[46]. Las *vidas* de hazañas alcanzaron una gran importancia en las tierras americanas, pues el descubrimiento no sólo supuso un desafío para el conquistador, sino también la posibilidad de cambiar su suerte, América proveía de las posibilidades que la rigidez estamentaria española negaba. Pensemos, de igual forma, que las primeras crónicas de conquista, como diario o epístola, están redactadas en primera persona[47].

Este tipo de relatos guardaba ciertas semejanzas con la *vida* conventual, igualmente dirigida a una mirada autorizada que debe valorar un mérito. Tanto en uno como en otro caso, la *vida*

---

45 Debe tenerse presente que cartas, poesías y relatos privados de vida serían aquellos géneros que por su carácter menor estarían destinados al cultivo de la mujer, cuya presencia quedaba proscrita en otras manifestaciones literarias de mayor resonancia pública. De esto hablaré con detalle en el capítulo siguiente.

46 Para una primera aproximación al problema de la autobiografía de soldados puede leerse LEVISI, M.: "Golden Age autobiography: The soldiers" en SPADACCINI, N. and TALENS, J. (eds.): *Autobiography in Early Modern Spain,* Minneapolis: The Prisma Institute, 1998.

47 A este respecto resulta muy iluminadora la comparación que entre la *vida* de Catalina de Erauso, la Monja Alférez, y los relatos de María de San José, Úrsula Suárez y la Madre Castillo puede leerse en FERRÚS ANTÓN, B.: *Discursos cautivos: convento, vida, escritura,* Valencia: Anejos-Quaderns de Filología, 2004.

que se escribe persigue la imitación de un modelo, predecesor autorizado y valorado al que hay que parecerse, puesto que el parecido va a ser más importante que la singularidad. Asimismo, en ambos casos, el "yo" que se construye exhibe como principal valor su pertenencia a un colectivo, transita por el límite que habría de diluirlo en un "nosotros": "nosotros los soldados", "nosotras las monjas".

No obstante, aunque con fechas imprecisas, dos mujeres habrían tratado de dar cuenta de su singularidad hacia finales del siglo XV, sin resaltarse como miembros de un grupo, y sin obedecer a ningún tipo de mandato. Leonor López de Córdoba dictaría sus *Memorias* para acallar sospechas en torno a su participación en turbios manejos políticos. Teresa de Cartagena legaría el testimonio de cómo la enfermedad (sordera) puede utilizarse en pro del desarrollo espiritual en *Arboleda de enfermos*, y redactaría una defensa de la capacidad intelectual de la mujer, de la que ella iba a ser modelo en *Admiración operum Dei*, manifestaciones de corte autobiográfico que suponen un pequeño eslabón en una cadena de evoluciones.

Además, no debe olvidarse que la "autobiografía por mandato"[48] de la que se ocupa el grueso de este trabajo procede directamente de la tradición de las "Cuentas de conciencia" o "Relaciones del espíritu". Sonja Herpoel[49] explica cómo hasta el Concilio de Letrán (1215) no se estableció la obligatoriedad de confesarse una vez al año, con lo cual durante la Edad Media solía ser usual no acudir al confesionario más que una vez cada 4 o 5 años. Por eso la Iglesia recomendaba a los penitentes que sabían redactar que pusieran por escrito los hechos de su vida durante aquellos cinco años, porque esto los capacitaría para

---

48 Esta es la denominación usualmente manejada por la crítica en los trabajos sobre *vidas* conventuales escritas por una monja a petición del confesor.

49 Cifr. HERPOEL, S.: *A la zaga de Santa Teresa: Autobiografías por mandato,* Ámsterdam, 1999, pág. 92 y ss.

hacer una exposición completa y ordenada al confesor. Las "cuentas de conciencia" serían relatos de pequeños fragmentos de vida, aunque en el caso de una confesión general por algún motivo especial podían contener el relato de una vida completa. Esta misma práctica tendría gran arraigo entre las monjas, más todavía cuando a lo largo de los Siglos de Oro la confesión ganara en sofisticación, a partir de las pautas perfectamente estipuladas que facilitarían los manuales de confesión[50].

Michel Foucault documenta el nacimiento de la confesión como práctica en el marco del pensamiento grecorromano, y descifra el vínculo que sobre esta práctica se traza entre las tecnologías del yo y las tecnologías de poder. Para el pensador francés existen cuatro tipos fundamentales de tecnologías, que casi nunca funcionan por separado:

> 1) tecnologías de la producción, que nos permiten producir, transformar o manipular cosas; 2) tecnologías de sistemas de signos, que nos permiten utilizar signos, sentidos, símbolos o significaciones; 3) tecnologías de poder, que determinan la conducta de los individuos, los someten a cierto tipo de fines o dominación, y consisten en una objetivación del sujeto; 4) tecnologías del yo, que permiten a los individuos efectuar, por cuenta propia o con la ayuda de otros, cierto número de operaciones sobre su cuerpo y su alma, pensamientos, conducta o cualquier forma de ser, obteniendo así una transformación de sí mismos con el fin de alcanzar cierto estado de felicidad, pureza sabiduría o inmortalidad[51].

Desde aquí, Foucault sitúa el nacimiento de las "tecnologías del yo" en el pensamiento grecorromano de los primeros siglos antes de Cristo, al tiempo que rastrea su consolidación en el monaquismo de los siglos IV y V. Entre los principios que esta filosofía proclama se encuentra el "Cuidado de sí", que no

---

50 Sobre la compleja evolución que la confesión iba a experimentar en occidente y sobre la repercusión de ésta en el advenimiento del mundo moderno puede consultarse FOUCAULT, M.: *Historia de la sexualidad I. La voluntad de saber,* Madrid: Siglo XXI, 1998.

51 FOUCAULT, M.: *Tecnologías del yo*, Barcelona: Paidós, 1996, pág. 48.

casualmente se asocia con la constante actividad literaria. De hecho, la escritura del "sí mismo" se revela como una de las tradiciones literarias más antiguas. De esta manera, a medida que la escritura gane en introspección quedará vinculada a la vigilancia. La tecnología del yo se asocia a la tecnología de poder y se funde con ella, legando esta fusión y esta necesidad de escritura al mundo confesional cristiano, provocando la transformación del "cuidado de sí" en "descubrimiento de sí", entendiendo "descubrimiento" como revelación, pero también como acto de desnudarse. Uno de los objetivos de este trabajo será delinear el trazado que dichas tecnologías presentan en el marco de los relatos conventuales, coloniales, pero también modernos.

Por tanto, propongo aquí una primera caracterización de los textos que constituyen el corpus de trabajo: relatos en primera persona, que narran la vida de una monja que ha recibido especiales gracias de Dios, siguiendo las pautas dictadas por los manuales de práctica confesional escrita. Pero para contar la vida, para contarse, resulta importante imitar el modelo: hagiográfico, de las grandes santas de la Iglesia, pero también bíblico, pues como imitadoras de Cristo, las monjas coloniales articulan el relato de su propia Pasión. La singularidad y la identidad pasarán a ser constreñidas en un relato modélico, sin el que la *vida* sería condenada y proscrita. Este relato nacerá en el entrecruzamiento de las tecnologías del yo con las tecnologías de poder.

De este modo, la secuenciación y la selección de los datos del relato abundan su importancia; al tiempo, que horadar el modelo, o decir entre líneas, se presentan como gestos de trascendental resonancia. *Imitatio*, pero también fisura, en el marco específico de la tradición de *vida* religiosa, y en el propicio contexto que los siglos XVI y XVII aportarían a la narración en primera persona.

2.4. SOBRE EL VALOR DE LA *IMITATIO*

En el siglo XVII dominan netamente las fuerzas de la imitación: el valor de una obra se mide por la grandeza, la valentía y la perfección en imitar.

Dámaso Alonso, *La supuesta imitación por Góngora de la "Fábula de Acis y Galatea".*

Para Platón la poesía formaba parte del imaginario del cuerpo, estaba preinscrita en sus posibilidades, y era posible gracias a la imitación del mundo físico, al engaño. A lo largo de la historia de la filosofía clásica imperaría un concepto de arte centrado en la mimesis, en la capacidad de la mente humana de convertirse en espejo del mundo; mientras el arte sería considerada durante décadas una práctica inferior, reprobable. Sin embargo, el giro filosófico que habría de representar el trabajo de Inmanuel Kant rompería con el mecanicismo del que se suponía participaba la mente humana y conduciría al subjetivismo romántico. Ahora la actividad imaginativa produce un tipo de construcción que no se encuentra en la realidad objetiva, sino en el propio sujeto, es el resultado de su subjetividad. La ruptura de los valores de mimesis e *imitatio* se produce junto a la emergencia de la noción de "sujeto".

Durante los siglos XVI y XVII el concepto de imitación ideal en el arte, derivado de la *Poética* de Aristóteles y de su teoría de la *mimesis,* fue decisivo en el quehacer literario. Así, Alonso López Pinciano en la *Philosophia Antigua Poética* (Madrid, 1596) partirá de la afirmación de que "poesía no es otra cosa que arte que enseña a imitar con la lengua o el lenguaje", pero sentirá que debe precisar ese concepto de imitación: "Y porque este vocablo imitar podría poner alguna oscuridad, digo que imitar, remedar y contrahacer es una misma cosa, y que la dicha imitación, remedamiento y contrahechura es remedada en las obras dė la naturaleza y el arte"[52]; puesto que, van a ser

52 *Philosophia Antigua Poética*. Edición de Alfredo Carballo Picazo, *Biblioteca de Antiguos Libros Hispánicos*, Serie A, vol. XIX, Madrid, 1953. Tomo I, pág. 195.

dos sus posibles acepciones: la imitación que la naturaleza lleva a cabo en sus obras: el niño que nace empieza a imitar todo lo que le rodea, y la imitación que el hombre hace de la naturaleza en sus obras gracias al arte. Pero a esto se añade un posible tercer sentido: "cuando un autor toma de otro alguna cosa y la pone en la obra que de él hace"[53], práctica que para Pinciano, defensor de las teorías aristotélicas de la imitación creativa, cuenta con un valor semejante al del plagio moderno; aunque, en ocasiones, "La pintura vence al retrato"[54], y, en estos casos, la imitación puede ser superior a la creación o a la invención, "si los que imitasen de tal manera imitasen, no sería mucho vituperio, antes grande hazaña"[55].

Desde aquí, puede afirmarse que la *imitatio* fue, entre los siglos XVI a XVIII, un principio estético y también una técnica literaria, ligada a la doctrina de la erudición poética. Antonio Vilanova[56] rastrea su presencia y sentido en diversos tratados de época y recupera el valor de esta técnica para la historia de la literatura.

Francisco Sánchez Brocense en *Anotaciones y enmiendas* (1581) afirma que "no tiene por buen poeta al que no imita a los excelentes antiguos", la imitación de la literatura grecolatina, y la apropiación de sus temas y versos como si fueran propios, es "erudición que a pocos se comunica", sólo apreciada por "los muy doctos". Sin *imitatio* no existe poesía elevada y culta. "Endereçar el camino en seguimiento de los mejores antiguos" había sido también el ideal de Fernando de Herrera en *Anotaciones a Garcilaso* (1580), el *Libro de la Erudición poética* (1611) de Luis Carrillo y Sotomayor dice a su vez: "La Poesía usada de

53 ibid: 197.
54 ibid: 198.
55 ibid: 198.
56 VILANOVA, A.: *Las fuentes y los temas del Polifemo de Góngora,* Barcelona: PPU, 1992. Sigo en este apartado sus consideraciones al respecto y resumo sus contenidos fundamentales.

algunos modernos desde tiempo, siendo imitadora de los antiguos, será la buena"[57], y Luis de Cabrera de Córdoba, en su tratado *De Historia para entenderla y escribirla* (1611), referido al "arte de la historia", contiene un capítulo sobre la teoría y la técnica de la imitación donde afirma: "es la imitación compañera de la elocuencia, maestra de la ignorancia, guía para los autores que perfectamente escribieron"[58], "sin imitar, tarde o nunca o con excesivo trabajo, tanto en las ciencias como en las artes se alcanza la perfección que se desea"[59], más tarde describe con detalle los pormenores de esta técnica, buscando evitar siempre el peligro del plagio: "No ha de ser trasladando, que es hurtar mucho, algo así; de manera que por la industria parezca propio lo ilustre de la oración que viene imitando"[60].

Antonio Vilanova apunta a la carta de *Il Cavalier Marino a Claudio Achilli* de Giambattista Marino, que sirve de prólogo a su obra *La Sampogna* (1620), como testimonio decisivo de un poeta que reconoce el valor de la imitatio y explica cómo debe usarse de ella: "dar nueva forma a las cosas viejas y vestir a la manera antigua las cosas nuevas". Esto atañe a un buen número de temas y tópicos que han pasado a ser un lugar común en la poesía de todos los tiempos, a la traducción, paráfrasis y cita de los grandes clásicos, por todos inmediatamente reconocidos, al uso inspirador de las obras y temas de literatos reconocidos, a la reformulación de sus ideas etc... Sin embargo, Marino no dejará de advertir que existe también el hurto o robo de versos o pasajes enteros que se hacen pasar por propios y que éste debe proscribirse.

---

57 *Libro de la Erudición Poética*. Edición de Manuel Cardenal Iracheta, *Biblioteca de Antiguos Libros Hispánicos*, Serie A, vol. VI, Madrid, 1946, págs. 73-74.

58 Luis Cabrera de Córdoba, *De Historia, para entenderla y escribirla.* Edición, estudio preliminar y notas de Santiago Montero Díaz, *Biblioteca Española de Escritores Políticos,* Madrid, 1948, págs. 148-149.

59 ibid: 149. Cifr. Vilanova.

60 ibid: 150.

De esta manera, va a ser posible afirmar que la teoría de la imitación "es tanto como una doctrina preceptiva y estética, una técnica sistematizadora y rigurosa que ha elaborado en todas sus partes la erudición poética renacentista"[61], que consiste no sólo en un remedo ideal de los modelos clásicos, sino en la reelaboración consciente de temas ideas de la antigüedad grecolatina; pero también de fórmulas estilísticas y recursos retóricos de los poetas clásicos y modernos, muchas veces convertidos en lugares tópicos por la tradición. Asimismo, como fruto del afán de erudición del humanismo y del uso frecuente de la técnica imitativa, aparecerán los repertorios y tratados que van a acumular listados y listados de epítetos y fórmulas para imitar. El *Specimen Epithetorum* de Jean Tixier de Ravisi (1518), o *Poeticis libri septem* de Scaligero (1581) son dos buenos ejemplos de estos "manuales de imitación". Así, el que fue un recurso de su tiempo, se convierte en el seno de la tradición de *vida* conventual en la herramienta prioritaria, aunque con un sentido distinto al recogido por estas preceptivas.

El relato de vida se escribe a la sombra de la *vita sanctorum*, de la que se hablará con detalle más adelante, que va a ser rememorada en su estructura, en su lenguaje, en sus temas, en su forma y sentido, llegando, muchas veces, a la cita directa del modelo. La *imitatio* es un recurso estético altamente reconocido.

La monja colonial, que escribe desde el mandato confesional, no debe distinguirse en su escritura, la singularidad es una falta de humildad; sino perderse en el flujo de una tradición y de un linaje que justifican la toma de la palabra. Al escribir para ser juzgada la semejanza con el modelo es garante de impunidad, "parecerse a", puede ser una forma de salvarse; pero también,

---

61 VILANOVA, ibid: 34.

de alcanzar el reconocimiento que permita, a su vez, transformarse en modelo.

Además, en tanto la escritura conventual sea considerada "labor de manos", con un reconocimiento similar a la repostería o el bordado, utilizar el "molde", "seguir el patrón" serán tareas inevitables. A todo esto se suma, que la letra religiosa, como letra confesional, pero también como letra inspirada, forma parte de un universo "ritualizado", donde la palabra procede de la Palabra.

Asimismo, el eje de estos relatos, que son, al tiempo, retratos, viene constituido por la *Imitatio Christi*, que aporta como falsilla textual el relato de la Vida y la Pasión de Cristo, pero que, del mismo modo, propicia el encuentro de una ética y de una estética de la escritura, de un corpus y de un cuerpo, al modo que voy a ir desarrollando.

Si la autobiografía es el género de la singularidad y la identidad que se pretenden únicas, el recurso a la *imitatio* en el relato de vida se presenta como una de las líneas fundamentales en la parábola que entre *vida* y autobiografía va a diseñar este trabajo, pues en el tránsito de "mimesis" a "libertad creativa" se producirá el advenimiento del sujeto de la autobiografía.

III. DE PUERTAS ADENTRO: MUJER, VIDA Y ESCRITURA COLONIAL

Cada escritura tiene su tiempo, cada relato se impregna de un espacio, cada texto se gesta en relación con unas condiciones sociohistóricas. Así cada organización textual dice su especificidad al situarse en el texto cultural (la cultura) de que forma parte y que forma parte de ella. Dice Kristeva: "El ideologema es aquella función intertextual que puede leerse 'materializada' en los distintos niveles de la estructura de cada texto, y que se extiende a lo largo de todo su trayecto, confiriéndole sus coordenadas históricas y sociales"[62], "El ideologema de un texto es el hogar en que la racionalidad conocedora integra la transformación de los enunciados (a los que el texto es irreductible) en un todo (el texto), así como las inserciones de esta totalidad en el texto histórico y social"[63].

De ese "texto histórico y social", del contexto en el que circula el relato conventual como producto, del ideologema de las vidas de María de San José, la Madre Castillo y Úrsula Suárez tratará de dar cuenta este capítulo.

---

62 *El texto de la novela,* ibid: 16.

63 Añade Kristeva que el problema del valor ideológico del discurso fue entrevisto por el post-formalismo ruso, y cita a N.P Medvedev (*El método formal en la teoría literaria: Introducción crítica a la sociología de la poética*, Leningrado, 1928): "La teoría de la literatura es una de las ramas de la vasta ciencia de las ideologías que engloba todos los campos de la actividad ideológica del hombre", de quien toma la base del concepto, aunque le dé una significación sensiblemente distinta y más precisa.

3.1. RECOGIDAS Y TAPADAS: LAS MUJERES COLONIALES

3.1.1. De lo que significaba ser mujer colonial (también colonizada)

Entre la experiencia de extrañamiento del conquistador y el afán de estabilidad del poblador se configura el lugar de la mujer en la colonia. Si la mujer europea está presente en América Latina desde los primeros tiempos de la conquista[64], su papel en el continente adquiere verdadero reconocimiento al convertirse en la piedra de toque sobre la que se asienta la familia colonial.

Recogidas y tapadas, las mujeres coloniales habitan infinidad de clausuras, su espacio: el de un cuerpo que debe ser circundado, cerrado en sus orificios, su función: la maternidad y la educación de los hijos o el servicio a Dios. En el espacio de la "ciudad ordenada" [65] ella es la más controlada.

De este modo, pensar un "lugar social *mujer*" en este contexto supone remitirse necesariamente a aquellas coordenadas que marcan a fuego a la sociedad femenina del Nuevo Mundo: linaje, color de la piel y posición económica, y que también tienen su correlato entre los grupos masculinos.

La urbe colonial se presenta como espacio plenamente jerarquizado, absolutamente ordenado, al tiempo que como la gran feria del encuentro racial. Basta transitar por las salas del

---

64 Un testimonio de primera mano sobre este asunto lo constituye la *Carta de Isabel de Guevara a la princesa gobernadora doña Juana exponiendo los trabajos hechos en el descubrimiento y conquista del Río de la Plata por las mujeres para ayudar a los hombres, y pidiendo repartimiento para su marido*, Asunción, 2 de Julio de 1556, Jiménez de la Espada, *Cartas de Indias* (Madrid, imprenta de Manuel G. Hernández, 1877).

65 RAMA, Á.: *La ciudad letrada,* Buenos Aires: Ediciones del Norte, 1983, pág. 1.

Museo de América en Madrid para apreciar en los retratos allí albergados las huellas plurales de estos cruces[66]. Pese a ello, en un mundo donde la mezcla es la regla, la pureza racial se convierte en la excepción prestigiosa. De este modo, la mujer blanca castellana o, en su defecto, criolla, se sitúa en el vértice de una pirámide de prestigio, donde la india de linaje noble ocupa un segundo escalón, al que le sigue el de mestiza y luego el de la mulata, para dejar en la base de esa pirámide a aquella que es considerada siempre inferior: la negra.

Sin embargo, pese a la disección que traza en el cuerpo social la marca de raza, y que abundan los cuños de linaje y de riqueza, las mujeres serán miradas como copartícipes de un significado cultural e ideológico, que el mundo en el que habitan les impone como depositarias de las diferencias sexuales que conllevan las funciones reproductivas.

Desde aquí, tal y como señala Marcela Tostado Gutiérrez[67], el privilegio de estas funciones aleja a la mujer de las esferas de poder y las relega a su tarea de reproductoras, recluyéndolas en el espacio privado que la sociedad les impone como "madres de familia". Legalmente se las consideraba menores de edad de por vida, sujetas primero a la potestad del padre y luego a la del marido, o, en su defecto, a la del pariente varón más próximo o a la de la autoridad religiosa competente, lo que las inhabilitaba para cualquier participación oficial en la vida pública.

Asimismo, la mujer era considerada la depositaria de la honra familiar, y, como ser constantemente tentado por las

---

66 Me refiero al grupo "Pinturas del mestizaje", que pueden verse reproducido en LAVIANA CUETOS, M. L: *La América española, 1492-1898 (De las Indias a nuestra América)*, Madrid: Historia 16, 1996, págs. 50-51.

67 TOSTADO GUTIÉRREZ, M.: *El Álbum de la mujer, Antología ilustrada de las mexicanas. Volumen II. La colonia*, México: Instituto Nacional de Antropología e Historia, 1985. Para un panorama más detallado en relación a la vida de la mujer en la colonia puede consultarse este texto, cuya introducción me sirve de guía, y cuyos contenidos resumo en parte.

necesidades corporales y alejado del mundo de la razón, debía estar sometida a una continua vigilancia, que "desataba en el entorno familiar de los grupos más prestigiosos ambientes casi monásticos, donde la moral católica trataba de infiltrarse hasta en los pliegues más íntimos de las vidas personales"[68].

Por ello "la sexualidad, la sensualidad o los más delicados deleites eran clasificados de lujuria y ésta era, sin duda, la llave del infierno, llave que siempre manipulaba una mano de mujer"[69].

Sin embargo, la prostitución estaba permitida, e incluso la propia Inquisición, que tanto persiguió a amancebados y adúlteros, porque "con su vida privada atentaban contra la moral cristiana", olvidó sistemáticamente a las prostitutas y a sus clientes, pues su oficio era considerado un "mal menor", ya que era preferible que "se perdieran unas pocas a que se perdieran muchas".

Sor Juana Inés de la Cruz presenta la ridícula coartada moral de esta situación:

quién hay más que culpar
aunque cualquier mal haga
a quien peca por la paga
o al que paga por pecar...[70]

---

68 ibid: 12.

69 Esta creencia respaldada por tratados tanto médicos como religiosos tiene su origen en el mundo clásico, pero cobra especial vigencia durante la Edad Media y continúa estando presente hasta el advenimiento del Mundo Moderno. Para una visión introductoria y panorámica del fenómeno pueden consultarse los artículos que sobre la relación de "mujer" y "cuerpo" se encuentran en DUBY G. y PERROT, M.: *Historia de las mujeres,* Madrid: Taurus, 2000. (Especialmente en sus tres primeros volúmenes, dedicados al Mundo Clásico, la Edad Media y el Renacimiento).

70 DE LA CRUZ, J. I.: *Inundación castálida,* Madrid: Castalia, 1982, pág. 182. "Redondillas", vv. 52-60.

La virginidad era considerado el estado perfecto para la mujer y la pérdida de ésta sólo era autorizada si motivaba la procreación dentro del matrimonio. M. Foucault[71] explica cómo durante el siglo XVII se produjo el nacimiento de las grandes prohibiciones sexuales, con la única valoración de la sexualidad matrimonial como lugar de decencia: el cuerpo se evita, los silencios y los pudores atraviesan el lenguaje, trasgredirlos se convierte en una forma de expresividad diferente.

Debido a esto la sociedad colonial ideó toda una serie de "recogimientos" (beaterios, cárceles privadas, internados...) para amparar a viudas, divorciadas, huérfanas... y a todos aquellos grupos de mujeres que escapaban de la opción dual que su mundo les brindaba: el matrimonio o el convento.

Josefina Muriel clasifica los recogimientos en dos grupos: aquellos de tipo voluntario que protegen y ayudan a la mujer, y los de carácter correctivo que reciben a las mujeres sentenciadas por los diversos tribunales de la Nueva España[72].

Los recogimientos, que bien recibían financiación estatal o bien se sostenían con el trabajo de las asiladas, implicaban un grado de clausura similar a la de la celda o la vida monacal, aquí Foucault encuentra el germen de los modernos sistemas de vigilancia y punición: "La disciplina procede ante todo de la distribución de los individuos en el espacio... La disciplina ofrece a veces la clausura, la especificidad de un lugar heterogéneo a todos lo demás y cerrado sobre sí mismo...[73]".

En alguno de estos centros, la mujeres podían acceder a ciertas nociones de educación que, en general, su sociedad les

---

71 FOUCAULT, M.: *Historia de la sexualidad I. La voluntad de saber*, Madrid: Siglo XXI, 1998.

72 MURIEL, J.: *Los recogimiento de mujeres,* México: Universidad Autónoma de México, 1974, pág. 45.

73 FOUCAULT, M.: *Vigilar y castigar*, Madrid: Siglo XXI, 1998, págs. 145-147.

negaba. La educación que recibían las mujeres era básicamente aquella que les facilitaban la enseñanzas católicas o las que habían de servirles para desempeñar sus tareas cotidianas, aunque entre las clases más altas de la sociedad existía la posibilidad de asistir a las "escuelas de amiga"[74], o, incluso, en casos excepcionales, y siempre con el consentimiento paterno, de recibir en el propio domicilio lecciones de música, canto, pintura, latín...

Ante estas perspectivas, el convento colonial se presentaba como un posibilidad para aquellas mujeres que anhelaban aprender, pues entre sus muros se abrían dimensiones de conocimiento del todo ausentes en el mundo laico. De hecho, durante los tres primeros siglos de la colonia, *escritura femenina* es sinónimo de *escritura conventual*[75].

Si todo lo expuesto hasta aquí reproduce el imaginario ideal que el mundo colonial reservaba para "sus" mujeres, y que consiguió hacerse efectivo entre los grupos de prestigio, también es cierto que todas aquellas mujeres mestizas, indias, mulatas o negras, que carecían de la dote necesaria para contraer matrimonio o entrar en un convento, optaron por formas de vida alternativas, que iban desde la soltería o el amancebamiento hasta distintas formas de entrega religiosa alternativa, y que darían lugar a la aparición de personajes famosos en la variedad de la ciudad colonial: la beata o la ilusa.

---

74 Bajo el nombre de "escuela de amiga" se hace referencia a aquellas mujeres instruidas que enseñaban en su casa a niñas y jóvenes a cambio de una recompensa económica, fundamentalmente rudimentos de escritura, lectura y aritmética. En la *Respuesta a Sor Filotea de la Cruz* Sor Juana redacta cómo aprendió a leer a la edad de tres años cuando acompañaba a su hermana a una de estas escuelas.

75 Aunque el grueso de obra literaria femenina colonial está ligado a la producción conventual esto no significa que no existiera producción literaria de mujeres fuera de los conventos. A este respecto puede consultarse MURIEL, J.: *Cultura femenina novohispana,* México: UNAM, 1995, donde se documentan diferentes casos de mujeres escritoras sobre todo dentro de los grupos nobiliarios y ligadas a la producción poética.

Asimismo, es frecuente encontrar a estas mujeres desempeñando una gran diversidad de oficios, e, incluso, de forma excepcional, regentando pequeños negocios heredados de sus padres o maridos; pero jamás hallamos testimonios sobre su acceso a un saber letrado. Sólo entre los muros de un convento este acceso era posible y así habría de entenderlo Sor Juana, aunque también reconocería las desventajas de su elección.

3.1.2. El estado de excepción como regla: el convento colonial

> *Entréme religiosa, porque aunque conocía que tenía el estado de las cosas (de las accesorias hablo, no de las formales) muchas repugnancias a mi genio, con todo, para tal negación que tenía al matrimonio, era lo menos desproporcionada y lo más decente que podía elegir en materia de la seguridad que deseaba de mi salvación, a cuyo primer respeto (como al fin más importante) cedieron y sujetaron la cerviz todas las impertinencillas de mi genio, que eran de querer vivir sola, de no tener ocupación obligatoria que embarazase la libertad de mi estudio, ni rumor de comunidad que impidiese el sosegado silencio de mis libros.*
>
> *Sor Juana Inés,* Respuesta a Sor Filotea de la Cruz.

Dos aspectos llaman mi atención en esta cita, la dualidad de una opción: matrimonio o convento, y la coagulación de un deseo: "el sosegado silencio de mis libros". Sor Juana extiende los límites que su sociedad le otorga, pero no los transforma. La posibilidad de un saber femenino queda limitada al convento[76].

Una imagen atraviesa la historia iconográfica de occidente: la del monje medieval que sentado ante el pupitre copia un manuscrito. El laico especializado en las armas, el monje en las letras. La cultura occidental pasa por el convento y el monasterio. La primeras letras son letras sagradas.

---

76 A modo de crónica novelada del mundo conventual colonial, que toma la figura de Sor Juana como protagonista, puede leerse BENÍTEZ, Fernando: *Los demonios del convento: sexo y religión en la Nueva España,* México: Era, 1995.

Así, el convento colonial como recinto intelectual femenino resulta de una combinación paradójica: la excepcionalidad convertida en regla, pero también la herencia de una metáfora espacial que se activa.

La importancia de los monasterios masculinos no fue significativa en el Nuevo Mundo, donde la mayor parte de sacerdotes y misioneros que llegaban a tierras americanas desarrolló un apostolado activo, centrado en la evangelización y catequización del continente. Sin embargo, las estructuras sociales de recogimiento y clausura que la sociedad colonial anhelaba para sus mujeres fomentaron el fenómeno inverso en el caso del monacato femenino. Habrá que esperar hasta casi el siglo XX para tener testimonios escritos de la labor misionera de la mujer en Latinoamérica.

Desde la fundación de los primeros conventos en tierras de indias: "La Concepción" en México (1540), "La Encarnación" de Lima (1541) y "Santa Clara de Tunja", Colombia (1573), el número de conventos coloniales iría en aumento de forma vertiginosa. Así, las tierras americanas se poblarían de auténticas repúblicas de mujeres, que vivían en un permanente estado de excepción, que, sin embargo, no llegan al grado de poetización y abstracción que muchas veces se espera de la clausura conventual; ya que el claustro colonial jamás podrá pensarse como "un refugio ante la banalidad del mundo", ni como un "paréntesis frente al tiempo", pues el mundo exterior no paraba de penetrar por las múltiples fisuras que el recinto conventual le dejaba, aunque sí es cierto que los "conventos recoletos" o "pequeños" se aproximarían más a este ideal utópico.

Frente a la rigidez y a la austeridad de los pequeños claustros los "conventos grandes"[77] habitados por una población supe-

---

77 Para una aproximación al valor fastuoso de algunas muestras de arquitectura religiosa colonial puede leerse el capítulo "De la traza desnuda a

rior a las mil personas, nada tendrían que ver con los ideales monásticos, sino que se convirtieron en microcosmos incontrolables que burlaban continuamente a las autoridades de la época.

Muchas monjas abandonaban sus hábitos religiosos para vestirse siguiendo las modas de la época; otras, rodeadas de sus criadas y esclavas, rechazaban cualquier tipo de horario o de vida en comunidad y vivían dedicadas a sus placeres personales, al tiempo que, todas participaban de las festividades religiosas y civiles que animaban los claustros con fuegos artificiales, música o teatro. En muchas ocasiones era incluso usual que la abadesa suspendiese la norma y permitiese la entrada de seglares de ambos sexos al claustro. El Sínodo Diocesano de 1668, al que asistieron destacados representantes de la clerecía de Perú escuchó graves quejas sobre lo que empezaba a considerarse un escándalo[78].

Por tanto, el contacto con el mundo exterior no era nada ajeno a este tipo de recintos, donde, además, el locutorio[79] servía de permanente ventana hacia el mundo, pues entre sus visitantes no sólo se encontraban los familiares más allegados a las monjas, sino también sus galanes[80].

Asimismo, el locutorio se convirtió también en un espacio donde se trababan tertulias intelectuales o donde se llevaban a cabo alianzas de tipo político. De esta forma, el recinto conven-

---

la ciudad edificada" que Luis Romero dedica a este particular en su libro *Latinoamérica: las ciudades y las ideas*, citado en la bibliografía final.

78 Tomo los datos aquí expuestos del excelente trabajo de Luis Martín *Las hijas de los conquistadores,* citado en la bibliografía final.

79 Sobre el valor del locutorio en los conventos coloniales puede consultarse BURNS, C.: *Colonial habits (Convents and spiritual economy of Cuzco, Peru)*, Durham and London: Duke University Press, 1999, pág. 105.

80 Bajo el nombre de "galanes de monjas" o "devotos" fueron conocidos aquellos caballeros que acudían al convento para tener tertulia con las monjas, merendar etc... Los galanes convertían a las monjas en "utópicas enamoradas" y correspondían a sus "favores" con todo tipo de presentes.

tual permitió a la mujer gozar de un protagonismo político que jamás hubiera alcanzado en el mundo *extramuros*. Las abadesas de los "conventos grandes" se encontraban entre los ciudadanos más poderosos de los virreinatos, gozaban de un prestigio social y de un poder económico equiparables a los de muy pocas personas fuera del convento. Por ello las mujeres más ambiciosas de la época lucharon por ocupar el cargo de abadesa o, en su defecto, alguno de los otros cargos representativos del claustro[81]. Con todo ello se logró generar un "estado de excepción", que subvierte muchas de las claves que regían la vida de la mujer colonial, pero que exige a cambio un elevado precio: la renuncia al cuerpo y la clausura.

Uno de los aspectos más sorprendentes de la vida de este tipo de conventos es el modo en el que se accedía al poder político y se ejercía. Las monjas de velo negro[82] constituían el grupo de poder, que tomaba por medio del voto democrático el grueso de las decisiones. Aunque las monjas de velo blanco, las donadas

---

81 Para una mayor información sobre la distribución jerárquica de cargos en los conventos coloniales y otros datos sobre su infraestructura, de los que se da cuenta de forma resumida en las dos notas siguientes, pueden seguirse los textos: *Cultura femenina novohispana* de Josefina Muriel, *Las hijas de los conquistadores* de Luis Martín, *Untold Sisters* de Electa Arenal y Stacey Schlau..., citados en la bibliografía final.

82 Las monjas de velo negro eran siempre mujeres pertenecientes a las capas más altas de la sociedad colonial, que habían ingresado en el convento tras aportar una cuantiosa dote. Constituían el grupo de prestigio que poseía el voto en todas las decisiones conventuales, al tiempo que eran las únicas que podían desempeñar los cargos. Las monjas de velo blanco habían aportado una menor dote antes de profesar y ocupaban un lugar inferior en la escala de prestigio de la sociedad conventual, aunque no podían ejercer el derecho al voto constituían una fuerza de propaganda y presión que jugaba un papel muy importante en las elecciones conventuales. Las donadas eran seglares que, tras pasar por toda una serie de rituales religiosos específicos, eran aceptadas en el convento como seglares entregadas al servicio de las monjas, también jugaban un papel importante como grupo de apoyo y propaganda de sus candidatas favoritas.

o las sirvientas y esclavas no tuvieran derecho a voto, la presión que ejercían con su apoyo a las distintas candidaturas o en la toma de decisiones resultaba decisiva[83].

De este modo, cada vez que se avecinaba la elección de una abadesa se desataba una frenética "campaña electoral", donde se formaban "grupos de presión, campañas de propaganda, compra y venta de votos, secretos acuerdos, promesas y sobornos, articulación de plataformas y promesas de beneficio a cambio de votos"[84], pese a que la legislación eclesiástica prohibía expresamente estos métodos y los consideraba inmorales.

También resulta sorprendente el relevante papel que los conventos coloniales ejercieron sobre las finanzas virreinales. Si la mujer que quería contraer matrimonio debía acompañar su compromiso de una dote, que era muy importante en la elección de un candidato, también el ingreso en uno u otro convento dependía de la dote que la novicia podía aportar. Este capital, unido al de las otras monjas y al que los propios conventos generaban a través de distintos métodos de financiación (donaciones, artesanía, repostería...), permitía a estas comunidades de mujeres no sólo sustentarse con garantías, sino convertirse en grandes núcleos financieros, que ayudaban con sus fondos a obispos y virreyes.

---

83 Entre los cargos más importantes dentro de la jerarquía conventual se encontraba el de "definidora", que dependiendo de la población del convento se otorgaba a un número de entre 4 y 6 monjas. Las definidoras constituían una especie de consejo personal de la abadesa y colaboraban con ella en la toma de todas las decisiones trascendentes para el convento. El cargo individual que precedía al de abadesa en importancia era, quizá, el de "priora", cargo ejecutivo que consistía en tratar los asuntos diarios del convento bajo la dirección de la abadesa. Otra tarea muy importante era la desempeñada por las "pedagogas", ocupadas de formar a distintos grupos de la comunidad y de mantener en ellos la disciplina. De igual forma, ocupaciones como la de celadora, tornera... eran, asimismo, muy reputadas.

84 MARTÍN, ibid: 276.

Junto a la abadesa, el máximo encargado de las finanzas era el mayordomo, que actuaba como representante del convento en todo tipo de transacciones financieras realizadas más allá de sus muros, y que representaba a la abadesa en los tratos con las burocracias reales y eclesiásticas. En el claustro colonial vivieron algunas de las mujeres más poderosas de su tiempo.

No obstante, pese a la extraordinaria notabilidad que la participación económica y política tienen en el especial desarrollo de la vida de la monja colonial, es la dimensión del convento colonial como "recinto intelectual"[85] aquella que se debe destacar.

Al crear un espacio particular de vida el recinto monástico femenino abría posibilidades a los quehaceres intelectuales, pese a las limitaciones y censuras impuestas al estudio serían muchas las mujeres que lograrían hacerse un hueco en la "lucha por el poder de interpretar"[86] y que convertirían su paso por el convento no sólo en una experiencia de adquisición e intercambio de conocimiento, sino también en una oportunidad para legar a la posteridad su propia obra.

La dimensión intelectual del recinto conventual estaba presente desde el ingreso, ya que a las novicias se les exigían unos conocimientos en diversas disciplinas (canto, lectura y escritura, pintura, bordado...) muy superiores a los de cualquiera de sus coetáneas seglares. En el convento la mujer tendría oportunidades de seguir instruyéndose, disponiendo de maestras y de una buena biblioteca; pero también de espacio y tiempo propios. La celda conventual anticipa en la colonia la *own room* de Virginia Woolf, y así supo entenderlo Sor Juan.

Desde aquí las monjas coloniales buscarían conectar con épocas pasadas, donde el papel de la mujer en la Iglesia había

---

85 Cifr. ARENAL E. y SCHLAU, S.: "El convento colonial mexicano como recinto intelectual" en *Actas IBLI,* México: El Colegio de México, 1994.

86 Cifr. FRANCO, J.: *Las conspiradoras,* México: FCE, 1994, pág. 11.

sido mucho más activo y reconocido, y tratarían de asentar las bases para redefinir y reinterpretar no sólo la misma *Biblia*, sino también el propio universo. La experiencia mística de la Madre Castillo, Sor Úrsula Suárez o la Madre María de San José, la lucha intelectual activa de Sor Juana Inés de la Cruz o la labor reformista de Santa Teresa son algunos de los ejemplos más destacados de la participación dinámica de la monja profesa sobre su entorno; pero son muchos más los nombres que suministran las crónicas conventuales y también muchos los que nunca accedieron a sus páginas.

Entre el deseo y el mandato la escritura femenina conventual reclama su espacio en el corpus de la literatura hispanoamericana colonial y pide la palabra para sus mujeres, recupera el eslabón perdido, o acallado, de una historia.

3.2. ESCRITURAS DESEANTES, ESCRITURAS DESAFIANTES, ESCRITURAS FEMENINAS

En una cultura como la colonial, donde los tratados teológicos y científicos, documentos legales y la misma literatura discuten la "racionalidad" de las mujeres y utilizan su "debilidad" como eje ideológico del poder masculino[87], la lucha de la mujer por

---

87 Dos citas bíblicas justifican la "natural" sumisión de la mujer al hombre y su inferioridad, la creación bíblica marca la historia de la mujer: El Señor Dios dijo: "No es bueno que el hombre esté sólo; le daré una ayuda apropiada" (Gn, 2, 18). Entonces el Señor Dios hizo caer sobre el hombre un sueño profundo, y mientras dormía le quitó una de sus costillas, poniendo carne en su lugar. De la costilla tomada del hombre, el Señor Dios formó a la mujer y se la presentó al hombre, el cual exclamó: "Ésta si que es hueso de mis huesos y carne de mi carne; ésta será llamada hembra porque ha sido tomada por el hombre" (Gn, 2,22). Además, Eva es la pecadora, quien come del fruto prohibido y se deja tentar por la serpiente, acto que la convierte en depositaria del cuerpo y del pecado, en

el poder de interpretar, la posibilidad de ésta de escribirse como mujer y de escribir su deseo, se convierten en actos desafiantes que deben buscar espacios y modos de expresión alternativos.

Demonología, melancolía, misticismo, son los nuevos lenguajes de ofrenda. En el momento en el que el cristianismo ha triunfado como religión dominante, no sólo en Europa, sino en tierras de Indias, y una vez terminada la lucha contra los infieles, se deben encontrar nuevas formas de ofrecer sufrimiento a Dios, el deseo de padecer por el Señor se exacerba.

La Iglesia trató de frenar desde el siglo XV un ascetismo que se había vuelto excesivo en sus manifestaciones, sobre todo en el caso de la mujer; pero ni las medidas de control y represión, ni el destino que corrieron algunas de estas mujeres, acusadas

---

ser para la culpa, maldita por su sexo y obligada a "parir con dolor". Los pensadores cristianos habrán de recoger desde los primeros tiempos los ecos de esta maldición que el *Génesis* lanza al sexo femenino: "así fue hecha aun corporalmente para el hombre la mujer, la cual, aunque fuera igual en naturaleza racional a éste, fuera, sin embargo, en cuanto al sexo del cuerpo, sujeta al sexo masculino" Agustín de Hipona, *Confesiones* XIII, 32, 47), "fue conveniente que la mujer fuese formada del varón. Primeramente, para significar que entre ambos debe darse una unión social. La "mujer no debe dominar sobre el varón"' (Tomás de Aquino, *Suma Teológica*, I, q. 92, a.3), "Más quiero que sepáis que de todo varón la cabeza es Cristo, y que la cabeza de la mujer es el varón, y la cabeza de Cristo es Dios" (I, Corintios, 11,3). Agustín de Hipona y Tomás de Aquino se convertirían en los difusores de la inferioridad de la mujer dentro de los círculos cristianos, llegando a recuperar algunas de las teorías fisiológicas de Aristóteles para completar sus afirmaciones. Así, la mujer, como ser cercano a la carne y a la muerte y alejado de la razón y espíritu se convertiría en la responsable de la concupiscencia. El famoso *Malleus maleficarum* (1486) de Kramer y Sprenger llega a afirmar de la mujer que "como animal imperfecto siempre engaña... Por naturaleza tiene la mujer la fe más débil. Todo lo cual demuestra incluso la etimología del nombre. Fémina viene de *fe* y *minus*, porque siempre ha tenido menos fe". Los argumentos interpretativos, míticos o etimológicos en contra de las mujeres habrán de recorrer la historia del catolicismo. (Resumo algunas ideas del libro de Adelina Sarrión: *Beatas y endemoniadas. Mujeres Heterodoxas ante la Inquisición,* Madrid: Alianza, 2003)

de ilusas o simplemente de farsantes, iba a impedir el incremento de estas prácticas. Los lenguajes del cuerpo y las experiencias de contacto y arrobamiento configuran el ensamblaje de una historia, ayudan a narrarse, son otra forma de escribir una *vida*.

3.2.1. Después del rapto, la escritura: la vida mística

"Un faltante nos obliga a escribir, que no cesa de escribirse en viajes hacia un país del que estoy alejado"[88]. La cita de Michel De Certau apunta una posibilidad de rapto, un dejarse arrastrar, una enajenación de la escritura, pues tras la experiencia de encuentro, escribir no causa placer, sino que es el imperfecto recuerdo de un estado superior; pero pese al displacer la escritura emerge como pulsión desenfrenada, como estrategia de rearme imposible ante una experiencia trascendental.

En el mundo colonial aquellas monjas que tenían experiencias místicas eran empujadas por sus confesores a la escritura: "Me ordenó que escribiera todo el tiempo y sólo me permitía dormir una hora por la noche; y eso sólo para que yo pudiera dormir y todo el demás tiempo tenía que pasarlo escribiendo. En esto lo obedecí..."[89]. De esta manera, su palabra se convertía en testimonio, sus anotaciones se empleaban como elemento que permitía sancionar la verdad y la ortodoxia de su experiencia; al tiempo que, eran utilizadas como materiales para la redacción de futuras biografías, normalmente redactadas por un sacerdote con fines ejemplarizantes. Estas biografías permitían ostentar el poderío espiritual que el Señor había entregado a las Indias y que, por tanto, las igualaba al de las tierras peninsulares.

---

88 DE CERTAU, M.: *La fábula mística,* México: Universidad Iberoamericana, 1993, pág. 11.

89 DE SAN JOSÉ, M.: *The Spiritual Autobiography of Madre María de San José (1656-1719),* Liverpool: Liverpool University Press, 1993, pág. 17.

Sin embargo, las vivencias místicas de las monjas latinoamericanas coloniales, no son sólo un discurso de propaganda ideológica y política, sino que transitan hacia un espacio que traspasa los límites de lo racional, inaugurando un territorio para el deseo femenino potencialmente subversivo[90].

La vida de la mística era rica en sensaciones, la monja llamada podía compartir con Dios sus secretos, podía remontarse a lugares lejanos y tener visiones y alucinaciones. Si la mujer ha sido excluida del estudio profundo de la religión, si se la ha relegado al espacio de los sentimientos, la experiencia mística trasciende cualquier limitación para lograr momentos de intensidad que desbordan y superan las palabras. Así, entre las líneas de sus *vidas*-hagiografías asoma un lenguaje del ser y del cuerpo, que se convierte en un espacio de expresión femenina alternativa, que horada las limitaciones del "género menor". Sin embargo, las monjas místicas no dejan de comportarse como se esperaba que lo hicieran las mujeres, su discurso es sabiamente estratégico. En el mundo conventual tanto las palabras como los silencios están cargados de similares intensidades.

Por tanto, si las monjas místicas emprenden el desafío de la palabra, de la voracidad silenciosa, y reclaman como espacio de poder y de interpretación aquel que se abisma en la experiencia

---

[90] En el ya clásico texto *Spéculum de l'autre femme* Luce Irigaray recuperaba la experiencia mística como espacio de expresión y actuación pública de la mujer dentro de la historia de occidente, cuando la posibilidad de ser sujeto le quedaba negada. Para Irigaray el carácter de desapropiación subjetiva propio de la mística, y de pérdida de las fronteras entre sujeto y objeto, favorece a la mujer que sobresale en este terreno por encima de los hombres. En el éxtasis se truncan las determinaciones especulares de las que da cuenta el libro de la filósofa. La auto-representación de la mística escapa de la lógica especular, de la no-representación impuesta por el machismo. Representarse a imagen y semejanza de Cristo sufriente, o la sumisión que la mística se impone a sí misma, abren paradójicamente un espacio en el que su placer se puede desarrollar.

irracional sólo traducible como infinidad glosolálica, Sor Juana Inés de la Cruz presenta una propuesta alternativa, pues reivindica formas de razón que no son meros calcos de sus usos masculinos, al tiempo una figura excepcional como Rosa de Lima supera la palabra al convertir fragmentos de tela e hilo en poderosas metáforas icónicas.

3.2.2. Hablan las otras: ilusas y beatas

> *Que Dios le había inspirado, que me avisara de mi perdición, engaños, soberbia, que estaba ilusa.*
> Madre Castillo, *Vida.*

No obstante, no hay que olvidar, que toda experiencia de centralidad y ortodoxia se completa con el valor y el sentido de sus márgenes, con la presencia de la heterodoxia. Junto a las monjas místicas, las ilusas[91] completan las estrategias de escritura y de desafío.

Las ilusas pertenecen a los márgenes sociales, desatan una cultura del límite, que como tal es siempre peligrosa. No son brujas, ni han establecido pactos con el diablo; pero utilizan un lenguaje similar al de las místicas, trabado por la demostración pública de sus arrobos y de sus éxtasis, y acompañado de una exhibición de sus cuerpos, marcados por la experiencia de Dios. Como amenaza para la rigidez de sus límites, la Iglesia debe desautorizarlas y para ello tiene que descalificar su discurso, tratándolo de engañoso, de iluso, de treta del diablo[92].

---

91 El término "ilusa" procede de los archivos de la Inquisición, y estaba destinado a designar a aquellas mujeres que fingían contactos con la divinidad a partir de toda una serie de manifestaciones corporales.

92 En la figura de la mística arrebatada, pero, sobre todo, en el de la ilusa en estado de rapto existe cierta semejanza con la imagen de la loca, que como ser que articula "otro decir", trasgresor y rupturista habría de ser recuperado por la crítica feminista. Susan Gubarn y Sandra Gilbert convertirían a la loca en doble de la autora en *La loca del desván,* como

Las ilusas carecen de estado, no han recibido ningún tipo de instrucción y utilizan en su lucha por el espacio interpretativo lo único que poseen: su cuerpo. Su lenguaje será siempre experiencial y corporal, su experiencia clama por una relectura de la subalternidad y busca la diferencia en el seno de un estatus devaluado. Su espacio no es el de la escritura legitimada por la ley y la letra; sino el del dictado oral ante el inquisidor, el de la confesión procesual, pero también el de la nota del testigo que refuerza la acusación. No obstante, gracias a la documentación que queda tras este proceso se puede conocer su existencia, la instancia que buscaba borrarlas las dota en su discurso de una voz para la historia.

La similitud entre los síntomas y los gestos de las distintas ilusas hace pensar que se trataba de una tradición que se difundía oralmente, una tradición que buscaba representar las contradicciones existentes entre el ascetismo y la feminidad: "Estas mujeres exhibían su sangre y la vomitaban, simulaban la lactancia y el éxtasis, y de esta manera representaban simbólicamente y en público hechos "privados" de la vida de las mujeres: la menstruación, la maternidad y el orgasmo" [93].

Su deseo pasa por la descodificación y transcodificación de los signos de la inferioridad social en un discurso distinto, emprende la subversión de un lenguaje, de unos lenguajes. La Inquisición necesita transitar los códigos corporales y apoderarse de ellos. Por ello, inventa una tecnología del cuerpo en sentido foucaultiano, que sanciona las demostraciones de las ilusas como verdaderas o falsas, que convierte todo intento de recodificación en una acto que debe ser sancionado. Nos dirá De Certau:

---

figura que deconstruye las polaridades del ángel y del monstruo impuestas al discurso femenino, al tiempo que lo dota de su lado revolucionario en el siglo XIX.

93 FRANCO, ibid: 92. Gloso y resumo en este apartado algunas de las ideas fundamentales de su trabajo sobre esta figura.

> Los letrados se convierten en los exegetas de los cuerpos femeninos, cuerpos parlantes, Biblias vivientes diseminadas en los campos o en los mercados, destellos efímeros del Verbo antiguamente enunciado por el mundo. Una teología humillada, después de haber ejercitado por mucho tiempo su magistratura, espera y recibe de su *otro* las verdades que se le escapan[94].

Junto a la ilusa otra de las piezas del imaginario femenino colonial la constituye la beata. La beata solía ser una mujer soltera, que sin vincularse por medio de votos a ninguna comunidad vestía un hábito, y practicaba una vida de oración y de entrega religiosa similar a la de una virgen consagrada. Para la gente corriente la beata solía ser considerada como una persona dotada de unos poderes y de unos dones especiales, a quien se podía recurrir en busca de ayuda religiosa o sobrenatural. Estas mujeres gozaban de mucho prestigio en una sociedad fuertemente religiosa como la colonial y podían vivir modestamente de las limosnas y de los regalos que recibían.

Aunque las autoridades religiosas alentaban la vida de entrega de este tipo de mujeres, también se encontraban muy preocupadas por la persecución de las falsas beatas, y en los anales de la Inquisición puede rastrearse la huella de muchos procesos en los que fueron juzgadas, hoy fuente fundamental para el estudio de su palabra.

De este modo, junto a casos de beatas célebres por su santidad como Rosa de Lima[95], existen otros de mujeres castigadas con dureza por los tribunales inquisitoriales, como Marina de San Miguel[96]. Marina se forjó una reputación como

---

94 ibid: 40.

95 Para conocer brevemente la vida de Rosa de Lima (1586-1617), patrona de toda América y de la ciudad de Lima, y el papel que desempeñó en la sociedad colonial, puede consultarse el libro *Las hijas de los conquistadores* de Luis Martín al que ya se han hecho abundantes referencias.

96 Marina de San Miguel, nacida en 1545, fue una beata dominicana acusada de alumbradismo. Fue procesada por el Santo Oficio en 1599 y

mujer santa, que transitaba a menudo por estados de trance que la dotaban para prestar servicios especiales a sus conciudadanos. Sin embargo, la solicitud de regalos a cambio de sus favores y el lenguajes exacerbado de sus trances extenderían la sospecha entre sus vecinos que la acusaron ante la Inquisición. Un tribunal eclesiástico tacharía sus dotes de falsos y la condenaría a servir durante diez años en un hospital, despojada de su identidad, de su hábito blanco de beata.

La escritura de vida de la monja colonial, junto con los relatos y arrobos físico-psíquicos de las ilusas, o el ejercicio de peculiar santidad de las beatas que nos ha legado el archivo, son tres formas distintas, pero complementarias, de significar el pensamiento y la identidad femeninas, son tres maneras de desarticular el imaginario masculino dominante y de dejar hablar a "sus" mujeres. Junto a éstas, opciones vitales como las escogidas por Catalina de Erauso o Sor Juana Inés de la Cruz, completan estos itinerarios[97].

3.2.3. De lo que se escribía en los conventos

Las *vidas*, las cartas, los escritos de devoción y algunas formas de poesía, junto con pequeñas piezas teatrales, iban a ser los géneros cultivados por la mujer colonial, pues en tanto "géneros menores" fueron considerados "acordes a su capacidad intelectual".

---

condenada a abjurar *de vehemendi* de sus errores y a servir diez años en el hospital de las Bubas, tras haber sido multada, latigada y sometida al escarnio público. Los expedientes del proceso pueden consultarse en el Archivo General de la Nación de México, Inquisición 210, folios 307-340, 396v. Las referencias a este respecto proceden de HOLLER, J.: "Más pecados que la reina de Inglaterra. Marina de San Miguel ante la Inquisición mexicana", GILLER, E. (ed.), *Mujeres en la inquisición,* Barcelona, Ediciones Martínez Roca, 2000.

97 A este respecto puede verse FERRÚS ANTÓN, B.: *Discursos cautivos,* ibid.

Como se ha venido viendo, el convento fue el recinto intelectual privilegiado para la mujer colonial, y la escritura que en él se practica el principal testimonio de la escritura femenia del periodo. De las condiciones precisas de su práctica en la tradición de las *vidas*, pero también en todos aquellos otros géneros que se escribieron en el convento, tratan los apartados siguientes.

3.2.3.1. Mirarse en el espejo de la hagiografía, escribir la vida por mandato

Las monjas coloniales escriben sus *vidas* por mandato confesional, despliegan la autoescritura como obediencia. Así, la escritura de vida se convierte siempre en práctica ejemplarizante, en acto de re-escritura de *otras historias*. Pues la monja que cuenta su historia imita un modelo e inserta su relato en un molde pautado. La autorreflexividad resulta exacerbada e hiperbolizada, la dimensión modélica de todo texto no se oculta, sino que se exhibe en la superficie textual. En el mundo barroco la *imitatio* clásica sigue funcionando como valor. Aquello que debe imitarse son las vidas de los santos, los relatos hagiográficos, a su especificidad está dedicado el capítulo siguiente.

Asimismo, el texto se redacta sobre una falsilla, para terminar por no decir "nada nuevo", o "casi nada", porque sólo donde los reglones se tuercen emerge la propia identidad. La *vida* transita la hagiografía y la escritura sólo dice aquello que puede y debe ser leído, aunque el propio gesto la delate y nos empuje a mirar en sus bordes, los rasgos subjetivos e identitarios no van a poder ser obturados. Los lenguajes del cuerpo, del sueño o el silencio nos invitarán a leer de otra manera, a descifrar la escritura del secreto.

Si la sociedad es el espacio de convergencia del individuo con la historia, el confesionario es el espacio simbólico donde la ley divina se encuentra con la ley humana, donde se topan la esfera social y la espiritual, donde se verifican una y otra vez la ley de Dios y el deseo de los seres humanos.

Las monjas coloniales escriben sus vidas por orden de sus confesores, por mandato expreso de éstos: "aviendo escrito toda la historia de mi vida, desde mi niñés asta que salí para esta fundación desta siudá de Oaxaca, por obediencia i orden de mi confesor" (MJ,81). La *vida* conventual se vincula a la confesión y trabaja sobre el secreto. Escribir desde la obediencia supone inscribirse en un discurso de poder, evidenciar sus pliegues. Pero este gesto se torna ambivalente, pues desde aquí es posible desatar una estrategia que *haga pasar* a los ojos de la autoridad un gesto discursivo que de otra manera podría entenderse como subversivo. La mujer logra protagonizar el acceso a un espacio de auto-expresión que de otro modo le estaría completamente negado.

La falta de reconocimiento[98] recibida por esta modalidad de escritura fue la causa de la desaparición de muchos de los archivos de los conventos de monjas, ya que responden siempre a una producción subordinada, organizada y descifrada en la obra del confesor.

Estos escritos eran solicitados por el confesor o la autoridad eclesiástica a la monja, que normalmente obedecía a la petición con rechazo, como preparación para una confesión general o como autodefensa frente a las murmuraciones que llegaban al oído siempre atento de la Inquisición, el "ruido con el Santo Oficio" del que hablará Sor Juana. Así, la redacción de las *vidas* representaba para las monjas un reto, pues no sólo les daba la oportunidad de conocerse y hacerse conocer, sino de acceder a un código que tradicionalmente les estaba vetado: la escritura.

Desde aquí, debe pensarse en el enorme peso que la figura del confesor tenía no sólo sobre la tarea de la escritura, sino

---

98 Recuérdese lo dicho anteriormente sobre su carácter de "labor de manos".

sobre la misma vida. El confesor era la única figura masculina autorizada a entrar en el convento. A él había que contarle la menor duda, turbación, o excitación del alma o del cuerpo. El padre jesuita De Villegas escribe en 1642 en torno a la relación de la monja y el confesor: "Vais a verle por la mañana, y gastáis con él muchas horas y él vuelve a veros por la tarde, y después le escribís por la noche, y siempre estáis pensando en él, porque al fin es hombre y vos mujer"[99].

El confesor tiene en sus manos el destino de la monja que escribe su vida, porque él es quien lee, quien juzga y quien posee, incluso puede reclamar la ayuda de otros colegas: "Se me acuerda que en algunas ocasiones me dijo mi confesor que le diera permiso para comunicar mis cosas con otros padres confesores de su satisfacción, para asegurar más mi camino y que no fuera engañada del enemigo" (MJ, 82). Sin embargo, en muchas ocasiones, las monjas le recuerdan su ascendencia sobre él, pues su directa relación con Dios les posibilita mediar por su alma.

De este modo, se puede hablar de una "división de roles dentro del macrorrelato religioso"[100]. A los hombres correspondería el estudiar, razonar, conocer, interpretar los textos, el mundo, los hechos externos, mientras que estas tareas quedan vetadas a la mujer "dada su naturaleza". Sin embargo, Dios las compensa dotándolas de actitudes "extrañas": la posibilidad de oír voces, tener visiones, revelaciones de futuro... Hombres y mujeres se encuentran en el mundo colonial vinculados con la trascendencia de forma distinta. San Juan de la Cruz es, en este sentido, una figura excepcional, pues no sólo ve donde el resto de miembros de su sexo no pueden, sino que, además, construye a partir de su experiencia un sistema teológico.

---

99 DE VILLEGAS, de la Compañía de Jesús, lector de Primera de Teología en su Colegio de San Esteban de Murcia, y, calificador del Santo Oficio. Con privilegio en Murcia por Juan Fernández Fuente, año 1635.

100 IBSEN, ibid: 32.

En este contexto las *vidas* de María de San José, Úrsula Suárez y la Madre Castillo se escriben tomando como destinatario-marco del texto al confesor, pero lo enfrentan de forma diversa. Asimismo, las tres pueden ser entendidas como "relatos de vida dialógicos", como textos asignados, pues el "yo" remarca poderosamente a un "tú" como destinatario de su escritura.

Ahora bien, este "tú", en tanto espacio de interlocución, se escribe sobre el desajuste con el destinatario-marco, ya que el "tú" es un vacío que tiene muchas máscaras, es una instancia móvil, que a veces coincide con el confesor, otras es el mismo Dios y, en ocasiones, simplemente el hombre. La teatralización, los juegos autorreflexivos, o los juegos de máscaras, que presentaré como constantes en estas narraciones, también van a permear el espacio del "tú".

La Madre Castillo inscribe su relato sobre una clara estructura apelativa, "Padre mío", con la que comienzan la mayor parte de los capítulos. El acto de escritura es estimulado por el confesor, aunque ésta también se desea. La relación autora-escritura se construye sobre una ambivalencia, en ocasiones ésta es una pesada carga que hace desfallecer, pero en otras se presenta como una fuerza que arrebata: "Padre mío: Además del enojo que mostró Vuestra Paternidad porque no proseguía, no podré resistir a la fuerza interior que siento, que me obliga y casi fuerza a hacerlo" (MC, 8). Los mismos sentimientos que despierta el material escrito son controvertidos: "Yo había querido quemar aquellos papeles que Vuestra Paternidad me había enviado, porque cuando estuve para morir, temía si los veían las religiosas o los hallaban; y, por otra parte, como en leyéndolos me alentaban y consolaban, no me determinaba" (MC,121).

Jamás existe duda de que la escritura es sentida como un acto de despojo, de desnudo, que desata el pudor y el rubor: "Padre Mío: si no fuera porque Vuestra Paternidad me lo manda, y sólo es quien lo ha de ver, y no llegará a noticia de otro; no sé yo cómo pudiera animarme a decir estas cosas; y más de lo que ahora diré que es mucho recelo acertar a entenderme, o darme a entender" (MC, 61). El ejercicio de escritura se muestra como una prueba de responsabilidad ante aquello que se cuenta; al tiempo que requiere ejercitarse en la *retórica de la humilitas*.

Pero, si no cabe duda de que para Francisca Josefa de la Concepción del Castillo el sacramento de la confesión y la figura del confesor representan una forma de amparo y de consuelo, un lugar de refugio, también es cierto que el confesor, en tanto que hombre, puede dejarse ganar por el poder de la calumnia y de la mentira, cuando esto sucede la monja sufre la angustia de la soledad, que se añade a las otras formas de su padecer: "Así, pues el enemigo se valió de algunas personas, que le dijesen a él cosas que sospechaban de mí, y las dieron por hechas, causándole aquel enojo, y a mí me dijeron otras cosas que me hicieron no andar para con mi confesor con aquella seguridad y consuelo que antes" (MC, 33). Sin embargo, el propio Dios parece advertir la humanidad y las limitaciones del confesor, no se debe olvidar que éste es sólo un mediador con lo divino. La Madre Castillo realiza a este respecto una afirmación transgresora, pero que completa el autorretrato de elegida exclusiva que su texto va trazando: "Asimismo me advirtió que sólo él debía ser mi consuelo; porque un día, como hubiera venido mi confesor, y se fuera sin consolarme yo me quedé con pena y tristeza por esto... No entendí, yo, que dejara de buscar el asilo y la enseñanza en el confesor, sino que el consuelo lo buscara en Dios" (MC, 43). Aunque la advertencia divina se interpreta y reconduce hacia el espacio de la ortodoxia, recogerla es ya en sí misma una forma de trasgresión. El confesor resultará criticado y limitado en sus funciones.

Al mismo tiempo, María de San José luchará por ingresar en la vida religiosa y por lograr el apoyo de un confesor. Todo su relato entrelaza ambos objetivos. El ansia de confesor se torna obsesiva, y habla claramente del papel que esta figura desempeña en la vida de aquellas mujeres que desean consagrar su vida a Dios. Pese a esto, ella también reconoce que los años que permaneció sin apoyo del confesor se debieron al deseo de Dios, la figura del confesor queda, de nuevo, relativizada. La ausencia de esta figura es ocupada por "Nuestra Señora", enviada de Dios, ante quien tiene lugar la escenificación de una confesión simbólica: "Lo primero que has de haser haora es que te as de confesar conmigo de todas las ofensas i pecados que as echo contra la Divina Majestad como si los confesaras a un sacerdote" (MJ, 27).

También el relato de la monja mexicana funciona a partir de un acto de obediencia "por obediencia i orden de mi confesor, que fue el lisensiado Manuel de Barrios" (MJ, 81); pero, pese a que el texto incluye apelaciones directas al confesor, éstas se pierden en el interior de una escritura mucho más narrativa que en el caso anterior, menos dialógica.

De igual forma, todo el relato va a ser presentado como un acto de confesión simbólica, que debe servir de guía en el caminar de la religiosa, que se centra con mayor interés en la evaluación de las experiencias místicas: "para asegurar más mi camino y que no fuese engañada del enemigo" (MJ, 78). La lectura que el texto persigue es aquella que debe sancionarlo como legítimo, como relato inspirado por Dios y no por el Diablo, como narración merecedora de los objetivos deseados. Los confesores parecen devenir especialistas que deben inspeccionar el relato de un caso clínico y patológico.

La escritura será para María de San José una enorme carga: "el trabajo tan grande que tengo en escrevir", "me servía esto de pena y desconsuelo" (MJ, 83), "I al tomar la pluma me sentí mui cansada i fatigada así en el espíritu como en el cuerpo" (MJ, 150). El ejercicio de escribir jamás se desea y se presenta en todo momento como inspirado por Dios: "me quedé suspensa con la pluma en la mano, conociendo por lo que avía pasado que anda la mano poderosa del Señor en estos escritos" (MJ, 151). Pese a ello, María de San José rescribe, pues sus cuadernos se han manchado hasta ser ilegibles o se han perdido: "Viendo mi confesor esta falta tan grande, i que no ai esperanza de que puedan volver a aparecer, me a mandado que buelva a escrevir todo lo que estava escrito" (MJ, 84), incluso con la inspiración divina la escritura femenina sigue gozando de escaso valor.

Por otro lado, Úrsula Suárez construye su texto desde la apelación continua a "Vuestra Paternidad". Además, antes de comenzar a escribir invoca a Dios para que le ayude en la que se presenta como una tarea de gran dificultad para ella: "Para que yo cumpla con la obediencia de vuestra paternidad, y vensa tanta dificultad y resistencia como tiene mi miseria en referir las cosas que tantos años ha estado en mí sin quererlas decir, por ser mi confusión tanta y con tan suma vergüenza que me acordaba..." (MJ, 89-90).

La escritura va ser sentida como penitencia "por mortificación toma la pluma" (US, 155), que incluso puede conducir a la enfermedad: "Padre mío, no me mande escrebir más; mire que me aflinjo demasiado y esta pesadumbre más me ha enfermado" (US, 217); al tiempo que se piensa como despojo, escribirse ante alguien es una forma de desnudo, la "letra confesional" es la escritura del secreto. Por eso alivia saber que la resguarda el secreto de confesión: "solo de vuestra paternidad lo fio, y le encargo que más que yo haya de guardarlo, que si lo cuento es para que jamás propale a ninguna persona mi secreto, mire vuestra paternidad lo que hase" (US, 196). El pacto secreto queda trabado sobre el privilegio de la mutua complicidad, más valorado que la confidencialidad desencadenada.

También Teresa de Jesús mantiene una especial relación con la minoría letrada (confesores) que funcionan como una de las instancias receptoras en su polifónico *Libro de la Vida*; al tiempo que escribe un completo tratado sobre el sentido de la escritura femenina. Pero es a la figura de Sor Juana Inés de la Cruz a quien me gustaría dedicar en este contexto un pequeño comentario.

Una sombra atraviesa la obra de Sor Juana Inés de la Cruz, la de su confesor Antonio Núñez de Miranda, la dialéctica entre el poder y el amor traba este compleja relación. Sor Juana necesita definirse personalmente ante el jesuita y por ello desata toda una serie de reflexiones sobre el problema de la autoridad y de sus derivados, especialmente aquellos que tienen que ver con el poder y la letra, pues ella construye su identidad y su imagen a través de la literatura. Así, busca defenderse de las limitaciones que imponen las estructuras patriarcales coetáneas, demostrando que el talento y la razón son universales, que no participan de limitaciones genéricas, su demostración se materializará en una praxis vital. Pseudónimos, máscaras, alegorías... constituyen un entramado discursivo que será su más poderosa arma. La humildad y la modestia la hacen presentarse como una hermana más que sobresale del grupo sólo por la insistencia de otros, mientras su obra alza un juego pantomímico que reproduce y burla los gestos del poder.

No obstante, aunque estos gestos denuncian una situación no son suficientes para vencerla, para ello hay que ser capaz de llegar más allá. En la *Carta de Monterrey*. Sor Juana tratará de desautorizar al jesuita, de desvincularlo discursivamente de la investidura que legitima su poder. Aquí también puede apreciarse un deseo insatisfecho:

> Y assí le suplico a V.R que si no gusta, ni es ya servido de favorecerme (que esso es voluntario) no se acuerde de mí, que aunque sentiré tanta pérdida mucho, nunca podré quejarme, que Dio me crió y redimió y que usa conmigo tantas misericordias, proveherá con remedio para mi alma, que espero en su vondad no se perderá, aunque le falte la dirección de V.R., que a el cielo hacen muchas llaves, y no se estrechó a un solo dictamen, sino que ay en él infinidad de manciones para diversos genios, y en el mundo ay muchos theólogos — y quando faltaran, en querer más que en saber consiste el salvarse, y esto más estará en mí que en el confesor. ¿Qué precisión ay en esta salvación mía sea por medio de V.R? ¿No podrá ser por otro? ¿Restringióse y limitóse la misericordia de Dios a un hombre, aunque sea tan discreto, tan doto, y tan santo como V. R.? No, por cierto ni hasta ahora he tenido yo luz particular ni inspiración del Señor que assí me lo ordene[101].

---

[101] DE LA CRUZ, J.I.: "Carta de la Madre Juana Inés de la Cruz escrita al R.P.M Antonio Núñez de la Compañía de Jesús" en ALATORRE, A.: "La

Sor Juana se presenta como elegida, ella tiene a su lado a Dios y aunque respetada la figura de "VR" es del todo prescindible. La Carta atenta contra la esencia misma del orden dogmático, al tiempo que habla de un deseo utópico: la elección libre por parte de la monja del padre confesor; pero todavía más, la posibilidad de tratar con Dios sin mediación, pese a la ausencia de señales místicas. Entre el atentado y el remordimiento, inserta en el juego de paradojas que atraviesan su obra, la relación de Sor Juana Inés con el padre jesuita y su culminación en la *Carta* de Monterrey habla del amor al confesor, pero también de su profunda repulsa.

3.2.3.2. Más allá de la vida, u otras cosas que se escribían en los conventos

Si el objetivo de este ensayo consiste en el análisis de la escritura de vida en el seno de la producción conventual y de su relación con la tradición de escritura de vidas de santos, también resulta indispensable apuntar de modo breve las características de aquellos otros géneros que jugaron en el intertexto coetáneo de las *vidas*, más todavía si fueron cultivados por las mismas autoras seleccionadas para el corpus de trabajo.

Cultivar el ejercicio literario en el silencio y el encierro del claustro, ese parece ser a priori, el destino de la monja que se deja tentar por la literatura, trabajar en la rigidez de un marco determinado por lo social. Sin embargo, siempre existen excepciones, nombres de un linaje, que por extravagante y extraño, refuerza el anonimato y el silencio que como estigmas debe acatar la mayoría. Sor Juana Inés de la Cruz, como paradigma

---

Carta de Sor Juana al Padre Núñez (1682)", en *Nueva Revista de Filología Hispánica*, México: El Colegio de México, Centro de Estudios Lingüísticos y Literarios, vol. XXXV, núm. 2, 1987, págs. 591-673.

del barroco colonial y su dimensión pública, Décima Musa mexicana, y Teresa de Jesús, nombre singular de la mística hispánica, reformadora y fundadora, constituyen dos puntos próximos de una línea extraña, en la que Sor Juana demuestra que conoce y cita a Teresa: "Dice la Santa Madre y madre mía Teresa, que después que vio la hermosura de Cristo quedó libre de poderse inclinar a criatura alguna, porque ninguna cosa veía que no fuese fealdad, comparada con aquella hermosura"[102]. A la dimensión pública que como creadoras alcanzaron estas dos mujeres, y de la trasgresión que su gesto supuso en el mundo que habitaban, me referiré a continuación en unas breves líneas, con la conciencia de lo que de falso tiene dedicarse a ellas en un mínimo espacio, y desde la decisión de tratar con detalle más tarde el *Libro de la vida* de Teresa de Ahumada, dado que esta obra es la pieza clave de la tradición de *vidas* conventuales femeninas, mientras que la producción de Juana Inés ocupa en relación al problema que aquí interesa un lugar de segundo orden.

El Libro de la vida, Camino de Perfección, Meditaciones sobre los Cantares, Moradas del Castillo Interior, Cuentas de Conciencia, Exclamaciones, Poesías, Libro de las Fundaciones, Constituciones, Visita de Descalzas, Avisos y Epistolario son los títulos que figuran como *Obras Completas* de Teresa de Jesús. El conjunto de su obra, como trasunto de la experiencia religiosa inserta en la vida, hace que todos y cada uno de los títulos sean una reelaboración de un mismo tema, constituyan un *continuum*. Junto a los libros excepcionales como el *Libro de la vida* o *Las Moradas,* que codifican de forma original y poderosa la experiencia mística teresiana, y legan un nuevo lenguaje válido para cualquier tradición de misticismo, otros textos como el *Libro de las fundaciones* o las *Constituciones* se encuentran más en la órbita de la escritura masculina de tratados

102 DE LA CRUZ, J.I.: "Respuesta a Sor Filotea de la Cruz" en *Obras Completas,* México: FCE, 1995.

devotos y normas de vida conventual. Sólo mujeres excepcionales osarían atreverse con estos géneros.

El epistolario de Teresa de Ahumada, como el de Catalina de Siena, o el de Teresa de Lieja, comienza por donde sus libros acaban, la vivencia y el trato cotidiano se muestran como los hechos que la doctrina produce. Amparada en una retórica epistolar muy pautada, la carta es una escritura de circunstancias, que pasa de oficial a oficiosa según el destinatario al que va dirigida, y que permite rastrear abundante información de una época y de una personalidad. Entre las 463 epístolas de las *Obras Completas* será posible hallar infinidad de tonos y temas, multitud de referencias públicas y privadas. Las cartas son uno de los géneros que más deja traslucir de aquel que las escribe.

Junto a las epístolas encontramos las poesías de Teresa, motivo de abundantes discusiones en torno al corpus que las conforma, pero ejemplo exquisito de uno de los géneros literarios con mayor vigor en el barroco y con mayor pervivencia en el entorno conventual. Toda la producción poética teresiana se traba sobre dos coordenadas: el impulso del trance místico y el ambiente ascético y devocional del carmelo femenino descalzo. Los poemas nacen de una necesidad súbita, de un impulso interior que poco tiene que ver con el entendimiento. Aunque dentro de este grupo los hubo de varios tipos, desde la copla simple, a los poemas de mayor envergadura.

Por otro lado, una epístola de repercusiones inauditas para la historia literaria la *Respuesta a Sor Filotea de la Cruz*, un hallazgo reciente, de desconocida historia, pero singular contundencia, la *Carta de Monterrey*, abundante poesía breve, personal y de circunstancias, "ese papelillo"[103], que es el *Sueño*, de medido virtuosismo barroco, y numerosas piezas teatrales, constituyen el currículo literario de una mujer que como creadora ocupo un espacio "masculino". Puesto que, Sor Juana

---

103 Cifr. *Respuesta a Sor Filotea de la Cruz.*

Inés de la Cruz no sólo logró invadir con sus escritos las esferas consideradas usualmente masculinas, cuanto menos simbólicamente, sino que impugnó de manera directa la asociación mujer-ignorancia establecida por el clero de la época.

Así, la *Respuesta*[104], principal texto autobiográfico de Sor Juana, resulta una exhibición de arquitectura retórica que busca convencer a "Sor Filotea", y a todo aquel que se avenga a leer, de la legitimidad existente en el afán de la mujer por acceder al conocimiento. Además, la narradora se ve obligada a jugar en el marco de una paradoja interesante, porque aunque busca demostrar que el espacio del conocimiento es neutro, terminará por verse obligada a remitirse a su propia experiencia como mujer para explicar sus ansias de conocer. Ante esto ninguna concesión se encuentra en la *Carta de Monterrey,* posiblemente embrión de la futura *Respuesta*. El conflicto se traba sobre la capacidad intelectual y creadora de Sor Juana y el reconocimiento que por ella recibe. Desde este núcleo la reflexión se extiende hacia la situación que la mujer ocupa en el seno de las instituciones religiosas y en su relación con la cultura, el problema del poder y de la marginalidad constituyen el eje central del debate. La monja mexicana acomete el mayor desafío que puede emprender una monja, porque desacredita discursivamente el poder del Padre Núñez y afirma el derecho libre de elegir un confesor.

---

104 Dos aproximaciones recientes a la *Respuesta* como texto fundamental para la historia de la literatura de mujeres pueden encontrarse en MATTALIA, S.: *Máscaras suele vestir. Pasión y revuelta: escritura de mujeres en América Latina,* Madrid: Vervuet, 2003 y TORRAS, M.: *Soy como consiga que me imagines. La construcción de la subjetividad en las autobiografías epistolares de Gertrudis Gómez de Avellaneda y Sor Juana Inés de la Cruz,* Cádiz: Publicaciones de la Universidad de Cádiz, 2003. Junto a ellas, como valioso "clásico" entre las aproximaciones a la obra de Sor Juana debe recordarse el trabajo LUDMER, J.: "Tretas del débil" en GONZÁLEZ, P. y ORTEGA, E.: *La sartén por el mango. Encuentro de escritoras latinoamericanas,* Río Piedras: Huracán, 1985.

Pero el espejismo de la Décima Musa, de la figura canónica y de sus textos principales, eclipsó a la "otra Juana", la de las voces plurales, el verso sencillo y cotidiano. La una no existe sin la otra, y leerlas por separado es como mirar a alguien siempre de perfil, nunca de frente.

Si la *a* final del *Sueño*[105], en ese "El mundo iluminado y yo despierta" constituye uno de los morfemas femeninos que resuenan con más fuerza en la historia de la literatura, no debe olvidarse que el conjunto de la poesía de Sor Juana se tiñe de un mismo interés por reivindicar un espacio para la mujer diferente al que la sociedad colonial le había asignado. Voces neutras que defienden a la mujer, en alternancia con otras que se quieren andróginas, voces femeninas que reivindican sin cortapisas el derecho a ser oídas, almas y cuerpos que carecen de sexo y abogan por su reinvención desde un espacio de lo neutro, o voces indígenas que por vez primera acceden al espacio de lo público[106], son sólo algunas de las muestras de esa otra que es la misma Juana, de una poesía que amparada por el reconocimiento público de su autora se atrevió a decir otras cosas, a *hacerlas pasar*, como diría Ludmer.

Sor Juana Inés original, pero también modélica, figura ejemplar de una estética literaria, el barroco, pero también del signo de particularismo que cobró en América con la figura del

---

105 El *Sueño,* poema largo de factura culterana, relata cómo al dormirse el cuerpo el alma emprende un vuelo a través de una escala de saberes que tiene como objetivo último el acceso al saber teológico o saber de Dios. Sin embargo, antes de que esta esfera haya sido alcanzada, el cuerpo despierta y el viaje se ve interrumpido. El poema, narrado desde una voz neutra, concluye con un femenino resonando sobre el blanco final de la página "El mundo iluminado y yo despierta".

106 Un estudio concreto en relación a estas estrategias puede encontrarse en Rosa Perelmunter, "Las voces femeninas en la poesía lírica de Sor Juana Inés de la Cruz" en Margo Glantz. (ed.): *Sor Juana y sus contemporáneos,* México: Condumex, 1998.

sabio criollo[107]. El *Divino Narciso*, pieza teatral de contenido sacro, encarna la mixtura prototípica del barroco de indias, en la combinación de los mitos griegos y católicos con los indígenas, del marco calderoniano con los cantos a las viejas deidades prehispánicas. La escritora mexicana transitó por la comedia y el auto sacramental, respetando escrupulosamente el quehacer cortesano más canónico, pero incluso aquí supo imprimir su sello de polifonía y mascarada.

Pese lo hasta aquí expuesto, ni María de San José ni Úrsula Suárez dejaron obra conocida además de sus *vidas*. Sí lo haría Francisca Josefa de la Concepción del Castillo, quien redactó los *Afectos espirituales*, a modo de diario de las gracias que Dios había concedido a su alma: "Sintiendo en mi alma una fuerza dulce y poderosa al amor de su Dios, sin que otra cosa alguna me llenara, ni pudiera emplearme ni aun en actos de otras virtudes" (AE, 41). Los *Afectos* constituyen un tratado de vida espiritual, que añade un nuevo acento a la producción femenina conventual. La Madre Castillo elabora lecciones doctrinales, instruye al alma en el ejercicio de las virtudes y del seguimiento de Dios, glosa partes de la liturgia, oraciones, para legar una enseñanza, y describe la corrupción de la humanidad y la laxitud de la vida religiosa en la sociedad colonial. Los *Afectos* también recogen el relato de los momentos de unión del alma con Dios y reflexionan sobre las dificultades que el lenguaje tiene para aprehender esta experiencia, las metáforas basadas en la liturgia se tornarán decisivas para hacerse entender. La mezcla de relato autobiográfico y conocimiento doctrinal es una manera de respuesta a la exclusión de la mujer de los foros

---

[107] La figura de Sigüenza y Góngora, cartógrafo del rey, amigo de Sor Juan, estudioso de las razas mexicanas se propugna como modelo indiscutible de la figura del "sabio criollo", pues al oponerse su vida y su obra a la del propio Góngora se hará visible la ecuación metrópoli vs. colonia. La imagen de la propia Sor Juana también puede ser pensada desde aquí. Sobre este tema puede consultarse HENRÍQUEZ UREÑA, P.: *Las corrientes literarias en la América hispánica,* México: FCE, 1949.

de las universidades y de los seminarios, de todos aquellos géneros de contenido teológico sólo cultivados por varones. Asimismo, la temática doctrinal de los *Afectos* se muestra del todo conforme con la ideología ascética de la Contrarreforma, y conecta con las prácticas de oración mental al proponer un similar trabajo sobre algunos fragmentos de las Escrituras:

> Conozco que mis faltas, amor propio etc., me detienen para no ir a mi Dios como deseo; como si su majestad dijera a mi alma: ya querrías tú estar en la patria celeste; más aun es tiempo de guerra, de examen y de trabajo, pruébate, cíñete, purifícate y vence siete veces, y siete veces siete; procura entrar cada día en el baño de la contrición y el dolor, para que más y más te limpies de la lepra de las pasiones humanas y los afectos de la tierra. (AE, 136).

De esta forma, los *Afectos* se muestran como un primer ejemplo del trazado intertextual que recorre la literatura conventual y apuntan a una serie de figuras clave, cuyos escritos van a ser tomados como modelo (Teresa de Jesús, Juan de la Cruz, Ignacio de Loyola...). Francisca Josefa se sirve del ejemplo y de la cita para configurar su propio lugar discursivo.

Teresa de Jesús había rechazado hablar de la *Biblia* y siempre que lo haga lo hará con gran cuidado; pero no por ello deja de constituir para la Madre Castillo un modelo autorizado de mística femenina y de encuentro con la palabra divina. Los poemas de Juan de la Cruz funcionarán como cita que permite tender el puente entre la experiencia mística y la metáfora litúrgica; al tiempo que Ignacio de Loyola la provee de la posibilidad de enganchar sus experiencias con enseñanzas y prácticas de meditación centradas en la *Biblia*. La Madre Castillo mezcla los elementos aprendidos de distintas fuentes con las prácticas ortodoxas de oración, con ello consigue construirse como mística de especial dotación y proveerse de una práctica hermenéutica que permita leer el deseo de la mujer. A lo largo de los *Afectos* Francisca Josefa también establece conexiones con la Virgen María, que es mostrada como fuente de conocimiento, sobre todo a través de imágenes relacionadas con la leche virginal: "¡Oh, quién te me diera, hermano mío (Cristo), criado a los pechos de mi madre, y tomando su leche, que yo te hallara fuera ya de mí, y de todas las cosas que me pueden estorbar el llegar a ti!" (AE, 56). Feminidad, maternidad y conocimiento, van a funcionar de forma vinculada. En los *Afectos* será posible distinguir un mismo tono y unos mismos lenguajes que aquellos que proveen las *vidas*.

La palabra escandalosa y el poderoso barroquismo de la *Vida de la venerable Francisca Josefa de la Concepción del Castillo* están ya aquí presentes, extremándose si cabe:

> Olvídeme de comer mi pan de dolor y mi virtud se secó como teja, y fui reducida a polvo de muerte. Subía al cielo estribando en pies de barro, y dando en ellos tu verdad, descendí hasta el abismo de mi confusión y miseria. El Señor deduce el infierno y saca de él cuando humilla al alma que se ensalza, para ensalzarla después que se conozca, porque ve su humildad y su trabajo, y considera su trabajo y su dolor para traerla en sus manos. Desamparado está el hombre, pero el Señor es ayudador del huérfano. (AE, I, 7).

La metáfora golpea al lector, el horror que activa es tan poderoso como su efecto de seducción: "olvídeme de comer pan de dolor". El pan como alimento de ingestión cotidiana, como base de la vida, pero también como símbolo del cuerpo de Cristo transubstanciado. El dolor entra por la boca, es el "pan nuestro de cada día", paradójicamente no ingerir el dolor tiene efectos dolorosos, pues no son menos horribles las metáforas nacidas de su olvido "mi virtud se secó como teja", "fui reducida a polvo de muerte". Humillación, suplicio, desamparo... completan el campo semántico que acompaña a la metaforicidad desbordada.

Si los cuadros barrocos de cristos sangrantes y supliciados con explicitud atrapan una mirada que tiene mucho de obscena, los *Afectos*, como pasión o inclinación, pero también como afección morbosa, inauguran un espacio de lectura que hiperboliza el lenguaje barroco, buscando un lector capaz no sólo de mirar, sino de enfrentarse a sus miedos y de aprender a amarlos. La escritura de la Madre Castillo desciende a los reductos más tremebundos del hombre y activa un imaginario del holocausto y el auto-martirio que aporta complacencia:

> Se vía a sí misma (el alma), como atadas las manos, baja la cabeza, con una guirnalda de flores, y puesta sobre un grande fuego; y entendía que estaba puesta allí como solían ponerse algunos sacrificios; y que el Señor quería que su vida fuera toda en amor, y que así la recebía como holocausto. (AE, 103).

La cabeza inclinada como señal de humildad, pero también como un fijo "sí", que es un "sí, quiero", pues la guirnalda de flores simboliza un desposorio, pero también una ofrenda. La res entregada para el sacrificio suele ir engalanada, las manos atadas introducen esta torsión, e igualan la esposa a la res. Incluso las palabras consoladoras de Cristo legan un remedio de locura y pánico:

> Consuela pues, esta tu cruz, y alíviala y acompáñala con la mía, que en ella hallarás tu descanso y consuelo, en mis dolores y penas; mira que no me aparto de quien no quiere apartarse de mí; mira que para eso estoy clavado; y mira que no me acuerdo de las desgracias pasadas y lloradas; mira las cinco fuentes que dejé abiertas en mi cuerpo para lavar tus manchas con infinito amor y caridad; mira que tienes compañero en tus penas, dolores y soledades. (AE,105).

Pecado lavado con sangre, desgarramiento supremo, el dolor al que nadie se acerca, maravilla desquiciada de amor, es la crucifixión, ante ésta cualquier padecer tiene el consuelo de ser sólo un eco, lo cual ya es mucho. Además, la Eucaristía y la liturgia como fuentes de reflexión se dotarán aquí de toda su dimensión carnal y plástica. La propia experiencia mística será relatada como el desquiciamiento de la relación alma/cuerpo, condensado en la escenificación del padecer corporal. Enfermedad y dolor, temor y temblor, son lenguajes para una mística.

Además de la *Vida* y de los *Afectos* Francisca Josefa de la Concepción del Castillo también redactó el *Cuaderno de Enciso*, llamado así porque aparece dedicado al religioso Don José de Enciso y Cárdenas. En este cuaderno aparecen copiados algunos poemas de Sor Juana Inés de la Cruz, y algunos originales de la Madre Castillo, dedicados a la exaltación de María, o relacionados con actos de penitencia y de contrición. Siguen treinta y cinco páginas que presentan una meditación sobre la Pasión en varios tratados, incluido uno sobre el sentido de la *murmuración* y otro sobre la contemplación mística. Aunque estos tratados no pertenecen a la Madre Castillo, y sean de autor desconocido, el mero hecho de que ella los copiara de su propia mano hablan de su interés y de su preparación en relación a estos temas.

Por tanto, aunque el relato de vida se presenta como el objetivo prioritario de este ensayo, no debe olvidarse que éste no fue el único género de producción de las monjas coloniales. Asimismo, en la distancia que media entre la *Vida de la venerable Sor Francisca Josefa de la Concepción del Castillo* y los *Afectos,* entre la *Respuesta a Sor Filotea* y la *Carta de Monterrey* se encuentra cifrada una política, la que regula el decir y el callar, el ser y el parecer. Las *vidas* de monjas no se entienden sin esos otros géneros de la practica conventual que las rodearon y complementaron.

IV. LAS LEYES DE LA HERENCIA: LECTURAS PARA UNA MÍSTICA

4.1. MUCHACHA LEYENDO

> *Se enfrascó tanto en su lectura, que se le pasaban las noches leyendo de claro en claro y los días de turbio en turbio; y así, del poco dormir y del mucho leer se le secó el cerebro, de manera que vino a perder el juicio… y asentósele de tal modo la imaginación que era verdad toda aquella máquina de aquellas soñadas invenciones que leía, que para él no había otra historia más cierta en el mundo… rematado ya su juicio, vino a dar en el más extraño pensamiento que jamás dio loco en el mundo y fue hacerse caballero andante.*
>
> Miguel de Cervantes, *Don Quijote de la Mancha.*

Una imagen atraviesa el imaginario literario occidental, la de un hidalgo manchego que fascinado por la lectura de novelas de caballerías decide transformarse en caballero andante. El amor por la lectura es llevado al extremo. Don Quijote resuelve convertir su vida en una nueva novela. La identificación con los personajes librescos deja de ser simbólica para pasar a ser performativa, lector y lectura se confunden. La novela recorre toda suerte de juegos intertextuales.

En el complejo universo intertexual Kristeva entiende todo texto como una escritura-réplica de otros textos, en el paragrama de un texto funcionan todos los textos leídos por su autor. Por esta razón, toda secuencia se encuentra doblemente orientada: es un acto de reminiscencia, una evocación de otra escritura, y a la vez un acto de transformación de aquella escritura evocada.

Puesto que todo texto es una huella transformada de otro texto, Julia Kristeva decide ser más precisa y habla de *grammas lectorales* y *gramas escriturales*. Un gramma lectoral podrá ser el texto extranjero como reminiscencia o el texto extranjero como cita. Mientras que el gramma escritural hace alusión al trabajo de transformación del texto extranjero en cualquiera de sus niveles lingüísticos, o en el plano fónico. Desde aquí, será posible encontrar un triple resultado: el texto extranjero negado de forma total, el texto extranjero negado de forma parcial, o bien la afirmación del texto extranjero.

Dentro de la tradición de la escritura de vida conventual abundan los grammas lectorales suministrados por la lectura de hagiografías, que también producirán abundantes grammas escriturales. Las *vidas* se tornan autorreflexivas en relación al trabajo que realizan con unos y otros. Las monjas escriben desde el modelo de la hagiografía que leyeron y lo malean con dispar resultado.

Así, si muchas autobiografías comienzan con una escena de lectura[108], donde el encuentro con la palabra escrita se presenta como el comienzo simbólico de la historia de vida, en un ejercicio de identificación de los mismos instrumentos de representación, como ejemplifican *Las Palabras* de Sartre: "He iniciado mi vida como sin duda acabaré: entre libros"[109], las *vidas* de monjas extreman el gesto heredado, deciden seguir el ejemplo de Don Quijote, hay que ser lo que se lee, la vida no tiene sentido si no se sigue el modelo leído: "Púsome una determinación y ansia de imitar a los santos, que no me dejaría cosa por hacer, aunque fuera la más ardua y dificultosa del mundo" (MC, 11).

Desde aquí, la escritura femenina de vida se singulariza, pues la misma escena de lectura puntúa el lugar de la mujer en relación al saber, mientras se constata que la propia vida sólo puede escribirse desde la cita de otras vidas. Las narraciones de las monjas coloniales traban, así, su adscripción a un linaje: el

---

108 La nominación "escena de lectura" está tomada de MOLLOY, S.: *Acto de presencia. La escritura autobiográfica en Hispanoamérica,* México: El Colegio de México-Fondo de Cultura Económico, 1996.

109 SARTRE, J.P: *Las palabras,* Valencia: Círculo de Lectores, 2002, pág. 72.

de las santas y mujeres excepcionales que ocupan las páginas de la Historia, que tienen derecho a la toma de la palabra. Su propio relato reedita esta herencia y esgrime una excepcionalidad vital, que se presenta como justificación y legitimación del acto de escritura. La autorreflexividad narrativa y la cita de fuentes son una muestra de este intento.

Dos van a ser las posibilidades que muestren las escenas femeninas de lectura: la de una muchacha que lee para su padre, hermano o abuelo, o bien los escucha leer mientras borda, y la de la niña que aprende a leer bajo la tutela de su madre, su abuela o su tía.

En el primer caso, la joven lectora se encuentra supeditada a la autoridad masculina, el saber adquirido es una pequeña donación hecha por el hombre, la lectura tiene lugar en la sala de estar o en el cuarto de costura, y se presenta como un complemento más de la educación femenina, junto con el aprendizaje de labores o quehaceres domésticos. Los libros leídos son siempre vidas de santos, que deben contribuir a la formación de la mujer como "buena cristiana"[110].

[110] Las vidas de santos podían ser leídas de forma directa, si como en el caso de Agustín de Hipona o Teresa de Jesús, éstos habían dejado testimonio de su puño y letra, o a modo de leyendas y relatos piadosos, promovidos por las órdenes a las que habían pertenecido los santos o por distintas fuentes eclesiásticas. En la actualidad el Centro Pastoral de Liturgia edita la colección "Santos y santas" dedicada a la divulgación hagiográfica para adultos, pero son todavía numerosas las colecciones pensadas para que los niños se inicien en la lectura a través del relato hagiográfico. "Por los caminos del evangelio", "Santitos" y "Quique's Club Buenagente" editan relatos breves con ilustraciones para niños a partir de 6 años. "Ediciones Palabra" presenta en la serie "Se llamaba" los momentos fundamentales de las vidas de figuras como Teresa de los Andes para colorear, mientras "Ediciones Mensajero" muestra en forma de cómic historias como la de Ignacio de Loyola a partir de 12 años. Todas estas colecciones resultan el carácter "ejemplar" de estos personajes y promueven su imitación, las formas han cambiado, pero la "escena de lectura" sigue repitiéndose en algunos sectores de la sociedad quinientos años después de esa muchacha que lee.

En el segundo caso, la lectura a la que la muchacha accede cobra el sentido de la herencia femenina, sirve para reforzar la pertenencia a un linaje. De mujer a mujer se transmiten los saberes domésticos, y las primeras letras forman parte de ellos. La lectura femenina es, en cualquier caso, un entretenimiento privado, doméstico, aunque no por ello pierde su importancia en el seno de la historia de mujeres, *otra* historia, que se inicia con una emblemática cita: "Si Aristóteles hubiera guisado mucho más hubiera escrito".

De esta manera, la escena de lectura se convierte en la metáfora del propio relato de vida, pues la *vida* de mujer sólo existe como donación del confesor, que da la palabra, para después presentarse como el propietario del texto, bien como heredera de un linaje de excepcionalidad femenina, al que legitima precisamente su rareza, al que es necesario adscribirse, al que se debe leer para citar, pues la cita como palabra de autoridad respaldará la propia escritura, recordará al lector la analogía.

María de San José teje mientras su hermano lee:

> Este mi hermano salió gran lector i mui afisionado a leer libros buenos, con ser de poca edad. Jamás se inclinó a leer en libro que no fuese mui provechoso. Lo tenía mi padre todo el tiempo que estaba en casa leyendo, i mi madre i todas nosotras en estrado —unas cosiendo, otras ilando, otras tegiendo— sin que hubiese ruido, ni una palabra se hablaba para que todas atendiésemos a lo que se leeía. Fue mucho lo que me aprovechó el oír echos de los santos, i en especial los martirios de los santos mártiris. (MJ, 88).

Por otra parte, es la figura materna quien se convierte en la referencia lectora para la Madre Castillo: "Leía mi madre los libros de Santa Teresa de Jesús, y sus fundaciones, y a mi me daba grande deseo de ser como una de aquellas monjas, que procuraba hacer alguna penitencia, rezar algunas devociones, aunque duraba poco" (MC, 5). En la *Relación autobiográfica de Úrsula Suárez* es la tía quien enseña la lección:

> Desta calidad me enseñó, y leía de seis años que era un primor, teniendo por gusto haserme leer los frailes mercedarios, que llevaban

libros de propósito, porque le desían a mi tía que el libro que leía lo tenía de memoria, que no podía leer tan bien siendo tan chiquita... (US, 112).

Esta escena añade un nuevo componente: el de la precocidad lectora, presente en numerosas *vidas* y autobiografías como componente que subraya la singularidad del que escribe, merecedor de ocupar el espacio de la letra, y de especial importancia en el caso del relato de *vida* femenino, porque apunta hacia la figura de la mujer sabia, de la sibila, como defensa solapada de la capacidad intelectual de su sexo, al modo trazado por Sor Juana en la *Respuesta a Sor Filotea de la Cruz*[111]. De lo tres relatos presentados en esta primera parte del trabajo, será el de Úrsula Suárez aquel que mejor aborde la construcción de una genealogía, aquel que se muestre consciente de estar escribiendo una historia de mujeres.

Por ello, la *Relación* deviene sintomática al adscribirse a un triple linaje femenino familiar (abuela-madre-tía), a la trasposición del mismo en el espacio conventual, linaje simbólico, y al de aquellas santas que inspiran la escritura de vida (Marina la Antigua, María Escobar...) en su búsqueda por el parecido.

---

111 La *Respuesta a Sor Filotea* delinea un linaje de mujeres sabias que tiene por uno de sus pilares fundamentales la figura de las sibilas:

> Veo a una Débora dando leyes, así en lo militar como en lo político, y gobernando el pueblo donde había tantos varones doctos. Veo una sapientísima reina de Saba, tan docta que se atreva a tentar con enigmas la sabiduría del mayor de los sabios, sin ser por ello reprendida, antes por ello será juez de los incrédulos. Veo tantas y tan insignes mujeres: unas adornadas del don de profecía como Abigail, otras de persuasión, como Esther, otras de piedad como Rahab; otras de perseverancia como Ana, la madre de Samuel; y otras infinitas, en otras especies de prendas y virtudes. Si revuelvo a los gentiles lo primero que me encuentro es con las Sibilas, elegidas de Dios para profetizar los principales misterios de nuestra Fe; y en tan doctos y elegantes versos que suspenden la admiración...

Sor Juana se inserta en este linaje que le sirve para justificar y legitimar una escritura que forma parte de una genealogía de excepcionalidad femenina.

Úrsula presenta el relato de la infancia enmarcado por dos figuras femeninas: la de la madre, que se construye como figura de oposición que prohíbe y castiga, pero que será rescatada como figura benévola en los años de madurez, y la de la abuela paterna, que regala y respalda. Las tres mujeres se disputan los afectos del padre de Úrsula, son, por tanto, rivales; pero entre ellas existe también una camaradería vinculada a sus condicionamientos de sexo. Más tarde el universo femenino que rodea a Úrsula en el seno del hogar reproduce los lugares-posiciones en el mundo conventual. La abadesa remeda la posición materna, la maestra de novicias enseña los "oficios mujeriles" al igual que la tía, y las monjas ancianas que velan por las jóvenes novicias ocupan la posición de abuelas. También en el convento será posible toparse con escenas de lectura: una monja lee mientras sus hermanas de religión la escuchan, el linaje espiritual femenino se refuerza en la lectura colectiva.

Por todo esto, el texto trabaja sobre un doble matriarcado, la inscripción en la cadena de una genealogía femenina familiar traba en lo privado un linaje que en el convento se convierte en público; aunque la dimensión pública del convento no deja de resultar paradójica, ya que la monja "muere para el mundo" y acepta habitar en un lugar clausurado. Ambas instancias, familia y convento, constituyen planos superpuestos. El convento funciona como extensión simbólica del núcleo femenino familiar[112], sobre uno y otro pulula el linaje letrado que debe ser imitado, tercer linaje.

Pero, escribir la vida siguiendo un modelo desata la paradoja, la singularidad de todo ejercicio autobiográfico choca con la falsilla impuesta en la escritura. La individualidad se relega al

[112] No sólo se trata de su extensión simbólica, pues existe abundante documentación que demuestra que linajes enteros de mujeres habitaron los conventos configurando grandes grupos de poder femenino. La misma madre de Úrsula Suárez se iría a vivir con ella al convento después de enviudar, al igual que la madre de Francisca Josefa.

entrelineado. Hay que mirarse en el espejo de una tradición de signo patriarcal y lograr superponerse a su imagen. Tomar la palabra tiene su precio. Imitar lo leído no sólo habla del enamoramiento del lector hacia su lectura; sino también de un peaje de escritura. Sin embargo, en el interior del molde impuesto se encuentran las claves que enseñan a malearlo, que invitan a hacer pasar la propia individualidad, que adiestran en el rescate de la unicidad de todo programa de escritura.

El objetivo en este capítulo consistirá en el acercamiento a una serie de figuras que legan a la mística católica de los Siglos de Oro un corpus de lecturas-guía determinantes para pensar y escribir la experiencia colonial. Todas esas figuras forman parte de un linaje teológico-filosófico-literario de filiación católica, del que sus relatos han sido destacados por el valor que como grammas lectorales poseen en los textos del de trabajo. Todas ellas, además, tienen en común haber escrito una vida, o una historia, de su acontecer espiritual, siempre narrada en primera persona, y haber sido textos dogmáticos para su tiempo.

4.2. DEL MISTICISMO EN LOS SIGLOS DE ORO

> *Mi amado es mío y yo soy suya.*
> *Cantar de los Cantares,* 2, 16.
>
> *Tarde te amé, hermosura tan antigua y tan nueva, tarde te amé. Tú estabas dentro y yo fuera, y fuera de mi te buscaba.*
> *Confesiones,* Agustín de Hipona, X, 27.

La palabra "mística" activa en nuestros días una compleja red polisémica que afecta al terreno de lo religioso, pero también de lo laico o profano. ¿No se habla, por ejemplo, de la mística del fútbol? Pero, incluso si nos centramos únicamente en el terreno de lo religioso, "mística" está muy lejos de tener un significado único y preciso. Esto se debe a diversos motivos: la enorme variedad de fenómenos a los que se aplica el término, la pluralidad de enfoques (médico, psicoanalítico, filosófico...) desde los que se estudia, y las dispares valoraciones que recibe al ser analizado desde sistemas diversos.

Con el objetivo de aclarar esta maraña significativa, Juan Martín Velasco[113] rastrea la etimología de la palabra "mística": "Místico", en las lenguas latinas, es la traducción del término *mystikos*, que hace referencia en el griego no cristiano a los misterios, es decir, a las ceremonias de las religiones mistéricas en las que el iniciado se incorpora al proceso de la muerte-resurrección del dios propio de cada uno de los cultos. Junto con el adverbio *mystikos* (secretamente), "místico" formará parte de una familia de términos, derivados del verbo *myo*, cerrar la boca y los ojos, que tienen en común su referencia a las realidades misteriosas.

En contra de lo que sería usual pensar, "mística" no aparece en el Nuevo Testamento, sino que sólo llega al cristianismo a partir del siglo III, y lo hace con un sentido ambiguo. Habrá que esperar que el tiempo pase para que comiencen a perfilarse los tres sentidos principales de los que goza en la actualidad:

> "Místico" designa, en primer lugar, el simbolismo religioso en general y se aplicará, sobre todo por Clemente y Orígenes, al significado típico y alegórico de la sagrada Escritura que origina un sentido espiritual o "místico", en contraposición con el sentido literal. El segundo significado, propio del uso litúrgico, remite al culto cristiano y a sus diferentes elementos... En tercer lugar, "místico", en sentido espiritual y teológico, se refiere a las verdades inefables, ocultas del cristianismo; las verdades más profundas, objeto, por tanto, de un conocimiento más íntimo[114].

---

113 MARTÍN VELASCO, J.: *El fenómeno místico. Estudio Comparado,* Madrid: Trotta, 1999, pág. 19. Una revisión actualizada de este mismo problema puede encontrarse en TUGENDHAT, E.: *Egocentrismo y mística. Un estudio antropológico,* Barcelona: Gedisa, 2004. Sigo en este apartado algunas de las reflexiones fundamentales de estos libros, que gloso, resumo y cito.

114 ibid: 20 y ss.

Es ese tercer sentido aquel que interesa para este trabajo. Ya en el siglo V Marcelo de Ancina habla de una "teología inefable y mística", es decir, de lo que se quiere un conocimiento íntimo de la naturaleza divina. En esta misma dirección utilizará el término el Pseudo-Dioniso al final del siglo V, en lo que constituye el primer tratado de teología mística. Esta forma de teología se caracteriza por ser un conocimiento inmediato, obtenido a partir de la unión con Dios y de su actuación sobre el ser humano. La Edad Media relee al Pseudo-Dioniso, y abunda en las reflexiones que éste había aportado. Gerson[115] (1363-1429) desdobla la noción de "teología mística" en una teología práctica: conocimiento de Dios por contemplación infusa, y una teología especulativa, teología de la mística o reflexión teológica sobre la vida mística, sus pasos, etapas, etc...

Como recuerda Martín Velasco[116] el sustantivo "mística" no aparece hasta la primera mitad del siglo XVII, también en este momento adviene el uso de "místicos", para referirse a las personas que viven o conocen de forma especial a Dios. La aparición del sustantivo puede entenderse a partir de la necesidad de nombrar un fenómeno que comienza a ser estudiado desde fuera, que consigue preocupar a aquellos que no lo experimentan.

De este modo, el movimiento "místico", que expresa un tipo particular de experiencia, se traduce en los siglos XVI y XVIII,

---

115 Gerson, autor de *De mystica theologica* (1408), *De potestate ecclesia* (1417) y *De consolatione theologiae* (1419) tendió a limitar los poderes de la razón y de la filosofía proclamando el verdadero conocimiento de Dios, que no es conceptual y abstracto, sino que se consigue a través de la "percepción experimental de Dios" en el "transporte supermental" mediante el cual el alma se une a Dios. Es decir, Gerson habría de legitimar la experiencia mística como fuente de conocimiento teológico, lo cual representa una novedad en la época.

116 ibid.

como recuerda Evangelista Vilanova[117], en la aparición de una ciencia que se organiza en torno a hechos extraordinarios; pero también en un espacio autónomo de literatura religiosa, la ciencia mística será muy pronto en este contexto "la mística". Asimismo es necesario hablar de una expresión que tuvo éxito en el siglo XVI: la "ciencia de los santos", que incluía *sanctorum vita* o los *dicta santorum*, y también la "doctrina de los santos", ¿de qué santos?: de los que se llaman místicos.

La ciencia mística, o ciencia de los santos místicos, se definía por oposición a la "teología escolástica", para algunos coincidía con la teología positiva, pero, sobre todo, se entendía como una perspectiva que abarcaba todo el campo y todo el progreso de la vida cristiana, de lo ordinario a lo extraordinario. Así, progresivamente, la mística va a aislarse de la teología, y tiende a definirse como un tipo de literatura, precisamente porque posee un lenguaje muy particular y muy marcado.

En relación con todo esto se asienta un nuevo género literario, el estudio temático y teórico de la experiencia religiosa de los "místicos", como tratado específico dentro del cuerpo académico de la teología del barroco. Normalmente estos tratados se centran en el análisis de la obra de Juan de la Cruz y de Teresa de Jesús.

El que la literatura se convierta en el eco de la problemática moral, individual y colectiva de una época es un fenómeno largamente documentado, el que lo sea de una problemática especulativa hasta el extremo de que la teología, como pasa en la España del barroco, sea presentada en forma de literatura es algo excepcional. Hay que preguntarse si son los literatos quienes elaboran una teología fruto de la intuición poética, o, más bien, si éstos pusieron sus recursos literarios al servicio de

---

117 VILANOVA, E.: *Historia de la teología Cristiana (Prerreforma, Reforma y Contrarreforma)*, Barcelona: Herder, 1989. Resumo aquí algunas ideas de este libro.

una teología de la escuela. San Juan y Santa Teresa serían ejemplos de lo primero, Calderón de lo segundo.

Desde aquí, aunque la historia demuestra que existe una pluralidad de hechos dispares que presentan suficientes rasgos comunes para ser denominados "místicos", éstos sólo pueden ser considerados en estrecha relación con el resto de elementos de los sistemas religiosos en los que se inscriben.

Por eso, no es el objetivo de este libro definir o dilucidar el sentido general de la experiencia mística. No me aventuraré a elaborar mi propia aproximación fenomenológica al hecho místico, ni a dar una definición personal. Entendiendo "mística" en sentido amplio, tal y como, por poner uno entre muchos ejemplos, fue definida por E. Underhill a comienzos del siglo XX, definición que también recoge Martín Velasco: "Mística es la expresión de la tendencia innata de determinados espíritus humanos a la completa armonía con el orden trascendente, sea cual sea la fórmula teológica con la que se completa ese orden"[118]. Todas las *vidas* de las que se ocupa este trabajo, sean los textos coloniales o sus antecedentes tratan de una persecución de esa armonía con el orden trascendente, y lo hacen dentro de una sistematicidad católica concreta[119]. De este

118 UNDERHILL, E.: *Mysticism,* Londres: Methuen, 1911, pág. 14. Cifr. MARTÍN VELASCO, ibid: 23.

119 Desde la mística sufí de Rumi (Persia, Siglo XIII): "Mi alma quiere escapar volando/ cuando tu Presencia le llama dulcemente./Mi alma quiere alzar el vuelo/cuando susurras: "¡Elévate!", pasando por las experiencias que en *Las puertas de la percepción* relata Aldoux Huxley: "Una transitoriedad que era sin embargo vida eterna, un perpetuo perecimiento que era al mismo tiempo puro Ser, un puñado de particularidades insignificantes y únicas en las que cabía ver, por una indecible y sin embargo evidente paradoja, la divina fuente de toda existencia", o la poesía mexicana contemporánea de Elsa Cross, quien afirma en "Invocación": "Por los campos desiertos,/en la eminencia de un punto/ a donde acuden las aves de presa/torre de silencio,/entre piras ardientes/ te he buscado", por citar tres ejemplos tomados al azar, las formas en las que se expresa ese anhelo de armonía con el orden trascendente resultan de

modo, el interés que este elemento tiene para este estudio no radica en sus posibilidades teológico-religiosas, sino literarias. El misticismo de los textos los dota de un marco y de un lenguaje concretos que ayudan a trazar un retrato, que no debe olvidarse es femenino, y es de este marco y de este lenguaje de lo que se tratará aquí. Aunque no se puede dejar de atender brevemente a las condiciones ideológicas en las que ese fenómeno tiene lugar.

"Una espiritualidad objetiva y comunitaria, de obras y no de sentimientos, junto a una espiritualidad subjetiva e individual, centrada en lo afectivo, vivieron en conflicto durante más de un siglo (desde fines del XV a fines del XVI)". Es ese segundo modelo de espiritualidad, conocido como *recogimiento*[120], y muy pronto exportado a las colonias a través de los misioneros franciscanos, aquel que propició el ambiente necesario para la producción de figuras como Francisco de Osuna, su principal codificador, Ignacio de Loyola, Teresa de Jesús y Juan de la Cruz. Producción que se verá filtrada en los textos de las monjas coloniales y que será determinante para la configuración de su lenguaje.

Puesto que, sin reflexión metalingüística, sin experimentación con la palabra, no hay mística en los Siglos de Oro. Los místicos son conscientes de haber vivido una experiencia única, que es, asimismo, una experiencia lingüística límite. Entre sus temas favoritos: interioridad y experiencia, libertad, amor y meditación sobre la Pasión de Cristo que debe ser imitada: "Todas las otras meditaciones que no son la sagrada pasión traen poco provecho. Por eso te aviso de reducir todo a

---

una riqueza y una variedad inabarcables de las que las manifestaciones católicas representan sólo una mínima muestra.

120 Un estudio detallado de la mística del recogimiento puede verse en ANDRÉS, M.: *Historia del recogimiento,* Madrid: FUE, 1992. Su trabajo guía la redacción de este apartado.

ella, porque ella es la que humilla mucho el ánima y más que ninguna otra cosa llega a Dios"[121].

Osuna como codificador de la teología del recogimiento parte de la posibilidad de la amistad y comunicación con Dios en esta vida, de la obligación que el hombre tiene de buscarle, y de que la mejor manera de hacerlo será volverse hacia el interior, hacia el corazón, en actitud recogida. El hombre está hecho a imagen y semejanza de Dios, la encarnación de Cristo posibilita la unión con Dios, puesto que tiende un puente entre la imagen y su copia. Por ello la imitación de Cristo es uno de los caminos fundamentales que deben recorrerse, y uno de los aspectos centrales de este trabajo. Así, el recogimiento persigue: "unión, transformación, quietud, sosiego o silencio de potencias, ferviente deseo, conciencia sabrosa y noticia amorosa, dilación del alma, arrobos o excesos o salidas de sí y efectos secundarios: gritos no sonables, bramuras"[122].

Francisco de Osuna trataría de engarzar el ejemplo de Cristo y de la Virgen con numerosos modelos tomados de la *Biblia* o de la tradición de la mística clásica, inaugurando el linaje que se puntúa en este capítulo. Él mismo recomendará leer algunas de las vidas de santos que más tarde leerán las monjas coloniales.

Es en este contexto de espiritualidad interior, individualizada y personal, donde la Madre Castillo, María de San José y Úrsula Suárez deciden escribir y decir "yo", resuelven presentarse como "místicas", el recogimiento facilita el misticismo. Es también este contexto el que selecciona sus lecturas: vidas de santos, de místicos, de "recogidos", que les sirven como modelo.

---

121 OSUNA, F.: *Primer Abecedario,* cap. 11, pág. 18.
122 ANDRÉS, ibid. 158.

4.3. VITAE SANCTORUM: DE LA HAGIOGRAFÍA AL RELATO DE VIDA

Cuanto más santos hay más se ríe.
Jacques Lacan, *Psicoanálisis. Radiofonía y Televisión.*

La historia de la Iglesia está ligada a la historia de sus santos, desde los primitivos cultos a los restos de los mártires y ermitaños en las ciudades romanas hasta los modernos procesos de beatificación convertidos en fenómenos mediáticos, la Iglesia crece con "olor de santidad"[123], pero también con temor.

En la tradición del cristianismo primitivo un santo era aquel cuya excepcionalidad y virtudes eran reconocidas popularmente por los otros cristianos. Para éstos hacer santos era un acto espontáneo, muy alejado del complicado proceso que requiere hoy día el Vaticano[124]. En los primeros tiempos de la Iglesia los santos fueron meros difuntos en torno a los cuales había surgido un culto popular. Debe recordarse que el mismo cristianismo empezó como un despreciado movimiento idolátrico que rendía culto o adoración al crucifijo de Jesús. De hecho, si Jesucristo no hubiera muerto como mártir es muy posible que jamás hubiera existido un culto cristiano de santos. Por ello la extensión del culto a otras figuras además de Cristo sería la evolución orgánica de una fe y una experiencia. Los santos iban a ser venerados, pero también invocados, pues podían ejercer su poder, sobre todo a través de sus restos mortales.

---

123 La expresión "olor de santidad" procede de aquella época en la que se valoraba como rasgo de santidad la incorruptibilidad del cadáver de los santos, que se suponía desprendían un olor dulce y suave. Suele utilizarse como metáfora de virtud, aplicada a un individuo o institución, aunque mi uso aquí es literal.

124 Una buena descripción en torno al actual proceso de canonización puede leerse en WOODWARD, K.: *La fabricación de los santos,* Barcelona: Ediciones B, 1991 de la que me sirvo para la redacción de este apartado.

Si Jesucristo obedeció al Padre "hasta la muerte", el santo también debía aceptar el martirio para resucitar a la vida eterna. Los primeros santos fueron los mártires. Más tarde cuando la Iglesia entró en una nueva era de relaciones pacíficas con el Estado romano iba a ser necesario idear nuevas formas de ofrecer sufrimiento a Dios.

Así, los eremitas y monjes descubrirían una nueva vía de imitación de Cristo, si él ayunó cuarenta días y cuarenta noches en el desierto, los ascetas debían seguir su ejemplo "abandonando el mundo" y estableciendo sobre su persona un régimen de mortificación, que incluyera la renuncia voluntaria a comida, sexo, dinero, ropa o alojamiento cómodo, junto a cualquier forma de compañía humana, incluida el matrimonio. Los santos ya no iban a ser venerados sólo como muertos, sino como ejemplos vivos.

Con el transcurso del tiempo, misioneros, obispos, monarcas cristianos y apologetas célebres, reconocidos por su especial servicio de las gentes y por su defensa de la fe, serían también proclamados santos. Durante la Edad Media la lista se ampliaría con los nombres de fundadores de órdenes religiosas.

Desde aquí, los santos ya no sólo se distinguirían por su ejemplar imitación de Cristo, sino también por sus poderos taumatúrgicos o milagrosos. Una de las creencias de los primeros cristianos fue la "comunión de los santos". Los santos en su gloria no se olvidaban de quienes seguían en la tierra e intercedían por ellos, con lo cual se establecía una unión entre los vivos y los muertos. En este contexto los relatos de vidas de santos serían una forma de extender su culto y mantener vivo su magisterio.

Pero fue en el siglo V, momento en que los obispos se deciden a supervisar los cultos emergentes, cuando nacen las *vitae*, informes escritos que debían presentarse sobre la vida, virtudes y muerte del candidato, junto con la narración de sus milagros. De este modo, para lograr el reconocimiento de la Iglesia, los relatos iban a seguir una pauta muy precisa, enriquecida con excesos hagiográficos.

A partir de 1234, con la publicación de las *Decretales* de Gregorio IX, las causas de los santos pasaron a depender del papado. El modelo de santidad medieval iba a ser Francisco de Asís. En este momento a los hacedores de santos sólo les interesarían aquellos modelos cuyos logros no pudieran confundirse con virtudes meramente humanas.

Por este motivo las *vitae* se volverían cada vez más estilizadas e idealizadas. Los defectos de los candidatos a santidad desaparecían, las virtudes teologales de las que se presentaban como encarnación viva se veían acompañadas de relatos de dones sobrenaturales y de prodigios de disciplina moral, también se devolvió a la santidad su dimensión milagrosa. Asimismo, en las hagiografías puede leerse el énfasis creciente que la vida contemplativa cobró frente a la vida práctica.

Pero el momento protagónico de la santidad llega con el Concilio de Trento (1545-1563) que utiliza el culto a los santos como baluarte de defensa frente al protestantismo. Esto implica su refuerzo, pero también una mayor rigidez en sus aceptaciones. En 1558 el Papa Sixto V crea la Congregación de Ritos y encarga a sus funcionarios la inspección de candidatos a la santidad. Finalmente en 1734 y 1738 Benedicto XIV publica *De Servorun Dei beatificatione et Beatorum canonizatione*, base legal todavía consultada hoy en los procesos de canonización, y referencia obligada para todo aquel que quisiera redactar una *vida*.

Primero como leyendas orales y escritas y después como redacciones pautadas por el derecho canónico, las vidas de santos recorren la historia de la cristiandad y legan un modelo de vida y escritura. Los relatos de las monjas coloniales transforman ese legado en materia de auto-escritura, la hagiografía se trasmuta en sus manos en auto-hagiografía, de la tensión entre individualidad y modelo nacerá una nueva práctica literaria.

De este modo, entre el conjunto de lecturas (vidas de santo), citadas por las *vidas* de monjas, deben distinguirse entre dos grupos: aquel que proporciona modelos femeninos, que traza un imaginario de mujeres venerables, o veneradas, y aquel otro que recoge la enseñanza de autoridades masculinas, maestros por excelencia, que guían en el camino místico, o en la tarea de *Imitatio Christi.*

Teresa de Jesús se mostrará como el emblema del primero de los grupos. La Madre Castillo cita, en diversas ocasiones, su lectura, ésta le cala tan hondo que se decide a imitarla y a ser carmelita cuando ya se encuentra para profesar en un convento de franciscanas. Por medio de un sueño revelador descubrirá que no hay diferencia de hábitos, pues todos sirven por igual a Dios, el sueño resuelve las dudas de la monja:

> Así pasé los dos años que estuve en el noviciado, y a tiempos con grandes temores de profesar; no porque el ser religiosa me descontentara, sí por las contradicciones que aquí había hallado, y porque mi deseo era ser carmelita, pareciéndome que allí no había más, que como la Madre Santa Teresa dejó sus conventos, entrar y morir a todo, y vivir para Dios unidas en caridad, etc. Una noche de este tiempo que me recogí con estas penas veía en sueños, aunque con efecto que no parecía sólo un sueño, un fraile Francisco... que mirándome amorosamente me decía: "Hija: ¿por qué no eres muy devota de mis llagas? (MC, 28-29).

Teresa de los Andes convierte la imitación teresiana en *leivmotiv* de su escritura, y, por supuesto, Ana de San Bartolomé sigue en su relato de vida paso por paso el modelo legado por su maestra. La misma Teresa de Jesús es una gran lectora de vidas de santos y llega a escaparse durante la infancia con su hermano para buscar imitar a los mártires:

> Juntábamos entramos a leer vidas de santos... como vía los martirios que por Dios los santos pasaban, parecía comprobaban muy barato el ir gozar a Dios, y deseaba yo mucho morir ansí, no por amor que yo no entendiese tenerle, sino por gozar tan en breve de los bienes que leía haber en el cielo, y juntábame con este mi hermano a tratar qué medio habría para esto. Concertábamos irnos a tierras de moros, pidiendo por amor de Dios para que allá nos descabezasen, y paréceme que nos daba el Señor ánimo en tan tierna edad. (LV, 121).

Junto a Teresa de Ávila son otros muchos los modelos femeninos citados, pero deseo destacar fundamentalmente dos: la herencia medieval de Catalina de Siena o de María Magdalena de Pazis: "Había leído en la vida de Santa María Magdalena de Pazis" (MC,17), como figuras representativas de la mística femenina clásica, junto a la especificidad criolla de la por entonces única santa americana: Rosa de Lima, "me habían puesto el hábito de Santa Rosa de Lima, que se lo prometieron a la santa por darme salud Nuestro Señor" (MC, 5).

Entre las lecturas de autoridades masculinas destacan las inspiradas por la propia Teresa de Jesús: "Había leído en un libro del Padre Osuna, que las almas como las palomas en sus nidos y palomares, se recogían a descansar y a dormir al pecho de Nuestro Señor" (MC, 71), dice Teresa de Jesús en relación al mismo libro: "llámase Tercer Abecedario que trata de enseñar oración de recogimiento" (LV: 137), y el hondo calado que las figuras de Ignacio de Loyola y la Compañía de Jesús tienen sobre la espiritualidad colonial americana: "le dio dos libritos de meditaciones de mi padre San Ignacio" (MC, 9), "Yo, en este tiempo y en todos me veía en grandes aflicciones, me entraba en ejercicios de mi padre San Ignacio; y me parecía el entender retirada en aquellas santas meditaciones, como el caminante que se pone a descansar para tomar más alimento y proseguir su jornada y sentado considera: qué le falta por andar, y se anima con los motivos que tiene para su viaje" (MC, 53). Los *Ejercicios Espirituales* constituyen un material muy valorado en la búsqueda de la *imitatio Christi*.

La herencia franciscana, como una de las formas de más genuina mística, está, aunque con menor relevancia, también presente: "Hallé a mi hermano Tomás leyendo como tenía costumbre. Me acerqué a él y le pregunté qué libro estaba leyendo y me contestó que el de *Las crónicas del Seráfico San Francisco*. Y le dije que me leyera la primera regla que el glorioso padre San Francisco instituyó y ordenó a Santa Clara y sus monjas" (MJ, 107). La comunión anímica de Clara y

Francisco conjuga los ideales románticos con los ideales místicos. Asimismo, la interferencia es, en ocasiones, más compleja, la Madre Castillo expone un invertido *Canto de las Criaturas*: "Como era la mano de Dios la que me afligía, con aquella enfermedad y tormento... todas las criaturas me servían de verdugos, el aire, la tierra, etc. el canto de las aves, el agua etc, y sobre todo el fuego, como verdugo de la divina justicia" (MC,7).

También hay mención a otras lecturas de referencia imprecisa: "Preparaba mi consideración en un libro llamado Molina de oración y procuraba ajustarme al modo que enseñaban los ejercicios de San Ignacio en la meditación" (MC, 12). Desde aquí, las vidas de Úrsula Suárez, la Madre Castillo y María de San José permiten reconstruir un extenso listado de textos espirituales leídos en los conventos coloniales femeninos, que no sólo revelan la dimensión letrada de los mismos, sino que permiten indagar el modelo sobre el que se construye la escritura, que, además, apunta a una dispositio heredera de las *vitae sanctorum*.

Así, el marco de estos tres retratos es de la "autohagiografía" y la tradición femenina de escritura de vida, donde tres monjas profesas escriben por orden de su confesor un relato de vida que comienza en la niñez, las tres se presentan como hijas de familias de gran virtud y como pequeñas pecadoras a las que, sin embargo, Dios distingue desde muy pronto con su gracia. Las tres han leído en su juventud libros piadosos que inspiran su escritura. Asimismo, en los tres casos el grueso del relato se centra en la narración adulta de la experiencia de Dios, que atraviesa el cuerpo y el alma, el deseo de ser monja debe sortear el obstáculo de la oposición familiar: "Todo esto me daba Nuestro Señor luz de que sería mayor servicio suyo entrar religiosa; que muchas santas a quien deseaba imitar habían huido de la casa de sus padres" (MC, 17). Entre el apego a la tradición y el filtrado de la propia singularidad los tres relatos logran erigir distintos programas de escritura.

A continuación trataré de describir los textos hagiográficos que como *grammas lectorales* las *vidas* rememoran y citan. Asimismo, prestaré especial atención a aquellos detalles que me permitirán indagar más tarde en los *grammas escriturales*, en su relación con la *imitatio* retórica; pero también con la *Imitatio Christi*, como centro de una retórica de la corporalidad que se convierte en un *lenguaje otro* frente a las limitaciones de la palabra femenina.

4.4. GALERÍA DE RETRATOS

Agustín de Hipona, Catalina de Siena, Ignacio de Loyola, Teresa de Jesús y Rosa de Lima puntúan cinco instantes en la historia de la mística, configurando una galería de figuras-textos reescritos y leídos en el seno de las *vidas* que protagonizan este trabajo. Tradición de escritura de vida, pero también legado de una retórica del cuerpo y de una tecnología, al tiempo que de un lenguaje con el que enfrentar el encuentro trascendente, serán los aspectos que va a priorizar esta breve indagación.

4.4.1. En el umbral: Agustín de Hipona

> *Voy a confesar lo que sé de mí. Voy a confesar también lo que ignoro de mí.*
>
> Agustín de Hipona, *Confesiones*, 6,8.

"Voy a confesar", el acto de confesión agustiniana traza un umbral, por primera vez un "yo" habla y despliega el retrato de una poderosa interioridad. Confesión y conversión, pero también filosofía del tiempo y de la memoria, se encuentran cifradas en un relato instalado en el origen. Éste es el comienzo de un linaje.

El relato de Agustín de Hipona se articula sobre el modelo de narración asignada, el "yo" de la narración se dirige a un "tú", instancia siempre ocupada por Dios. En unas breves líneas se relata la infancia, mientras que, son varios los capítulos dedicados a una adolescencia y una juventud volcadas en los placeres del cuerpo. La "naturaleza pecadora" será convertida y redimida y, desde aquí, se inicia un nuevo relato: el de las gracias de Dios. Sin embargo, las *Confesiones* distan mucho de reproducir los tópicos genéricos que habrán de desarrollar los libros de vida. Agustín de Hipona es, ante todo, un pensador, y su relato un tratado de sutil filosofía clásica. Su herencia viene cifrada por Platón, Aristóteles o Cicerón.

Los relatos de vida conventuales contienen siempre una escena de lectura, su historia está horadada por aquello que leyeron, heredan la palabra, que ha pasado de mano en mano, de texto en texto. Escriben desde un modelo, y siempre, en el comienzo, *Las Confesiones*, modelo de modelos. No hay narración de vida si no hay lectura. Teresa de Jesús recomendaba orar y meditar con la ayuda de un libro. El mismo Agustín de Hipona ha leído y sus lecturas han sido determinantes. La lectura puede convertirse en motor de vida, filtra y lega una ideología:

> Y así, siguiendo el orden establecido en la enseñanza, llegué a un libro de cierto Cicerón, cuya lengua casi todos admiran, pero no su contenido. Aquel libro contiene una exhortación a la filosofía y se llama *Hortensius*. Este libro cambió mis afectos y trocó mis plegarias hacia ti, Señor. Hizo que mis votos y deseos fueran otros. De repente me pareció despreciable toda enseñanza vana, y con un ardor increíble de mi corazón deseaba la inmortalidad de la sabiduría y comencé a levantarme para ir hacia ti... El amor hacia la sabiduría tiene un nombre en griego, a saber, filosofía, al cual me encendían aquellas páginas[125].

Pero, aquello que va a resultar más interesante para el presente trabajo, será el modo en que las *Confesiones* esbozan el diseño de una tecnología corporal que sucesivos autores

[125] DE HIPONA, A.: *Confesiones* III, 4,7. La edición que aquí se maneja es la de Madrid: Akal, 1986, a cargo de Olegario García de la Fuente, cuyo prólogo es una referencia se sumo interés para este apartado.

habrían de ir perfeccionando. El texto de Agustín de Hipona escenifica una compleja síntesis, trabajo de sellado de una dialéctica problemática: carne vs. espíritu, sentidos corporales vs. alma. La dialéctica de unión/tensión entre los componentes del binomio se encuentra aquí por vez primera escenificada. En los capítulos X, XXIV, y XXXIV, Agustín de Hipona se enfrenta a la llamada de los sentidos corporales, y la resuelve de forma fundante para toda la cristiandad. Las monjas coloniales serán herederas del tratamiento que aquí recibe la sensorialidad, imitándolo de forma explícita, fuente de dogma, éste será un importante legado. El lenguaje de los cuerpos que atraviesa sus escritos es de origen agustiniano.

El cuerpo y los sentidos son un obstáculo para la ascensión hacia Dios o el bien supremo. Éstos inclinan al hombre hacia el goce de la materia, es preciso apartarlos para acceder al espíritu. Hasta aquí es escasa la novedad en relación a otros pensadores como Platón. No obstante, en las *Confesiones* es posible encontrar una concepción del alma en que materia y espíritu se sintetizan, superando la fractura entre espiritualistas y defensores de la divinidad de Cristo (y por tanto del valor de la carne) en los primeros siglos del cristianismo. Si este problema no hubiera sido resuelto el programa de *Imitatio Christi* jamás se hubiera convertido en el eje que articula la *vida*.

Por esto, la represión del deleite de la materia es la meta a la que debe dirigirse el santo: "Oí otra voz tuya: no vayas tras tus concupiscencias y reprime tu deleite"[126]. La tentación siempre se encuentra al acecho. Capítulo a capítulo Agustín irá comentando sus propias ataduras con cada uno de los cinco sentidos: el tacto se vincula al sexo, su control se encuentra en el ejercicio de la castidad, el gusto a la gula y al placer de la comida, su remedio será el ayuno y la abstinencia, el olfato no parece presentar demasiados problemas, mientras que la vista y el

126 *Confesiones* X, 31, 45.

oído van a ser tratados de manera especial, pues éstos no invitan a pecar de manera explícita, sino que pueden ofuscar el intelecto del cristiano, que quedaría atrapado por una dulzura sensorial que convierte en secundaria la palabra de Dios. El sentido es aceptado pero siempre que vaya tras la razón. La carne es respetada si queda doblegada ante el espíritu: "Pero, aun en esto me engaña muchas veces la delectación sensual —a la que no debiera entregarse el alma para enervarse—, cuando el sentido no se resigna a acompañar a la razón de modo que vaya detrás, sino que, por el hecho de haber sido por su amor admitido, pretende ir delante y tomar la dirección de ella"[127].

Por este motivo, "El concepto de santidad, la meta del cristiano, aparece así en Agustín como infinito matemático, como el mismo concepto límite: se tiende siempre hacia él y es inalcanzable..., pero la búsqueda de ese final espiritual tampoco debe tener fin"[128]. La carne será siempre un freno para el cuerpo, pero la respuesta no radica en su negación, sino en un ilimitado trabajo de sumisión de los sentidos a la racionalidad determinada por el espíritu. Convenientemente controladas la carnalidad y la sensorialidad son indispensables para la realización cristiana.

La experiencia mística es ya una experiencia trabada sobre el cuerpo, la enfermedad se muestra como lenguaje de ofrenda, y el cuerpo articula una retórica de dolor, pero también de llanto, como semiótica que completa lo lingüístico. Las *Confesiones* se presentan como una de las primeras puestas en escena de la retórica del llanto, que en épocas posteriores habría de alcanzar gran trascendencia: "¿Por qué el gemir, el llorar y el suspirar se saborea como suave fruto de la amargura de la vida?"[129].

---

127 *Confesiones*, X, 33.

128 TOMÁS FERRÉ, F.: *Escrito, pintado (Dialéctica entre pintura e imágenes en el pensamiento europeo)*, Madrid: Visor, 1998.

129 *Confesiones*, VI, 11.

Problemática de la carne y del espíritu, pero también teoría de la luz, como manifestación de la gracia. Agustín de Hipona lega a la tradición de los libros de vida la narración de la experiencia mística y el análisis de las metáforas de luz como manifestación de la divinidad: "Entre nosotros se distingue el tiempo en que fuimos tinieblas y el tiempo en que Dios nos hizo luz"[130].

Sin embargo, la luz forma parte de una teoría metafísica, que nos recuerda al ascenso que el filósofo platónico protagoniza para llegar a la idea de Bien:

> Fui pasando así gradualmente de los cuerpos al alma, que siente por el cuerpo; del alma a su fuerza interior, a la que anuncian los sentidos corporales de las cosas externas, y que es hasta donde pueden llegar las bestias. De aquí pasé seguidamente a la potencia racionante a la que pertenece juzgar los datos de los sentidos corporales. Esta potencia reconociéndose en mi mudable, se levantó hasta su propia inteligencia y apartó el pensamiento de lo habitual, sustrayéndose a la multitud de fantasmas contradictorios para descubrir la luz que la inundaba[131].

En esa camino de ascensión, la sensorialidad dúplice que apunta hacia el alma se vuelve decisiva, esta idea será también heredada por las monjas coloniales: "De todas estas verdades no ponen en duda quienes han recibido de ti el don de verlas con los ojos del alma"[132]. El corazón se presenta como el núcleo de engarce entre los dos planos que componen la existencia humana: "Aquí está mi corazón del que te has apropiado cuando yo me hallaba en lo más profundo del abismo"[133].

Las *Confesiones* son, además de un libro de vida, un tratado de filosofía, pero, pese a ello, sientan las bases de la que habría de ser una sólida tecnología corporal absolutamente determinante para el pensamiento y la filosofía de occidente.

---

130 *Confesiones*, X, 11.
131 *Confesiones*, XVII, 23.
132 *Confesiones*, III, 3.
133 *Confesiones*, V, 10.

4.4.2. Catalina de Siena, "esa santa tan rara"

> *Cuando un alma se eleva hacia Dios con ansias de ardentísimo deseo de honor a Él y de la salvación de las almas, se ejercita por algún tiempo en la virtud. Se aposenta en la celda del conocimiento de sí misma y se habitúa a ella para mejor entender la bondad de Dios; porque al conocimiento sigue el amor, y, amando, procura ir en pos de la verdad y revestirse de ella.*
>
> *El Diálogo,* Catalina de Siena.

En un grabado sobre un trono una mujer, con los brazos abiertos entrega dos libros a sus discípulas que los reciben arrodilladas, tras ella otros muchos libros, sobre su imagen un cielo que la contempla y la corona. El grabado anónimo, que acompaña a la edición de *Il Dialogo* de M. Codea en Venecia en 1494 condensa algunas de las claves desde las que comenzar a trazar el rastreo de una herencia. Las místicas medievales determinan la expresividad y la corporalidad de la que beben las monjas coloniales, su herencia no se cifra sólo en la palabra escrita, sino que se recoge en la pintura, la estampa y la leyenda.

Junto al grabado mencionado una estampa del siglo XVII tomada del libro alemán *Hae sunt Feriae Domini sanctae*, donde la misma mujer, tocada con una aura, al tiempo que con una corona de espinas, se yergue junto a un atril donde reposan un libro en blanco y una pluma, mientras su corazón es palpado por un adonis divino, Cristo resucitado. Ángeles, santos, la propia María, contemplan la escena, y el Espíritu Santo en forma de paloma proyecta su luz sobre la estampa. A sus pies el diablo es vencido por la lanza hiriente de san Miguel.

En torno a este segundo dibujo tres citas bíblicas, en la parte superior un versículo del *Apocalipsis* (21, 9): "Ven que te voy a mostrar la esposa del cordero", a la izquierda el *Cantar de los Cantares* (2, 2): "Como el lirio entre cardos así es mi amada entre las jóvenes"[134], en el lado derecho la *Primera Epístola a los*

---

[134] Los frescos de Santo Domingo de Siena, del pintor Van, representan a Catalina Benicasia sosteniendo un lirio, a partir de la cita del *Cantar*.

Corintios (7, 34): "Y se entregan al Señor en cuerpo y alma". Una voz llama al ojo que ve y que mira "Ven que te voy a mostrar", enmarca el retrato en que sólo Él falta, como anticipo del arte barroco que siempre incita a la mirada, pero también como metonimia de la falta fundante que inaugura toda experiencia mística. Las citas bíblicas pautan la lectura de la imagen, pero son también el indicio de una presencia, completan el esquema trinitario. El dios de la primera estampa está aquí más presente en tanto que no tiene más trazo que el versículo, letra inspirada.

Catalina Benicasia o Catalina de Siena es la protagonista de ambos retratos. Los libros que la rodean hablan de un saber entregado y heredado, si hay un modelo privilegiado por las monjas místicas coloniales es el de la santa italiana, ella es siempre un eslabón requerido en toda cadena de "mujeres sabias", en cualquier linaje de excepcionalidad. Aclamada como "doctora de la Iglesia[135]" y autora de *El Diálogo*[136], *Oraciones* y *Soliloquios,* junto con una extensa producción

---

Catalina será frecuentemente asociada con el lirio que se convierte en uno de sus iconos de representación más frecuentes. Sobre la imagen pintada de Catalina de Siena puede consultarse VVAA: *Santa Catalina de Siena. Arte Religioso,* Madrid: Voluntad, 1924.

135 Hasta la fecha sólo treinta hombres y dos mujeres (Catalina de Siena y Teresa de Jesús) han sido declarados doctores de la Iglesia, título honorífico que los papas otorgan a aquellos santos que se distinguen por un grado de excepcional erudición y de conocimiento de la vida espiritual.

136 El *Diálogo* es de las obras de Catalina de Siena aquella más cercana a las narraciones de vida, pues constituye una especie de diario de las gracias de Dios sobre Catalina y sobre su evolución espiritual. Aunque Catalina de Siena no escribió su vida, existen varias biografías sobre ella bastantes próximas a su época, algunas incluso coetáneas a su tiempo y que interpolan gran cantidad de pasajes en primera persona como la de Fray Raimundo de Capua, éstas constituyen un material de mucho valor para el estudio que trato de llevar a cabo; pero si suplen en parte la *vida* inexistente, hay que tener en cuenta que construyen un personaje legendario muy distante de los que se observan en otras narraciones de vida.

epistolar dirigida a las máxima autoridades intelectuales y religiosas de su tiempo, que revela las grandes dotes políticas de la monja italiana, Catalina de Siena apenas sabía escribir y leía con notables dificultades, por ello su obra procede del dictado. La transmisión de su saber proviene de la oralidad, como espacio de la palabra femenina, que pasa siempre por la lengua materna, por la voz, como lenguaje primero que aprende a reconocer el niño desde el propio vientre, pero también como espacio de expresión de los que no escriben. Helélène Cixous asociará la palabra femenina con la Voz, como: "canto anterior a la ley, antes de que el aliento fuera cortado por lo simbólico, reapropiado por el lenguaje bajo la autoridad que separa"[137].

Así, con absoluta concentración Catalina era capaz de dictar a varios escribas temas diversos a un mismo tiempo, pues sus palabras emanan del corazón pulsado por el Adonis-Cristo, ella es un médium del saber divino: "Dios no quiere hacer con todas lo que hizo con Catalina de Siena, tomándolos de la mano para enseñarles inmediatamente el camino místico"[138]. La aceptación mariana se reedita desde la torsión, "hágase en mi según tu palabra" es ahora "hágase tu palabra a través de mí", distintas formas de desposorio con una trasfondo común. La palabra divina es siempre palabra citada, mencionada y en perpetua anterioridad, palabra también, en este caso, que debe ser consignada, escrita.

Pero el saber que Catalina otorga no es sólo letrado, teológico o doctrinal, sino también sentido, nacido del corazón y de las lágrimas[139]. No en vano hay otros grabados que la representan con un corazón en la mano, corazón intercambiado con Cristo

---

[137] CIXOUS, H.: *La risa de la medusa,* Barcelona: Anthropos, 2001, pág. 56.

[138] DE MOLINOS, M.: *Guía Espiritual. Defensa de la contemplación,* Barcelona: Barral, 1974, pág. 135.

[139] Corazón y lágrimas son dos de los centros de expresión de la retórica corporal que estudiaré en el capítulo siguiente.

según la leyenda[140], o corazón superpuesto a las ropas plegadas, como el *Sacre Cuore*[141], ya que ambos son uno. No obstante, la presencia de San Pedro en el grabado también apunta hacia la importancia de un saber que es "otra piedra para la edificación de la Iglesia".

Sin embargo, aquello que más me interesa para este trabajo es el modo en que la tradición icónico-literaria de Catalina de

---

140 Catalina de Siena inaugura la tradición del intercambio místico de corazones con Cristo. Este motivo entrará a formar parte de los episodios que configuran las *vidas,* repitiéndose en un buen número de ellos. Una buena manera de indagar sobre aquellos episodios-tipo que desde la hagiografía pasaron a formar parte indispensable de la escritura de *vida* es a través de los relatos de "falsa santidad", escritos por mujeres que habrían de ser condenadas por "imitadoras". Así, un texto muy significativo al respecto es el compilado por Judith C. Brown bajo el título de *Afectos vergonzosos. Sor Benedetta: entre santa y lesbiana,* Barcelona: Crítica, 1989, que contiene gran parte de las declaraciones de una monja italiana del XVII imputada en un proceso para determinar la verdad o falsedad de sus gracias místicas. Entre los distintos episodios que el texto reconstruye se encuentra narrado el siguiente:

> "He venido para arrancarte el corazón". Ella sonrió: "¡Qué quieres hacer, Jesús mío! Has venido para arrancarme el corazón pero yo no lo deseo sin licencia del padre espiritual". Él replicó: "¡Oh!, verás como no dirá nada; hazlo", y le recordó que el confesor le había dicho que podía hacer la voluntad de Dios sin ninguna reserva. Convencida por sus palabras y hallándose incapaz de contrariar la voluntad de Dios, Benedetta se tendió y preguntó: "¿De dónde me lo queréis quitar?: "Del costado", dijo. Después de esto se arremangó hasta el antebrazo y le arrancó el corazón del cuerpo... Entonces se puso el corazón de ella en su cuerpo. (págs. 79-80).

141 El corazón, como símbolo espiritual, cuenta con una larga tradición escrita y pictórica, desde el *Antiguo Testamento* se hace mención a él como centro de las emociones y los pensamientos relacionados con Dios, éste mismo valor se completa y profundiza en el *Nuevo Testamento* y en los escritos de los llamados Padres de la Iglesia, llegando a alcanzar una notable trascendencia en la llamada "mística del corazón", que durante el barroco triunfa en la iconografía con el culto al Sagrado Corazón de Jesús. Para un estudio más detallado de la relación mística-corazón puede consultarse BAÉZ RIVERA, E.: *Las palabras del silencio de santa Rosa de Lima. (Hacia los testimonios de la primera escritora mística criolla de la América hispana colonial),* Sevilla: Universidad de Sevilla, 2002.

Siena trata el cuerpo que se pone en escena. En sus representaciones Catalina viste de hábito, largos ropajes la cubren de pies a cabeza, los pliegues de la tela anulan las formas del cuerpo. Además, los ropajes de *mantelleta* que ella asume esquivan incluso la marca de dignidad que imprime la pertenencia a una orden religiosa. Catalina quiere presentarse como la última entre las últimas. El hábito cerca el cuerpo, puntúa una desposesión que conecta con la muerte, se revela un sudario.

La historia de Catalina apunta hacia una androginación y un supremo olvido del cuerpo. Primero corta su pelo y olvida toda ceremonia de engalane para esquivar con ella la mirada de deseo, no quiere reconocerse en ojos que la miren como mujer, dejadez voluntaria de la exterioridad estética. Más tarde la entrega espiritual provoca desfallecimientos que acompañan al éxtasis. En ocasiones, Catalina se transforma en un cuerpo abandonado, metáfora de un cadáver[142], que llega a cobrar realidad, porque, al igual que Teresa de Jesús, Catalina de Siena vuelve a la vida después de su aparente muerte. Resurrección después de un instante, que permite arribar a un umbral de visibilidad privilegiada, acentuar la intensidad de la experiencia mística en un intento de lograr un saber más profundo, de entrar en otro reino y otro orden en el que el místico anhela quedarse: "¿Por qué la muerte no me arranca del mundo ahora que enciendes en mi corazón el deseo de verte pronto y contemplarte cara a cara por toda la eternidad?"[143].

---

142 Ignacio de Loyola habría de solicitar a los practicantes de los *Ejercicios Espirituales* que se mostraran disponibles como un cadáver, que en ellos no hubiera una inclinación especial hacia nada. El cuerpo tendido en el suelo habla de una total entrega a Dios. Pero hay más, pues para Julia Kristeva (*Poderes de la perversión*, México: Siglo XXI, 1988 pág. 10) un cadáver es un "límite que lo ha invadido todo", como si la falta fundante ante la que se defiende el cuerpo circundado hubiera acabado por engullirlo, por lograr que se fundiera en ella y con ella.

143 *Diálogo,* 153.

La corona de espinas que encontramos en sus retratos no sólo responde a la *Imitatio Christi* constituida en itinerario vital, sino que apunta también a una forma de mortificación, pues el cuerpo místico debe ser siempre un cuerpo atravesado por el dolor, bien como cuerpo enfermo, bien como cuerpo mortificado, aunque Catalina advierte en el *Diálogo* que se debe ser contenidos en la aplicación del auto-martirio.

El cuerpo doliente habla de un merecimiento, pero también de una gracia, a veces albergar una enfermedad significa haber sido tocado por Dios, apuntado por su dedo, que tiene como huella suprema la marca de los estigmas, sólo recibidos por los grandes santos[144]. Así, entre los ropajes de Catalina Benicasia aparecen siempre unas manos marcadas.

La experiencia mística se dibuja como experiencia límite. El dolor corporal que la acompaña, sea causado por la enfermedad donada o por el flagelo, es "sacralidad salvaje"[145], punción de lo sacro, que revela al hombre sus propios límites y lo empuja hacia la trascendencia.

En la puesta a prueba de los límites corporales también interviene la abyección. Los lenguajes de lo abyecto atraviesan la historia de la mística. En el caso de Catalina Benicasia su particular relación con la comida y la ingestión de determinadas substancias puntúan esta determinación.

En la vida de la religiosa italiana se produce una progresiva renuncia al alimento hasta llegar a subsistir con la sola inges-

---

144 Sor Benedetta en su intento por lograr una vida-mística-ejemplar habría de recibir también los estigmas:

> Mientras estaba en mi lecho entre las dos y las tres de la noche me sobrevino la idea de sufrir la cosas que Jesús había sufrido… y mientras concebía este pensamiento se me apareció un crucifijo grande con un hombre en la cruz… Y me coloqué en forma de cruz como él me ordenó y, en esto, salió un rayo de todos las llagas del crucifijo que tenía delante. Y me pareció que aquellos rayos que tenía delante se imprimían en mis manos, pies y costado. (ibid. 74-75).

145 Cifr. LE BRETON, D.: *Antropología del dolor,* Barcelona: Seix Barral, 1999.

tión de la comunión. Sin embargo, sí se ingieren substancias abyectas como prueba ofrecida a Dios. Catalina lame las llagas de un leproso.

El asco por la comida constituye una de las formas más antiguas de abyección, el alimento como *afuera del cuerpo* lo invade y lo penetra, instala lo *otro* en mi *yo*, e incluso atenta contra su propia constitución; ya que, de alguna manera, la configura/desfigura, su asimilación transforma el ser, y si se convierte en inasimilable lo enferma, recordando la propia humanidad. El vómito y la arcada protegen de la llegada de la abyección, pero el ser-puro del santo tiene la capacidad de transformar lo abyecto en sublime, su ingesta es una puesta a prueba, un modo de rebajamiento, pero también de sublimación.

Catalina Benicasia bebe de las llagas cancerígenas de un enfermo. En el residuo de otro cuerpo en descomposición se encuentra la hipérbole de la abyección alimentaria. Sin embargo, "Si lo abyecto solicita y pulveriza simultáneamente al sujeto"[146], la forma máxima de lo abyecto es la abyección de sí. Es más, "toda abyección es de hecho reconocimiento de la falta fundante de todo ser, sentido, lenguaje, deseo"[147]. Por tanto, rebajarse hasta la abyección de sí constituye la máxima prueba de humildad ante Dios, reconocer y exhibir la falta fundante es paradójicamente una forma de restitución. El no-ser se convierte en la forma de ser para Dios.

Esta relación con el alimento, como puesta a prueba de los límites corporales, se completa con el ayuno y la privación de ciertos alimentos como rituales de purificación. Asimismo, el vínculo abyección-sagrado se encuentra inevitablemente ligada a una asociación puro/impuro, como será posible observar en muchas prácticas religiosas alrededor del mundo[148].

---

146 KRISTEVA, ibid: 11.

147 ibid: 12.

148 Algunas de estas prácticas aparecen descritas en CLÉMENT, C. Y KRISTEVA, J.: *Lo femenino y lo sagrado,* Madrid: Cátedra, 2000.

En la Europa medieval iban a ser muy frecuentes los rituales de purificación vinculados a la comida como práctica inevitable para aquel que buscaba la salvación. Además, las mujeres, como depositarias privilegiadas de los "pecados de la carne", y como encargadas de "dar de comer"[149] se acogían con mayor fervor a estas prácticas con la que se identificaban especialmente. Por eso, entre ellas nació lo que la medicina de la época llamó *anorexia mirabilis*[150], pérdida milagrosa del apetito que, en los casos más extremos, puede llegar a la posibilidad de vivir sin comer, o vivir sólo con la ingesta eucarística. El sacrificio purificador se convierte en don si se sobrelleva sin esfuerzo, si se constituye parte integrante del ser. De hecho la anorexia sagrada, como privación absoluta del alimento, era reconocida como prueba innegable de santidad[151].

Asimismo, junto a estas prácticas también va a ser posible encontrarse con un hambre extrema del alimento eucarístico, que se traduce en la obra de Catalina Benicasia en una amplia

---

149 La relación entre *mujer* y *dar de comer* aparece historizada y revisada en DE CERTAU, M.: *La invención de lo cotidiano 2. Habitar, Cocinar*, México: Universidad Iberoamericana, 1999.

150 Aunque se tratará con mayor detalle este problema en el capítulo siguiente, resulta de sumo interés indagar las similitudes y diferencias que existen entre la anorexia milagrosa y la anorexia moderna. Para una aproximación a este problema recomiendo el libro BRUMBERG, J.J: *Fasting Girls: The Emergence of Anorexia Nervosa as a Modern Disease*, Cambridge: Harvard University Press, 1988.

151 De nuevo Sor Benedetta demuestra conocer los signos de la tradición mística de su tiempo:

> Para mantener la pureza física de Benedetta, Jesús le ordenó no comer carne, huevos, ni productos lácteos y no beber nada más que agua... Al ayunar no sólo rechazaba el terreno de la preparación y consumo de alimentos, asociado tradicionalmente a las mujeres, sino que limpiaba su cuerpo de las impurezas del sexo femenino. En efecto, los médicos habían observado que el ayuno disminuía la menstruación, una de las maldiciones de Eva. Los efectos purificadores del ayuno eran paralelos a los efectos purificadores del aseo, que ella realizaba con una frecuencia poco común, para el extraordinario asombro de las otras monjas, pues jamás habían visto tanto aseo corporal ni tanta aversión por la suciedad. (ibid: 82-83).

red de metáforas sobre el deseo por comer y beber el pan y el vino: "¿Qué tengo yo que ver con aquella comida? Yo tengo que comer lo que no saben estos cuya compañía me impones ahora. ¿Es que sólo de pan vive el hombre?"[152].

Un organismo vacío, agotado, que luego se centuplica, los sentidos amplían sus funciones y se transforman en órganos de percepción espiritual, como ya ocurría en Agustín de Hipona, el olfato y la vista se agudizan hasta permitirle ver y sentir las almas en su belleza y su fealdad. También, como otras místicas, la sensibilidad amplificada hace cobrar sentido a toda una retórica del llanto que teoriza, logrando uno de los textos más detallados sobre el don de lágrimas[153]. Además, la vida sensorial exacerbada da al cuerpo poderes singulares. Dice Raimundo de Capua: "A menudo su cuerpo se elevaba de la tierra con su espíritu y hacía perceptible la magnitud de la virtud que atraía su espíritu".

Pero si la dimensión corporal de la figura de Catalina de Siena resulta sumamente atrayente, también va a serlo su dimensión maternal. Uno de los aspectos en los que incidiré en el capítulo siguiente será en el cruce de las imágenes de *Imitatio Christi* y las imágenes marianas. Los discípulos de la religiosa

152 *Epístolas* 520-521.

153 Ante la petición que el alma hace a Dios *El Diálogo* cuenta con un capítulo titulado "La Doctrina de las lágrimas", dividido en diversos subapartados, que cito aquí para dar una idea de su contenido y complejidad: "Cinco clases de lágrimas", "Diferencia de las lágrimas, refiriéndolas a dos estados del alma", "El demonio huye de los que han llegado al estado de las quintas lágrimas. Las tentaciones son un verdadero camino para alcanzar tal estado", "Los que desean las lágrimas de los ojos, y no pueden tenerlas tienen las del fuego, Razón por la que Dios priva de las lágrimas corporales", "Cuatro estados de lágrimas, de los cinco dichos, producen variedad infinita de lágrimas, Dios quiere ser servido de manera infinita y no finita", "El fruto de las lágrimas de los mundanos", "Los mundanos que lloran son sacudidos por los cuatro vientos", "Fruto de las segundas y terceras lágrimas", "Fruto de las cuartas lágrimas que son de unión".

sienesa la llaman *mamma*, madrecita, incluso cuando es sólo una niña, y a ella se aclaman como tal. La imagen de madre-virgen, en conexión con la imagen de María Inmaculada que la acompaña en el segundo de los grabados, es una de las atribuciones de Catalina de Siena. ¿Qué significado tiene esa imagen de madre virgen?, responde Kristeva:

> La desean virgen para amarla mejor o para dejarse amar por ella sin rival. La afirmación sin precedentes de la paternidad simbólica que va hasta la homologación del hijo a la sustancia del padre, se pudo operar tan sólo —al parecer— mediante la aligeración de un peso demasiado pesado para el imaginario que habría hecho de esa autoridad simbólica un fardo absoluto y aplastante: el peso de la sexualidad procreadora. Al sustraer de la escena primitiva a un tiempo a la madre y al padre, el imaginario creyente se preserva del fantasma insoportable para cualquier niño de ser el tercero excluido de un placer, y por añadidura de un placer que funda su origen. Por otra parte este evitamiento, enorme por cierto, da al cristianismo una figura materna virginal que el catolicismo y el florilegio barroco en el cual desembocó llevó al extremo... La histeria femenina —aureolada muchas veces por la paranoia— se glorifica en forma marcada en el rol poco humilde de la madre virgen "hija de su hijo", madre de Dios, reina de la Iglesia, y que, como ventaja mayor, es la única de todos los humanos que no muere, mientras que incluso el hijo sufre el calvario[154].

La imagen mariana es siempre un modelo inalcanzable, imitarla hasta la copia se revela imposible, la concepción virginal y la asunción son objetivos desmedidos. Por ello en las figuras de las místicas como Catalina de Siena, la maternidad espiritual y simbólica, incluso inmaculada, añade a la censura de la sexualidad femenina la imitación del tránsito del Calvario, cuerpo doblemente censurado, doblemente tachado, pues también su tacha es doble. Sin embargo, la excepcionalidad que acompaña a la religiosa sienesa evita el menosprecio y la censura intelectual que en la Edad Media trae aparejado el

---

154 KRISTEVA, J.: *Al comienzo era el amor. Psicoanálisis y fe,* Barcelona: Gedisa, 1996, pág. 98.

cuerpo de la mujer. Catalina es madre nutricia en lo espiritual, *mater magistra*, elevada a los altares precisamente por su magisterio, así lo dice el comienzo de la bula *Misericordias Domini* con la que Eneas Silvio Piccolomini la elevó a los altares el 28 de Junio de 1461:

> Nadie se le acercó nunca sin volver más instruido o mejor. Su doctrina fue infusa, no adquirida. Ella apareció como un maestro, sin haber discípulo. Los doctores en ciencias sagradas, los obispos de las grandes iglesias le proponían las cuestiones más difíciles sobre la divinidad; sobre ellas recibían las respuestas más sabias, marchándose como corderos después de haber venido como orgullosos leones y lobos amenazadores.

Si todo saber sobre Dios se siente como amenaza y debe ser juzgado, ya que es muy fina la línea entre el dogma y la herejía, el saber femenino inspira un mayor recelo, aunque la imagen de la sibila, de la mujer sabia, representada ya en el mundo antiguo, y recontextualizada más tarde por Miguel Ángel en la Capilla Sixtina, llene el hueco de la referencia. Pero el saber infundido tiene poder transformante, "leones y lobos se convierten en corderos", el alma calada ha vivido una experiencia que también se recoge por medio de una metáfora maternal, leche materna recibida para luego ser dada, no como obligación de todo místico, sino del *magister mysticus,* ya que no todo místico enseña:

> El alma recibe el fruto de la quietud del espíritu, la unión lograda por la percepción de mi dulce naturaleza divina. En ella gusta la leche, como el niño reposa tranquilo en los pechos de la madre, y, teniendo en su boca, la teta, extrae leche a través de la carne. Así, el alma, llegada a este último estado, descansa en los pechos de mi divina caridad, de Cristo crucificado, es decir siguiendo su doctrina y sus ejemplos[155].

La leche extraída después de la carne, el tránsito hacia Dios debe lidiar con el cuerpo, seguir el camino de Cristo implica el

---

155 *Diálogo,* 29.

sacrificio y la muerte de la propia humanidad, el alma que reposa en el regazo es aquella que ha sabido ir "a través de la carne".

Los personajes que contemplan a Catalina de Siena en el grabado alemán actúan como presencia a través de sus atributos. Por eso, además de María Inmaculada o San Pedro, aparece la figura del guerrero San Miguel ensartando con su lanza al diablo.

En las almas de los místicos va a tener lugar la escenificación de la batalla del Bien frente al Mal. La aparición de San Miguel habla de una victoria. El enemigo es el fruto de la mente racional al problema del mal, cargado con los fantasmas colectivos e individuales el mito ha pasado por distintas fases de actuación. Sin embargo, debe quedar claro que sin el diablo no podría existir el Dios Todopoderoso del cristianismo, ni tendría sentido una lógica del padecer como acto de entrega y esfuerzo por Dios. El diablo desempeña el papel de la alteridad divina y activa la *differànce* derridiana. Catalina como San Miguel vive con éxito los asaltos diabólicos y llega a teorizar sobre la forma de reconocer los ataques de la fuerzas malignas

Dos retratos coagulan el legado de una herencia, dos escenas de un corpus-cuerpo depositario y pionero de una tradición de búsqueda de un lenguaje que siente reverencia por el origen del mundo. Catalina de Siena se inserta en una estirpe de mujeres que sueñan con recuperar una lengua primigenia, cercana al vagido del bebé, que les permita narrar una experiencia: "pero para eso, repito, no existe lengua alguna, y ninguna expresión que yo conozco le conviene" dirá Marguerit d'Oingt en su *Pagina mediatorum*, mujeres integradas en lo social por ser místicas. No obstante, son gritos, suspiros, lágrimas y diferentes formas de expresión corporal los lenguajes que terminan por perforar la escritura, lenguajes del síntoma y de la patología que recuperan el cuerpo y la palabra de la mujer.

Los retratos de Catalina de Siena, sus escritos, y biografías cifran la historia de un cuerpo, de un alma y también de un saber, emplean el trazado simbólico para mostrar la densidad de una historia. Doctora de la iglesia, sibila, mujer tachada, madre virgen, cuerpo enfermo, alma sublime, vencedora del diablo... los textos otorgados a la tradición de escritura de mujeres y a la hagiografía mística recorren una pluralidad de registros. Por eso la hagiografía y la leyenda de Catalina Benicasia se rescriben en el seno del relato de vida heredado y funcionan como sustrato elemental en los textos que analizo como corpus de trabajo.

4.4.3. Ignacio de Loyola (1491-1556) y la Compañía de Jesús: la mística del discernimiento

Un soldado amante de la aventura y de las mujeres resulta herido en combate y pasa un tiempo postrado, durante su convalecencia se da a leer vidas de santos y comienza a desear imitar su ejemplo[156], esta es la historia invertida de Don Quijote tal y como la entiende Unamuno:

> ¿Y si esos libros (libros de santos) te meten en otras nuevas caballerías? ¿Será cosa de recordar a Iñigo de Loyola... herido pidiendo le llevasen libros de caballería para matar con ellos el tiempo y dándole otros libros divinos, le empujaron a meterse a ser caballero andante a lo divino?[157].

El fracaso impuesto del ideal cortesano, militar y peregrino de Tierra Santa provoca el tránsito hacia la imagen de Caballero de Cristo y de la Iglesia. Figura quijotesca, "represor y captor de conciencias", "obseso hasta la locura de la obediencia", pero también "el santo más cercano a Dios", "el gran reformador de la Iglesia", o el autor del libro que según palabras de Francisco

---

[156] A este respecto pude consultarse la *Autobiografía Espiritual* de Ignacio de Loyola citada en la bibliografía final.

[157] UNAMUNO, M.: *Vida de Don Quijote y Sancho,* en *Obras Completas,* Madrid: Escelicer, 1966, pág. 74.

de Sales había provocado más conversiones que el total de sus letras (*Ejercicios espirituales)*, la imagen de Ignacio de Loyola y por extensión de la Compañía de Jesús viene acompañada de una leyenda negra y una leyenda áurea[158].

Si Catalina de Siena recibe desde muy pronto las gracias de Dios, ella ocupa en este relato el lugar de la mística "clásica", de la vivencia otorgada y del saber donado, Ignacio de Loyola hereda parte de esta tradición, entre los primeros pasos de la mística del recogimiento y la crisis de 1559, sus escritos se insertan en la veta narrativa del misticismo agustiniano y catalino; pero *ser, hacer* y *recibir* se relacionan en su persona y su doctrina de forma completamente original, puntúan otra forma de entender la experiencia mística, hablan de una *praxis*.

Una palabra destaca en los textos ignacianos: "servicio". La *Autobiografía*, el *Diario Espiritual* y los *Ejercicios Espirituales* de Ignacio de Loyola materializan este gesto y hablan del nuevo sentir, que es un servir. La mística de Loyola es trinitaria, eucarística y litúrgica, centrada en la *imitatio* del sacrificio de Cristo.

Núñez de Miranda, jesuita, fue quizá el personaje más determinante en la vida de Sor Juana Inés de la Cruz, diversos confesores jesuitas pueblan las *vidas* de monjas que son el objeto de análisis de este ensayo y las incitan a la escritura, el modelo de los *Ejercicios* horada sus textos. Además, fue la Compañía indispensable en la evolución vital y política de Teresa de Jesús, y una de las más poderosas fuerzas fácticas en España y América durante los siglos XVI y XVII[159].

---

158 Para una revisión de documentación diversa sobre la dimensión legendaria de Ignacio de Loyola y el diferente prisma desde el que ésta se ha construido puede leerse: CACHO, I.: *Iñigo de Loyola. Ese Enigma,* Bilbao: Mensajero, 2002.

159 Desde mediados del siglo XVI, a través de conductos tanto civiles como eclesiásticos, la Compañía de Jesús habría de tratar de sumarse a las que

Perince ac cadaver, una estrecha relación se establece para Baudrillard[160] entre la obediencia mental de los jesuitas y "la ambición demiúrgica de exorcizar la sustancia natural de las cosas para sustituirla por una sustancia de síntesis". Reunificar el mundo desunido con una doctrina homogénea, universalizar el mundo bajo una sola palabra, potenciar una élite política de Estado son los objetivos de los jesuitas. Para ello deben trabajar con los simulacros: el aparato de organización, la pompa y el teatro, o un sistema de educación que tiende por vez primera a remodelar la naturaleza ideal del niño.

Por tanto, una doble dimensión para la Compañía: la de poder fáctico, actores de una época que ayudan a trazar; al tiempo que la de gestores y partícipes de un lenguaje de acción

---

ejercían su apostolado en la América Española. Sin embargo, tanto reticencias internas de la propia orden, que entendía que sus principios no se ajustaban al tipo de tarea que debían desarrollar en América, como problemas de autoridad, entre el papado, con el que la orden tenía un especial voto de obediencia, y la Corona Española, que tenía la jurisdicción eclesiástica en América, retrasarían su llegada al continente. En torno a 1570 la Compañía enviaría una primera expedición de misioneros a la que pronto se sumarían otras muchas. Así los jesuitas, con su organización misional y teocrática, junto con su papel de educadores y forjadores de conciencias, alcanzarían un extraordinario poder en diferentes regiones americanas (México, Ecuador, Perú, Paraguay, Baja California, Colombia...). No obstante, con la llegada de los borbones al trono español y su política reformista, el regalismo, habría de ver en los jesuitas una amenaza para sus planes, lo que conduciría a una campaña antijesuítica y a la Pragmática Sanción del 27 de Febrero de 1767 con la que se ratificaba su expulsión en todos los dominios españoles, tanto en la península como en América. La expulsión supondría un duro revés para los intereses del papado en América. Una dato curioso que muestra el importante calado que la figura de Ignacio de Loyola tendría en el continente es el poema heroico de 10.000 versos que el poeta colombiano Hernado Domínguez Camargo (1606-1659) escribió en su honor siguiendo la más pura tradición gongorina. (Cifr. CARILLA, E.: *El gongorismo en América,* Buenos Aires: Coni, 1946).

160 BAUDRILLARD, J.: *El intercambio simbólico y la muerte*, Caracas: Monte Ávila, 1980, pág. 61.

y de una escritura que vale una mística. Por ello, es ya un lugar común a la hora de valorar la repercusión del movimiento jesuítico en los siglos XVI y XVII, hablar de su agudeza psicológica y la eficacia técnica en la conformación de un psiquismo fuerte y capaz de integrarse en equipo, o en ejércitos, rasgos habitualmente atribuidos, y también admirados por espíritus laicos, a los *Ejercicios espirituales*. Además, dichos rasgos son un medio muy efectivo de hacer frente a las Guerras de Religión que estaban teniendo lugar en suelo europeo a comienzos de los tiempos modernos. Ante la inseguridad religiosa epocal, la Compañía de Jesús pedirá y ofrecerá seguridad (intelectual, moral y psíquica) de un modo muy diferente al de otras formas de mística.

Un lenguaje primitivo, que recupere la pureza del vagido del bebé, que retorne al Paraíso; pero también un lenguaje del cuerpo y de sus síntomas, lenguaje herido, era perseguido por la santa de Siena. Ignacio de Loyola también persigue un lenguaje, continúa una búsqueda, y por eso para Roland Barthes es un "logoteta"[161], un fundador de lengua. Pero, frente a la fisicidad y el lenguaje de la herida y del grito, él impone el sistema combinatorio, de orden inflexible, y ausente de toda arbitrariedad, que debe partir de un vacío previo que impida la contaminación por parte de otros lenguajes: "Ninguna interferencia de signos para elaborar un lenguaje con cuya ayuda el ejercitante pueda interrogar a la divinidad, Loyola exige el retiro: ningún ruido, poca luz, la soledad"[162].

Así, la Compañía persigue desde sus comienzos una descontaminación, de un lenguaje y de unas formas de ser y de estar, ante las distintas formas de heterodoxia espiritual que estaban poblando Europa, pero también ante una ortodoxia que debe de ser reformada, desean unicidad e identidad propia. Una de

---

[161] BARTHES, R.: *Sade, Fourier, Loyola*, Madrid: Cátedra, 1997.
[162] ibid: 10.

las premisas principales del movimiento ignaciano se encuentra en el hermetismo individual y, sobre todo, conjunto, ante la carne, los afectos, el poder, tener ante todas las cosas "la disponibilidad de un cadáver"[163]: la práctica absoluta de la castidad, llamar a cada miembro de la Compañía simplemente por su nombre de pila, que todos los miembros independientemente de su jerarquía participen de las mismas tareas... son algunas de las recomendaciones para lograrlo. Por eso si un individuo hace peligrar la contención del grupo debe ser expulsado o alejado, puesto en cuarentena:

> Un hermano entró en el baño y se descubrió apresuradamente, sin advertir que no se encontraba sólo. Al verlo así otro hermano que estaba dentro, por puro humor, le propinó una patada en las nalgas. Me lo contó nuestro P. Ignacio, y según me dio a entender no fue más que una mera travesura, pero me dijo que sólo por eso mandó enseguida despedirlo... Teníamos en la casa de Roma un hermano ejemplar de unos diez años de Compañía que había ejercido gran parte de ese tiempo el oficio de enfermero... Sucedió que un día, lavando los pies de un enfermo extranjero, con quien no había tenido trato alguno que hiciese sospechar mala raíz, levantó la mano un poco más arriba de lo conveniente. En cuanto lo supo el padre mandó al punto expulsarlo[164].

Para lograr ese lenguaje hermético, que, de nuevo, es de un corpus-cuerpo, primero es necesario alcanzar el aislamiento, después articular sus componentes. Frente a los cuerpos de las místicas medievales que necesitaban expresarse con absoluta libertad para forjar, desde aquí, su propio lenguaje, Loyola presentará un cuerpo fragmentado y clasificado, que será sucesivamente vivido por cada uno de los cinco sentidos,

---

163 Al leer los *Ejercicios* es posible comprender cómo el alma obligada a pasar por ellos llega al final del camino despojada de toda pasión humana. La tendencia doctrinal de Ignacio de Loyola resulta plenamente voluntarista, verdadero proceso de higiene contra el quietismo y el falso misticismo. El texto es una apología de la mortificación en la que no tiene cabida la teoría de la contemplación.

164 Cifr. CACHO, ibid: 385, del *Memorial seu Diarium Patris Ludovici González de Câmara 8.*

agrupado en "misterios" en su sentido más teatral. Los *Ejercicios* se dividen en apartados y subapartados: "El primer modo para hacer sana y buena elección contiene en sí seis puntos", "El segundo modo para hacer sana y buena elección contiene en sí cuatro reglas y una nota" rezan algunos de sus epígrafes[165]. Es muy importante respetar la estructura, conocer su código y no fallar-faltar a la hora de realizar la práctica. También la falta se clasifica y se cuenta hasta la obsesión, produciendo una estructura que se retroalimenta: equivocarse en la cuenta es también una falta. El cómputo desquiciado del error se entiende como una forma de penetración en la identidad humana. Desde aquí es posible pensar el rito como planificación, pero también como creación de una retórica.

Cuatro son los textos que recoge este libro, imbricados unos en otros, el principal es el presentado por Ignacio al director del retiro, que funciona como verdadero destinatario del libro, el segundo es el del director hacia el ejercitante, puro acto de donación, el tercero es el texto actuado por el ejercitante (meditaciones, gestos...), que va dirigido a Dios, como destinatario de una lengua cuyos actos de habla son oraciones, coloquios, meditaciones. De este modo, cada ejercicio se ejecuta ante Dios para pedirle que reciba el mensaje que viene a continuación, mensaje alegórico, se apela para lograr una respuesta, que, de alguna manera, se encuentra entretejida en la propia letra de los *Ejercicios*, cuarto texto. Estamos ante una estructura de relevos, donde cada uno de los personajes implicados es en un momento u otro dador y receptor, se trata de un montaje en dilación, que crea en el ejercitante el suspense de lo que vendrá después, sólo el director conoce el programa. Junto a todo esto una pregunta: ¿Recibirá la divinidad el lenguaje del ejercitante y le dará a cambio un lenguaje para descifrar?

---

165 Citamos los textos de Ignacio de Loyola por la edición de sus *Obras Completas* en Madrid: BAC, 1997.

La meditación religiosa va a quedar sometida a un trabajo metódico, formulación presente en la mística flamenca y también en algunas formas de religiosidad oriental. Sin embargo, para Roland Barthes[166], la originalidad de jesuita español estriba en que busca resolver una "afasia humana", enseñar "qué decir", al tiempo que crear una mántica, donde el nuevo lenguaje se basará en la pregunta. Los *Ejercicios* tratan de conseguir un "discernimiento"[167], ayudar a resolver una elección (sacerdocio, matrimonio, cómo gobernar una casa etc.) por medio de éste.

Las posturas, los tiempos, los espacios, todo está calculado, medido, la plasticidad teatral es muy fuerte, los cuerpos están muy presentes, por medio de la piel, por las lágrimas. Todos los sentidos deben confluir y dirigirse hacia un mismo objeto. La fuerza del deseo horada el texto. La totalidad del territorio mental del ejercitante debe quedar ocupada.

Para ello resulta fundamental el uso de la imagen[168], Ignacio de Loyola quiere llenar de ellas la mente del ejercitante. El

---

166 ibid.

167 Dice Barthes: "Discernir es diferenciar, separar, aportar, limitar, enumerar, evaluar, reconocer la función fundadora de la diferencia". (ibid.: 67).

168 La Edad Media había sido rica en imágenes, incluso había practicado con profusión lo juegos emblemáticos, donde a la imagen se unía un lema aclaratorio y ambos servían para fijar una verdad o conocimiento que se quería preservar. La tradición de la memoria artificial había dado lugar a numerosas manifestaciones artísticas que alcanzarían pleno florecimiento con la tradición hermética del renacentista Giordano Bruno. La supervivencia del arte de la memoria en la iconografía del catolicismo se explota en el arte barroco de la Contrarreforma. La respuesta del Concilio de Trento a la Reforma Protestante incidía en el uso de imágenes como legítimas e idóneas a fin de que los artículos de fe llegaran por igual a todos lo fieles, en especial a la población iletrada. La medida tridentina fue sin duda influida por los *Ejercicios*, donde Ignacio de Loyola crea ese "imperio de la imagen" del que he venido hablando. La imagen se ha convertido en unidad constitutiva de la meditación, su valor religioso se hiperboliza y exacerba. También, en conexión con esta tradición, resulta de sumo interés valorar el papel que las escuelas de pintura coloniales

sentido de la vista comenzó a privilegiarse durante el Renacimiento, frente al tacto y el oído, que eran los sentidos más valorados por el occidente medieval. Sin embargo, la vista es considerada un sentido peligroso, engañoso, en la imagen hay algo de bárbaro; mientras que el lenguaje de las "vistas imaginarias" tiene alcance histórico y dogmático, aunque se encuentra en continua revisión. Las "vistas" sólo sirven como preparación a formas más elevadas de vivencia mística, son una manifestación inferior. Por eso va a ser indispensable convertir la imagen en unidad lingüística:

> Producto de la imaginación dirigida, la imagen es la materia constante de los *Ejercicios*: las vistas, las representaciones, las alegorías, los misterios (o anécdotas evangélicas), suscitadas continuamente por los sentidos imaginarios, son las únicas unidades constitutivas de la meditación... No obstante, la imagen sólo se reconoce, promociona, a cambio de un tratamiento sistemático, cuyo primer facultativo es el propio Ignacio, no encontramos en absoluto el enfoque condescendiente con que los místicos analizan las visiones, antes de librarse de ellas en beneficio de la propia tiniebla divina. Efectivamente, hay una forma de "enmendar", teológicamente la imagen: se trata de convertirla, no en la escala de una vía unitiva, sino en la unidad de un lenguaje[169].

Si los *Ejercicios* de Ignacio de Loyola nos han entregado un código, su mística es doctrinal y no experimental, la entrada en acción y la respuesta ante lo que éstos proponen la encontramos en el *Diario Espiritual* (1544-1545). El *Diario* es el lugar de

---

tuvieron como instrumento de catequización. Los mismo jesuitas la utilizaron habitualmente en la enseñanza de la doctrina católica. Por ello Ángel Rama (*La ciudad Letrada*, Hanover: Ediciones del Norte, 1984, pág. 28) habrá de recordar la importancia que para la América Colonial "adquirió la fiesta barroca, las representaciones sacras, o la militancia propagandística que cumplieron la Corona y la Tiara a través de entrenados equipos (la Sociedad de Jesús, la Inquisición) en el clima beligerante de la Contrarreforma". Más tarde se analizará la gran relevancia que el trabajo sobre la imagen tiene en la producción de Rosa de Lima y cómo ella recoge, al tiempo que adapta y supera, la tradición aquí presentada.

169 BARTHES, ibid: 82-83.

la manifestación de Dios, experimentada a través del cuerpo: el don de las lágrimas, el flujo espontáneo de palabras o *loqüela*, sensaciones cenestésicas, vistas, etc. Aquí no sólo se espera la llegada del don, como sucedía en la mística catalina, sino que éste se contabiliza, se recuenta e incluso trata de provocarse, llevando con ello al practicante a acabar por asumir y respetar el silencio de Dios, a asentir no ante el signo, sino ante el retraso del signo, a valorar el vacío:

> En su *Diario,* tratando de obtener una respuesta de Dios a un punto muy preciso de la constitución de los Jesuitas, vemos a Ignacio esperar, vigilar las mociones, anotarlas, contabilizarlas, afanarse en provocarlas, impacientarse de que no constituyan una marca indudable. Sólo tiene un camino este diálogo en el que habla de la divinidad (porque las mociones son numerosas) pero no marca: es convertir la suspensión misma de la marca en un signo definitivo[170].

Por ello místicos "salvajes" como Miguel de Molinos tratarían con frialdad los textos ignacianos y los jesuitas habrían de responderle:

> De manera que lo que yo digo y he dicho siempre es que los dichos *Ejercicios* son santísimos y utilísimos, pero útiles para convertir las almas, para principiar y durar en ellos hasta que Dios llame al alma a la contemplación; y el haberlos aprobado la Iglesia no prueba lo contrario, ni que sean el más perfecto medio para llegar a la santidad. Porque también ha aprobado la Iglesia las religiones militares, y no por eso sus constituciones y modelos de vida son tan perfectas como las monacales, mendicantes y clericales[171].

4.4.4. *Lecturas carmelitas*

> *Porque el silencio no es Dios ni la palabra es Dios...Dios está oculto entre ambos.*
>
> *La nube del no saber.*

---

[170] ibid: 92.

[171] DE MOLINOS, M.: *Guía Espiritual. Defensa de la contemplación,* Barcelona: Barral, 1974, pág. 278.

> *Que desembaraza el alma y la conduce por el interior camino para alcanzar la perfecta contemplación y el rico tesoro de la interior paz.*
> *Guía espiritual*, Miguel de Molinos.

Una imagen coagula la herencia carmelita, la de Teresa en éxtasis, captada por Bernini, e inspirada en un fragmento del *Libro de la vida*:

> Veíale en las manos un dardo de oro largo, y al fin el hierro me parecía tener un poco de fuego. Este me parecía meter por el corazón algunas veces y me llegaba a las entrañas: al sacarle me parecía las llevaba consigo, y me dejaba toda abrasada en amor grande de Dios. Era tan grande el dolor, que me hacía dar aquellos quejidos, y tan eccesiva la suavidad que me pone en grandísimo dolor, que no hay que desear que se quite, ni se contenta el alma con menos que Dios. No es dolor corporal, sino espiritual, aunque no deja de participar el cuerpo en algo. (LV: 352-353).

La santa del gran éxtasis, Teresa de Jesús es, junto con Catalina de Siena, el segundo gran eslabón de la tradición mística femenina. Con ella, como correlato masculino indispensable, Juan de la Cruz, discípulo-maestro de Teresa y también místico de especial dotación. Dos sistemas de escritura y pensamiento se acompañan y suplementan, en la búsqueda de un lenguaje para lo inefable, que exprese una complejidad: "Amada en el Amado transformada". La "literatura mística" ha sido por ellos "inventada", al modo que Leopoldo Panero "inventaba a Dios".

Pero la palabra de Teresa es siempre palabra de mujer, dirigida a otras mujeres, y purgada de las excesivas sutilezas que impidan la comprensión de los conocimientos donados. También Juan de la Cruz escribió para las monjas de Beas, glosando para ellas sus principales textos, de modo que fueran fácilmente comprensibles; pero éstas no dejan de ser las glosas del maestro, jamás serán las de la hermana-monja, que se presta a ser modelo de imitación.

Por eso, en este pequeño compendio de fuentes el *Libro de la vida*, relato, además, de carácter autobiográfico, es junto con la iconografía y la leyenda de Catalina de Siena o el ejemplo de Rosa de Lima, el principal modelo y legado de escritura del que se servirán las monjas coloniales. Del valor de éste como esquema de escritura, pero también como puesta en escena del juego intertextual, y, sobre todo, como legado de una retórica corporal trataré de escribir aquí.

Teresa de Jesús, como las monjas coloniales, escribe por mandato. En la búsqueda de un complejo sistema de expresión la sombra del confesor, e incluso del censor inquisitorial, dificulta la labor, su prudencia recuerda a la de Sor Juana, que no quería "ruido con el Santo Oficio": "Que andaban los tiempos recios y que podría ser me levantasen algo y fuesen a los inquisidores" (LV: 394). La tarea se complica, pues la lengua empleada tiene que ser a un mismo tiempo: alabanza de Dios, palabra de Dios, e ir a Dios dirigida, mientras se busca convencer a los hombres, cumpliendo al unísono una función amorosa y una función didáctica.

Así, el destinatario del *Libro de la vida* es triple. En primer lugar, "Vuestra merced" o "Vuestras mercedes", que, como al Lazarillo, obligan a la escritura de vida. Este receptor, en tanto minoría letrada, similar a aquella a quien busca dirigirse Juan de la Cruz, es considerada por la autora como fuente de referencia y de consejo: "Una cosa querría preguntar a vuestra merced", "y gustaré se ría si le parece desatino la manera de declarar". Ante esta instancia Teresa muestra su dificultad para conducirse a través de un sistema normativo e institucionalizado en el que no se considera formada:

> El cómo es ésta que llaman unión, y lo que es, yo no lo sé dar a entender. En la mística Teulógica se declara, que yo los vocablos no sabré nombrarlos, ni sé entender qué es mente, ni qué diferencia tenga del alma u espíritu, tampoco; todo me parece una cosa... Esto vuestras mercedes lo entenderán, que yo no lo sé más decir con sus letras.

Este texto apunta una "posición-mística" de la mujer, quien ajena al saber letrado traba su historia sobre lenguajes de la experiencia. La propia monja carmelita también escribe para otras monjas del Carmelo, mujeres iletradas que no son capaces de leer en aquellos libros de los que tanto provecho ha sacado Teresa, pero que reconocen otros lenguajes que transitan de mujer a mujer: "Díjome quien me mandó escribir, que como estas monjas de estos monasterios de Nuestra Señora del Carmen tienen de quien algunas dudas de oración declare, y que les parecía mejor se entienden el lenguaje de unas mujeres con otras". Palabra de mujer destinada a mujeres, que, por su escasa formación, necesitan enfrentarse a un texto fácilmente descodificable. En tercer lugar, el *Libro* cuenta con un receptor extraordinario: Cristo, presente a lo largo de toda la obra, y al que el emisor acude en su digresión a través de una lengua.

Texto, por tanto, doblemente diglósico, el *Libro de la vida* no sólo impulsa a Teresa de Jesús a interrumpir la palabra dirigida a los receptores humanos para dialogar con Cristo como presencia constante, sino que, además, la autora se ve obligada a jugar con una lengua alternante, que permita a los receptores la comprensión de su escritura. Escritura dislocada que logra constituirse como "libro vivo", como palabra performativa, aunque más allá de la escritura, palabra de mujeres.

Desde aquí, el esquema que el texto suministra como modelo para aquellas monjas que quieren escribir su vida es el típicamente hagiográfico: con pequeñas pinceladas se dibuja el piadoso hogar infantil, las lecturas de vidas de santos que marcan la niñez, hasta el punto de que Teresa de 6 años y su hermano menor Rodrigo huyen de casa para emular los martirios leídos: "Concertábamos irnos a tierras de moros, pidiendo por amor de Dios que allí nos descabezasen" (LV: 121), los malos hábitos aprendidos de otros niños "de aficiones y niñerías nonada buenas"; pero sobre todo la temprana inclinación a Dios y su devoción por María, que la lleva a encomendarse a ella como madre cuando la suya fallece: "Acuérdome que cuando murió mi madre, quedé yo de edad de doce años poco menos, afligida fuime a una imagen de nuestra señora y supliquela fuese mi madre con muchas lágrimas" (LV:122). Los libros de caballerías y el gusto por las galas "comencé a traer galas y a desear contentar en parecer bien, con mucho cuidado de manos y cabello y olores" (LV:124) son una inclinación de la adolescencia que la autora considera fruto de su naturaleza pecadora. Asimismo, la enfermedad acompaña el cuerpo de Teresa desde muy joven: "la lengua hecha pedazos de mordida, la garganta de no haber pasado nada, y de la gran flaqueza, que me ahogaba, que aun el agua no podía pasar; toda me parecía estaba descoyuntada" (LV:149), retrasando su entrada en el convento: "Y aunque no acababa mi voluntad de inclinarse a ser monja, vi era el mijor y más siguro estado; y así poco a poco me determiné a forzarme para tomarle" (LV:131), que siguiendo la tradición del género tiene lugar a escondidas debido a la oposición paterna.

Sin embargo, el texto se apartará considerablemente de *otras vidas* a la hora de relatar las gracias místicas y las experiencias de encuentro por las que pasa Teresa: "Comenzome Su Majestad a hacer tantas mercedes en estos principios" (LV: 137), mucho más profundas y abundantes que en cualquier otra *vida* conventual, como se verá más tarde.

El *Libro* se divide en torno a la fecha de 1554, que marca el tránsito desde una etapa de esfuerzos, con sus resultados y fracasos, hacia otra de irrupción de amor desbordado y gracia envolvente de Dios[172].

De la presencia divina *a pesar de* se transita a una presencia *gracias a, debido a,* el libro que se escribe será "otro libro nuevo de aquí en adelante", basado en el trabajo de búsqueda y en desasimiento, el texto se metamorfosea en un tratado de oración, apuntalado sobre la metáfora del huerto que debe ser regado y cuidado por el hortelano, como en las *Confesiones*, junto a la vida la filosofía o teología:

---

172 Sobre los contenidos aquí expuestos véase HERRÁIZ, Maximiliano: *Introducción al libro de la Vida,* Burgos: Monte Carmelo, 2001.

> Ha de hacer cuenta el que comienza que comienza a hacer un huerto en tierra muy infructuosa que lleva muy malas yerbas y ha de plantar las buenas, para que se deleite el Señor... y con ayuda de Dios hemos de procurar como buenos hortolanos que crezcan esas plantas y tener cuidado de regarlas para que no se pierdan. (LV:192-193).

"Sacar agua de pozo", o los comienzos en la oración, pero también la "oración mística", donde empiezan a manifestarse las gracias sobrenaturales, son etapas que deben transitarse para llegar a estadios más complejos: "oración de quietud": "esto es recogerse las potencias dentro de sí para gozar de aquel contento con más gusto" (LV: 218); "Es, pues, esta oración una centellica que comienza el Señor a encender en el alma del verdadero amor suyo, y quiere que el alma vaya entendiendo qué cosa es este amor con regalo" (LV:247), "oración de sueño de potencias": "Bien entendía que no era del todo unión de todas las potencias, y que era más que la pasada, muy claro, más confieso que no podía determinar ni entender cómo era esta diferencia" (LV: 234), hasta alcanzar la "oración de unión":

> A deshora viene un deseo que no sé cómo se mueve, y de este deseo que penetra toda el alma en un punto comienza tanto a fatigar, que sube muy sobre sí y de todo lo criado y pónela Dios tan desierta de todas las cosas que, por mucho que ella trabaje, ninguna que la acompañe le parece hay en la tierra, ni ella la querría, sino morir en aquella soledad. (LV: 280).

Hombre y Dios se encuentran en este tránsito actuando en relación inversamente proporcional, en las primeras etapas el esfuerzo humano es necesario para alcanzar las gracias divinas, en las subsiguientes, la presencia de Dios se centuplica y la acción humana se torna mínima, el cuerpo se disuelve, el deseo es integral, se vuelve ilocalizable, total.

Precisamente, una de las características más singulares de la poesía de Juan de la Cruz es la ausencia de *yo*. Esto radica en una concepción de Dios como ser absoluto, trascendente, metafísico, cuya existencia nada tiene que ver con el *ser* humano, pues este dios es el único y verdadero Ser. Por eso si el hombre pretende participar de la esencia divina, persiguiendo la Unión mística, sólo podrá tomar un camino: la negación total de su yo. Teresa de Jesús no propone una vía negativa para alcanzar la unión, sino positiva. La actividad de la oración como ejercicio transformante se enfrenta a la teología negativa de la noche, como símbolo de la necesidad que tiene el hombre de salir de sí para encontrar su verdadero centro que es Dios[173]. Pero tanto en uno como en otro caso el destino del viaje es el mismo: "a donde me esperaba/quien yo bien me sabía/en parte donde nadie parecía"[174].

¿Pero qué provoca esa transformación que afecta a la vida de Teresa en 1554?, ¿Qué le permite realizar el viaje a la tierra que San Juan apunta en sus versos? Un acontecimiento biográfico: la muerte del padre, y dos gracias: la visión de Cristo llagado, en esto me detendré más tarde, y el encuentro con las *Confesiones* de San Agustín:

> En estos tiempos me dieron las *Confesiones* de San Agustín, que perece el Señor lo ordenó, porque yo no las procuré, ni nunca las había visto... Como comencé a leer las *Confesiones* paréceme me vía yo allí: comencé a encomendarme a este glorioso santo. Cuando llegué a su conversión y leí cómo oyó aquella voz en el Huerto, no me parece sino que el Señor me la dio a mí sigún sintió mi corazón: estuve por gran rato que toda me deshacía en lágrimas. (LV:180-181).

Si las *Confesiones* se convierten para Teresa en un libro-guía que puntúa la búsqueda interior de Cristo, haciéndola compatible con el activismo, o la contemplación trascendente de la naturaleza, aquello que me interesa destacar aquí es el papel que el libro juega en la vida y la escritura de Teresa, y cómo ella misma ya lee y rescribe a algunas de las figuras decisivas para la tradición de la vida colonial.

---

173 Resulta de sumo interés observar el paralelismo entre los grados de oración de Teresa y las distintas noches de Juan de la Cruz: "noche activa de los sentidos", "noche pasiva de los sentidos", "noche activa del entendimiento", "noche pasiva del entendimiento", y "noche oscura del alma".

174 Juan de la Cruz, *Noche oscura*, vv. 18-20.

Como nadie se sirve Teresa de Jesús de los libros para avanzar hacia la meta buscada: "leía en las Epístolas de San Jerónimo" (LV: 132), "un libro, llámase *Tercer Abecedario* que trata de enseñar la oración de recogimiento... y como ya el Señor me había dado don de lágrimas, y gustaba de leer, comencé a tener ratos de soledad... comenzar aquel camino teniendo aquel libro por maestro[175]" (LV:137). El apoyo de los buenos libros compensa la incompetencia de confesores poco preparados para comprender el alma de Teresa "los confesores me ayudaban poco" (LV: 152).

Llegados a este punto, es necesario fijarse en la segunda de las gracias recibidas y en el final de la cita referida al éxtasis con la que se abría este apartado. La gracia: la contemplación de Cristo:

> Acaeció que entrando un día en el oratorio vi una imagen... Era de Cristo muy llagado y tan devota que, en mirándola, toda me turbó de verla tal, porque representaba bien lo que pasó por nosotros. Fue tanto lo que sentí de lo mal que había agradecido aquellas llagas, que el corazón me parece se me partía: y arrojeme cabe él con grandísimo derramamiento de lágrimas, suplicándole me fortaleciese ya de una vez para no ofenderle. (LV:177).

---

175 Francisco de Osuna anticipa y traba las claves de la mística: "No dejes el deseo de conocerme, sino la presunción de poderme conocer" (*Tercer Abecedario*, 3,1). Esta cita, que podría funcionar como el lema de su escritura, considerada como una de las lecturas que más habría de influir sobre Teresa de Jesús. El *Abecedario Espiritual* lo convierte en el principal sistematizador de la mística del recogimiento, y en una de las figuras más destacadas de la literatura de los Siglos de Oro. El *Abecedario* nace como propuesta de intensa reflexión sobre la imitación de Cristo, tema que centra buena parte de este trabajo. En el contexto de la Reforma de las órdenes religiosas, y en especial de la observancia franciscana, Osuna escribe en el seno de dos tradiciones: la de la oración de recogimiento y la de los poemas abecedarios, su objetivo será ayudar al lector en la iniciación oracional organizada. El sistema abecedario funciona como una estructura mnemotécnica. Aunque Osuna escribió cuatro abecedarios será el tercero, inmortalizado por Teresa, aquel que alcanzaría más fama. En él se realiza una exposición completa de la mística franciscana, mostrando una exposición de las bellezas de la Naturaleza y de las grandezas de la Creación para deducir de ellas el poder del propio Dios.

La cita que inspiró a Bernini se torna en este contexto reveladora: "aunque no deja de participar el cuerpo en algo". No en vano las lecturas de Teresa, y en especial el *Abecedario* hablan de la meditación en Cristo, pero también del control del cuerpo del ejercitante. La imitación de Cristo y la meditación sobre su pasión y muerte, al modo ignaciano, serán una constante en las *vidas* de monjas, que encontrarán en la fisicidad y la humanidad del Hijo una forma de perforar el lenguaje teológico y dejar hablar a la mujer, por medio de una corporalidad transformada en particular semiótica. Si el cuerpo y sus lenguaje, en relación a la mística y el relato de vida es el objeto de este estudio, la figura de Teresa de Jesús resulta fundamental para indagar esta relación. Precisamente, porque aunque el trasfondo ignaciano existe, la espontaneidad que reviste la experiencia de Juan de la Cruz y Teresa de Jesús termina por superarlo, por convertirlo en un primer escalón de un proceso ascendente donde el deseo se convierte en total, donde cualquier posibilidad de lenguaje se diluye, y el cuerpo participa, como lenguaje, pero también como deseo.

Asimismo, al igual que el cuerpo de Cristo, el de Teresa va a encontrarse atravesado por el sufrimiento, que, en su caso, se concreta en la enfermedad entendida como don. Primero la enfermedad es rechazada como elemento sobrevenido desde una exterioridad ajena a la gracia, más tarde pasará a entenderse como componente constitutivo del cuerpo-místico, como alegoría del sufrimiento de Cristo. La *vida* de Teresa es, en realidad, el relato de sus enfermedades y las gracias que las acompañan. Desde la "gran enfermedad" que marca su vida adulta, pasando por los viajes a los que Teresa se somete en busca de una cura, o el "pajarismo" que hace que se la crea muerta, el cuerpo de Teresa está siempre sometido a "recio tormento". De este modo, será el lenguaje de la enfermedad aquel que absolutice la retórica corporal de un relato donde se recomienda controlar la penitencia física o alimentaria que hubiera terminado por destruir al cuerpo-enfermo.

Si la *vida* de Teresa de Jesús se traza sobre el molde de la *imitatio Christi*, para alcanzarlo no hace falta buscar el autocastigo del cuerpo, sino la consagración de la enfermedad, la reformulación de su lenguaje. Asimismo, resulta de sumo interés, el modo en el cuerpo *se pone* en la búsqueda mística, a través del entrenamiento, al modo preconizado por Ignacio de Loyola, con el lenguaje de las lágrimas que ya estaba en Agustín, pero también como receptáculo activo de sensaciones: "en algo participa el cuerpo", frente a la "carne que es freno para el alma" como entendía Agustín. No en vano, el rostro de Teresa en éxtasis esculpido por Bernini dice aquello que esconde el drapeado del hábito: la dimensión erótica y de goce que alberga la experiencia mística. La Madre Castillo habría de dejarse tocar también por este Adonis-Cristo.

Un lenguaje de la enfermedad, pero, sobre todo, la reconciliación del cuerpo y el alma en la experiencia del éxtasis son el legado de Teresa, que, como Catalina de Siena, habrá de decir más con su cuerpo que con su palabra. Las monjas coloniales habrían de asumir este modelo.

Por último, una referencia a la *vida* de Ana de San Bartolomé, discípula y compañera de Teresa de Jesús y Juan de la Cruz, quien lee y rescribe el *Libro de la vida*, aproximándose al trabajo que con él han de hacer María de San José, la Madre Castillo y Úrsula Suárez. La originalidad teresiana, cifrada en los contenidos teórico-teológicos, será sustituida por la tópica del género. Junto a ésta un requisito añadido: parecerse a Teresa, y demostrar que se goza de su compañía[176], se participa de un

---

[176] Existen dos textos autógrafos que recogen el relato de vida de Ana de San Bartolomé, conocidos como Autobiografía A y Autobiografía B y recogidos en sus *Obras Completas*. El primero de ellos ha sido la referencia para la lectura de la autora, frente al segundo perdido durante años y conservado en mal estado, que ha tenido que esperar a la paleografía y la técnicas de edición modernas para ser rescatado. El Autógrafo A recoge la vida de la autora desde su nacimiento, y su redacción puede fecharse en 1624 "El día de San Mateo de ese año mil seiscientos veinticuatro", aunque copia fragmentos de un escrito anterior *Relaciones* de 1605. El Autógrafo B se centra exclusivamente en la narración de la vida conventual y dedica especial atención a la gracias recibidas por el alma.

linaje, de una genealogía, sobre la que las mujeres construyen una historia frente a la Historia, una historia que tiene un lenguaje, el de una mística, como esa posición-mística sobre la que la mujer se construye.

El esquema empleado es prototípico, la monja escribe bajo mandato confesional "ago esto que me lo manda la santa obediencia" (ASB,282). El relato comienza con la narración de la niñez, y describe a una niña piadosa, preocupada desde muy pronto por evitar el pecado: "Y un día, siendo ya de sete años, vínome a la memoria que pecaría y lloraba" (ASB, 232) y acompañada por las gracias divinas: "que lo más ordinario me allava ynflamada en el amor de Jesús" (ASB, 283), que ayudan a luchar contra el acecho de la tentación: "Y veníanme mil tentaciones terribres contra mis deseos, que me atormentavan y aflijían" (ASB, 285). Asimismo, se vive, además, en la infancia el deseo de imitar a los santos cuyas historias se han escuchado leer: "Ermana, ¿no nos yríamos las dos a un desierto vestidas de hombres y aríamos penitençia como lo yço la Madalena" (ASB, 284).

Durante la primera juventud Jesús Niño aparecido en sueños revela a Ana su destino: "No te dé pena ni temas, que yo te llevaré donde seas monja y trayas mi ábito" (ASB, 285). La familia de la muchacha muestra su oposición ante su deseo de convertirse en monja. La enfermedad donada y el ejercicio ascético conducido hasta la tortura perforan el cuerpo de Ana de San Bartolomé con las marcas del cuerpo místico: "Mas yo tomava deçiplinas y echávame en una cava desnuda, aunque era úmeda, en el suelo, asta que se templase la furia de la tentación, y dormía sobre sarmientos, y otras cosas ásperas en lugar de la camisa" (ASB, 285). Con la ayuda divina se consigue la profesión religiosa. La vida en el convento va a estar marcada por la enfermedad y el sacrificio del cuerpo, la lucha contra la tentación y la madurez en el encuentro con Dios: "Ya es menester que mires en esto y vayas por otro camino que hasta aquí. Como si me dijera 'No me busques más niño'" (ASB, 292). El relato gira vertiginosamente cuando Dios escucha los ruegos de Ana que le pide que la haga padecer por él y decide ligar su destino al de Teresa de Jesús: "yo aré lo que me pides; ternás en que padecer en conpañía de mi amiga Teresa; los pasaréys los dos por los caminos" (ASB, 297).

Frente a los relatos de las monjas coloniales aquí no se exhibe una excepcionalidad basada en la experiencia de contacto con Dios, sino en la distinción de haber sido compañera de la fundadora carmelita, de ser testigo de excepción de su labor: "Si yo uviera de decir los trabajos que padeció los años que anduve con ella, no acabaría, que no es nada lo que se cuenta en sus libros" (ASB, 303). Ana de San Bartolomé actuará como enfermera de Teresa y como acompañante en la hora de su muerte, también mediará en los pleitos por la apropiación de su cadáver, interviene sobre su cuerpo. Después se encargará de defender y continuar su obra, de sustituirla en las tareas de fundación, pone el cuerpo.

La segunda parte de la vida se despega del esquema de género hasta aquí mantenido y se aproxima a los relatos de fundaciones e historia conventual, el contenido se vuelve político, aunque se mantienen referencias a encuentros sobrenaturales con Dios: "y goçava mi alma de estos divinos misterios" (ASB,367); pero también con Teresa: "Un día la Santa se me apareció muy alegre y me dijo: "Ahora, yja, vos me avéys de açer un placer" (ASB, 364), "se me apereçió nuestra santa Madre como estando viva, mostrándome graçia y amor" (ASB, 372), tornan a emerger para puntuar el relato. El legado de Teresa de Jesús se defiende desde la acción, pero ésta viene determinada por la gracia: "Ten ánimo y ve, que esta fundación será una acha ençendida que dará luz a todo aquel pay" (ASB, 363).

El relato termina con la narración de una última enfermedad que conduce a Ana de San Bartolomé al umbral de la muerte. Como en el texto de Teresa el de Ana también se encuentra absolutizado por el cuerpo: primero el de Teresa, al que Ana asiste, y más tarde el de la propia Ana, que reemplaza al de la fundadora en su lógica del padecer, pues sin cuerpo sufriente no hay relato, porque no habría lenguaje.

Lenguaje para una mística, pero también lenguaje corporal como modo de expresividad femenina, son el legado de Teresa de Jesús, quien también dota de un esquema de género, recogido y adaptado con precisión por Ana de San Bartolomé, fruto de una herencia trabada ya sobre el juego intertextual con otras de las figuras de esta galería. Cuerpos sucesivos, que al dar lugar a un *continuum*, basado en la imitación de Cristo, congelan el tiempo, transformando la multiplicidad en Uno.

4.4.5. Rosa de Santa María (Santa Rosa de Lima), primera mística americana

En el marco de una cultura formada por un complejo conjunto de grupos sociales, como era la hispanoamericana colonial, separados por profundas diferencias étnicas y socioeconómicas, obsesionada por lo religioso, y sedienta de hechos prodigiosos, la Iglesia se constituía como factor de ordenamiento y cohesión social, así como estamento de gran poder político y económico. Sin embargo, durante más de un siglo, la Iglesia continental no iba a ser más que un reflejo menor, un transplante en otra tierra de las estructuras de la Europa católica, que, entre otras cosas, esgrimía su preeminencia en santidad. Pero el nacimiento progresivo de una conciencia criolla terminaría por demostrar la insuficiencia de esta situación.

En el siglo XVII las generaciones criollas emprendieron una apropiación del espacio y del tiempo, de la geografía y de la historia de su tierra, que buscaría la afirmación de la diferencia, y que iba a tener su correspondencia en el ámbito religioso.

La retórica de exaltación de la belleza y la fertilidad del Nuevo Mundo, como verdadero paraíso terrenal, habitado por gentes diestras y amables, junto con el rescate de un pasado centrado en la edad de oro de la evangelización y en las proezas de los primeros misioneros dotó a la Iglesia americana de un sentimiento de particular idiosincrasia.

El mito de Quetzcóalt-santo Tomás[177] es una muestra clara de las que fueron las inquietudes criollas: rescate y desdemonización del pasado prehispánico, demostrando que Dios había estado en América desde los primeros tiempos, pues el criollo cifra su identidad en una doble herencia, española, pero también prehispánica, y no desea renunciar a ninguna de ellas.

De esta modo, iba a resultar trascendental cualquier demostración de la presencia de Dios en tierras americanas: portentos, milagros, imágenes aparecidas, pero también hombres y mujeres de gran virtud, se convirtieron en sus signos. Una tierra rica en manifestaciones de santidad reconocidas por la Iglesia lograba igualarse a Europa, ya que, una cultura que producía santos podía ser considerada madura espiritualmente.

Por eso fueron muchas las beatificaciones y canonizaciones promovidas por las autoridades americanas, y aunque muy pocas resultaron triunfantes, fue el rápido y sorpresivo proceso que siguió a la causa de la dominica Rosa de Lima, beatificada en 1668 y canonizada en 1671, el que causó un mayor impacto. Su subida a los altares fue precedida de grandes festejos y, al tiempo que se multiplicaba su imagen sobre lienzos y retablos, su culto se difundía rápidamente.

Rosa de Santa María (1586-1617), primera mujer mística de obra conocida en Hispanoamericana[178], escribió una "autobio-

---

[177] Explica Antonio Rubial en relación a este mito:

> Algunos pensadores criollos, como Carlos de Sigüenza y Góngora, identificaron a Santo Tomás, el apóstol perdido con el sacerdote Quetzcóalt, con lo cual se remontaba la predicación cristiana en las tierras de Anáhuac a la época apostólica y se le quitaba a España la gloria de ser la primera evangelizadora de América. (RUBIAL, Antonio, ibid.: 63).

Sin embargo, el Inca Garcilaso de la Vega habría de desautorizar estas identificaciones en el apartado dedicado a "Divinidades veneradas en el Perú" dentro de sus *Comentarios Reales* (Madrid: Cátedra, 1996, págs. 160-161).

[178] Josefina Muriel (*Cultura femenina Novohispana,* México: UNAM, 1994) identifica a tres místicas americanas que por nacimiento son anteriores a Rosa de Lima, pero cuya producción, no siempre conservada, es

grafía espiritual"[179], perdida poco después de su muerte. Por eso son los *Procesos* de beatificación —ordinario (1617-18) y apostólico (1630-32)—, en los que declararon numerosos testigos que la habían conocido personalmente, la fuente principal con la que contamos hoy en día para documentar su vida[180] y pensamiento. Asimismo, en 1943 Fr. Luis G. Alonso Getino presentaría dos medios pliegos con quince gráficas acompañadas de pequeñas glosas en las que Rosa dejó cifradas sus experiencias espirituales, uno de ellos es hoy conocido como *Mercedes o Heridas del alma*, el otro como *Escala espiritual.* El iconismo místico logrará un desgarrador impacto.

Isabel Flores de Oliva nace el 30 de abril de 1586 en las afueras de Lima en el "seno de una familia de gran virtud". Desde muy pequeña se ve acompañada por signos sobrenatu-

---

posterior: Sor Beatriz de Santiago (1557-1647) de la cual no parece conservarse obra escrita, Sor María Magdalena Lovarraquino Muñoz (1576-1636) de la que existen dos copias manuscritas de su *vida* espiritual, *Libro que contiene la vida de Madre Magdalena Lovarraquiño Muñoz*, una vendida en Londres en 1970 y la otra catalogada como Ms. 1244 de Latin American Collection en la Biblioteca de la Universidad de Austin, y Sor María de Jesús Tomellín (1574-1637), cuya biografía espiritual iba a ser redactada por Sor Agustina de Santa Teresa, bajo su supervisión.

179 Esta autobiografía fue enviada a la inquisición española como medida preventiva para evitar cualquier obstáculo que se interpusiera a su proceso de beatificación, ya que Rosa estaba vinculada a un grupo de pseudomísticas, entre las que contaban algunas de sus amigas personales, que iban a ser sentenciadas en el Auto de Fe de 1625 por el Santo Oficio de Lima. El acuse de recibo de este envío, libro 353, fol. 168 de la Sección de la Inquisición del Archivo Histórico Nacional de Madrid es el último rastro que se tiene del manuscrito.

180 Nos dice Báez Rivera (BÁEZ RIVERA, E.: *Las palabras del silencio de Santa Rosa de Lima Hacia los testimonios de la primera escritora mística criolla de la América Hispánica Colonial*, Sevilla, 2002), que ha podido documentar más de 400 títulos de hagiografías sobre la figura de Rosa de Lima, en su mayor parte descatalogadas y de difícil acceso, aunque éstas se caracterizan por una gran homogeneidad biográfica, ya que la mayor parte de ellas parten de los datos facilitados por el *Proceso.* Agradezco a Emilio que me hiciera llegar su trabajo, el cual sirve de guía directa en la redacción de este apartado.

rales que hablan de su futuro espiritual. María de Oliva cuenta ante la Inquisición como Mariana, la criada indígena, vivió el episodio que justificaría el cambio de nombre de la religiosa limeña de Isabel por Rosa:

> Y la vio tan hermosa que llamó a unas niñas que estaban labrando para que la viesen y, haciendo todas admiración, esta testigo, desde el aposento donde estaba, las vio hacer extremos y, sin decirles cosa alguna, se fue derecho donde estaba la niña y, como la vio tan linda y hermosa y que le pareció que todo su rostro estaba hecho una rosa muy linda y en medio de ella veía las facciones de sus ojos, labios, nariz y orejas, quedó admirada de ver aquel prodigioso suceso. (fol.296v).

Pero, sobre todo, resulta muy significativo el modo cómo Rosa de Lima recoge la herencia de Catalina de Siena y la rescribe en su propia vida para volverla a legar a quienes aprenden de su ejemplo[181]. Ambas mujeres nacen en una misma fecha: el 30 de abril, aunque es posible que esto sea una manipulación por parte de los hagiógrafos de Rosa. A los cinco años Rosa y a los seis Catalina hacen votos con el niño Jesús, y muy pronto también las dos buscan un retiro que les permita emular la soledad de los Padres del Desierto. Después viene el ayuno, como camino directo hacia Dios, Catalina y Rosa aspiran a vivir sólo de la Eucaristía, aunque para vencer al demonio, presente en la sensación de asco, Catalina ingiere pus del pecho de una mujer cancerosa y Rosa de Santa María bebe sangre putrefacta. Ambas viven también la experiencia del desposorio con Cristo, y así pueden seguirse trazando paralelismos hasta el mismo momento de la muerte.

---

181 Báez Rivera documenta cómo la vida de Catalina de Siena escrita por Raimundo de Capua fue oída relatar por Rosa ya en su más temprana niñez:

> Rosa logró emular a su maestra espiritual con tanta exactitud y fidelidad que, en el informe de su fallecimiento rendido por el Capítulo Provincial de la Orden (1617), donde se lee lo que sigue: "Al parecer de todos era una nueva Santa Catalina de Siena, que de nuevo había venido al mundo, a quien desde sus primeros años procuró imitar con todas sus fuerzas". (ibid: 21, nota 25).

Más tarde sabremos cómo desde muy pequeña Rosa se vio inclinada a la oración y al retiro en silencio en los lugares más apartados de su huerta. Pronto llegarán a ella las enfermedades de causas desconocidas que suelen acompañar a las místicas y los ayunos y penitencias autoimpuestas como forma de satisfacer y cumplir con un Dios con el que se siente tempranamente comprometida, hasta aquí el relato para nada se aleja del de Teresa de Jesús o Ana de San Bartolomé:

> Contó esta testigo las tejas con las que estaba entretejida y eran doscientas sesenta y tantas tejas puntiagudas, unas más altas que otras, y esta testigo las echó al río, y declara esta testigo que la bendita Rosa usó esta cama más de quince o diez y seis años y que en todo este tiempo no la osó quitar esta testigo aunque lo deseaba, y que iba muchas veces a quitársela y se acordaba con temor no ofendiese a Dios en quitársela, y acudió a sus confesores a que se la quitasen porque le parecía que la mataría, y a todos les pareció que no la quitase hasta que llegó la hora de Dios, que fue tres años antes de que la bendita Rosa muriese (fols.298v-299).

Rosa de Lima tomó el hábito de terciaria de Santo Domingo y Catalina de Siena a los 21 años de edad. Si desde muy joven se preocupó de conocer y seguir el modelo de la santa italiana, a partir de este momento vivirá en todo acorde a la regla por ella establecida. Lo hagiográfico ha horadado y ensartado lo autobiográfico, y Rosa malea su vida para hacerla entrar en el modelo, sus hagiógrafos puntúan y resaltan las continuidades abundando el maleaje, *imitatio* vital e *imitatio* textual, de esta última se tratará más tarde; pero dentro del molde siempre una singularidad filtrada por sus fisuras, de un corpus y de un cuerpo, que en este caso son también nacionales.

Además, Rosa de Lima encarna los atributos marianos, herencia de la mujer mística, pero su cuerpo no sigue el modelo de la Virgen Madre, sino que trata de emular a Jesucristo, sacrificado en la cruz para expiar los pecados del mundo, para redimir las atrocidades de la humanidad. Su vida corta y torturada es una vida de auto-sacrificio, de ataque y borrado del cuerpo, con "el propósito explícito de purgar los pecados y de mutilar la carne en un ambivalente gesto simbólico que sugiere por un lado una desaparición o negación del cuerpo y por otro una agonía erótica, una aberrante exaltación del cuerpo siempre y cuando sea lastimado"[182].

En las diversas hagiografías escritas sobre la santa su identidad se construye sobre un programa de mortificaciones que buscan redenciones de grandes pecados colectivos: por un lado los cometidos por la población indígena, y por otro los cometidos por los conquistadores españoles. Rosa no sólo relee y rescribe el programa de la mística medieval, sino también el de la *imitatio Christi.*

Las Indias precolombinas son para este tiempo "un pueblo bárbaro", de "sacrificios, canibalismos y sodomía", un pueblo "ajeno y contrario" al Dios cristiano; pero esta situación no fue del todo "rectificada" por la evangelización durante los periodos de conquista y colonia, y Rosa de Lima logrará triunfar donde otros han fracasado. Su carne y su oración son los espacios de reparación. Junto a la lucha contra la herejía indiana, también la resistencia contra la iconoclastia protestante y su pensamiento hereje.

Sin embargo, los intentos llevados a cabo por los españoles para imponer en el continente un "paraíso cristiano" son también un exceso que debe ser reparado. No sólo por la sangre derramada, sino por los abusos de la encomiendas y del sometimiento al pueblo indígena en nombre de Dios. El cuerpo torturado de la mística se convierte en el pilar sobre el que inaugurar un comienzo.

Su apropiación es paradójica, ambivalente, pero también conciliatoria. Van a ser varios los episodios de la vida de la religiosa limeña que reciban una lectura ideológico-política.

---

182 GRACIANO, F.: "Santa Rosa de Lima y el cuerpo sacrificial" en MORAÑA, M. (ed.): *Mujer y cultura en la Colonia hispanoamericana,* Pittsburg: Instituto Internacional de Literatura Iberoamericana, 1996, pág. 196.

Por un lado, Rosa se mostró muy preocupada por la evangelización de la población indígena y para ello se ocupó de la crianza de un bebé de un año, recogido del más bajo estamento social al que educó para la predicación; por otro, su conciencia de joven criolla con relación a su ciudad natal se manifestó en el celo con que defendió la Eucaristía en el templo de Santo Domingo de un posible ataque de los calvinistas holandeses, que se interpretó como un hecho plenamente acorde al ideario de la Casa de Austria[183]. Asimismo, su desposorio místico con el niño Jesús en brazos de la Virgen del Rosario y la legendaria aparición de ésta en Sacsayhuamán la hizo merecedora de que Felipe II la nombrara patrona de armas del virreinato peruano. La Madre Castillo, Úrsula Suárez y María de San José no sólo releen y rescriben esta *vida*, sino también la figuración legendario-mítica que la envuelve.

Tomada por los promotores de la política imperialista de conquista y por sus homólogos americanos, que veían la posibilidad de una redefinición identitaria, de una segunda oportunidad de afirmación de la identidad, la figura de Rosa de Lima da lugar a un simbolismo paradójicamente brifonte que otorga una polisemia de lectura. Pero América llevaba demasiado tiempo siendo la sombra del continente europeo y no iba a dejar pasar la oportunidad de reivindicar aquello que consideraba le pertenecía[184].

---

183 Nos explica Báez Díaz, (ibid: 42), que este hecho, además de tener un claro antecedente en la vida de Santa Clara, se interpretó como plenamente acorde al ideario de la Casa de los Austria, que reinó en España entre 1514 y 1570. La leyenda del Conde Rodolfo de Asturias, fundador de esta casa real cuenta cómo la ayuda brindada por éste a un religioso en apuros que transitaba por el bosque con la Eucaristía le valió la profecía de que su casa gobernaría el mundo. Más tarde Carlos V decretó que cada vez que su ejército venciera en la batalla tuviera lugar una procesión encabezada por la Eucaristía.

184 La fusión de elementos hispánicos e indígenas, como demostración de una nueva realidad social, puede apreciarse, por ejemplo, en los cambios

Como emblema de la especial dotación de Rosa de Santa María se exponen los gráficos de sus *Mercedes*[185], con hilo,

---

producidos en la imaginería religiosa. Nos dice a este respecto S. Gruzinski:

> En la segunda mitad del siglo XVI a la imagen franciscana, que se dirigía prioritariamente a los indios, la sucedió una imagen que explotaba el milagro y trataba de reunir en torno de intercesores comunes a las etnias que componían la sociedad colonial: españoles, indios, mestizos, negros y mulatos. La efigie milagrosa de la Virgen de Guadalupe es el arquetipo de esta imagen nueva, manierista y después barroca. Alentado desde el decenio de 1550 por el arzobispo, el culto fue lanzado definitivamente en 1648 por el clero de la capital. La imagen barroca generó en torno a ella un consenso que trascendía las barreras étnicas y sociales, sacralizaba la tierra en la que había aparecido y sostenía la afirmación de un protonacionalismo. (GRUZINSKI, S.: *La guerra de las imágenes. De Cristóbal Colón a "Blade Runner" (1492-2019)*, México: FCE, 1994, pág. 112.).

185 Las tres primeras mercedes aparecen en un pliego acompañadas de la siguiente glosa:

> Bispera de mi Pdre. y Apóstol Sn. Bartolomé ise las dos obras que remito en dos medios pliegos de papel. Lo que remito a V°. P. como a mi unico P. espiritual, para que corrija mis yerros y enmiende lo que en dicha faltare por mi ignorancia. Muchos yerros i faltas se ayará por ser explicada de mi mano, y si se ayare que es bueno, sera solo por aver sido las mercedes de Dios. Vale con toda verdad. Confieso con toda verdad en precencia de Dios, que todas las mercedes que escrito así en los quadernos y como esculpidas i retratadas en estos papeles ni las e bisto ni leido en libro alguno, solo si obradas en esta pecadora de la poderosa mano del Señor, en cuyo libro leo, que es sabiduría eterna, quien confunde a los soberbios y ensalza a los humildes cumpliéndose con lo que se escondió a los prudentes i sabios revela a los Párvulos.
>
> Estas mercedes recevi de la piedad divina antes de la gran tribulación que padecí en la Confesión General por mandato de aquel Confesor que me dio tanto en que merecer, después de aber echo la Confesión General i de aber padecido serca de dos años de grandes penas tribulaciones, desconsuelos, desamparos, tentaciones, batallas con los demosnios, calumnias de confesores i de las criaturas, enfermedades, dolores, calenturas i para decirlo todo, las mayores penas del infierno que se pueda imaginar, en todos estos años ultimos abra unos sinco años que recibo del señor las mercedes que en este medio pliego de papel e puesto por inspiración del Señor i experiencia en mi propio corazón aunque indigno. Si a V. P. le parese, quitando las imágenes de Dios puede quemar los corazones.
>
> Al Glorioso Apóstol S. Bartolomé lo amo tanto de corazón muchos años á. Solo por aver oido en un sermón que por los muchos deseos que tuvo en esta vida de ber a Dios le dio su majestad muchísimos años de gloria. Sto que deseo tanto ber a Dios amole mucho. Fuera de sus grandes virtudes aquellos que más se esmeraron en amar me roban la voluntad, echas todas esas mercedes en diferentes ocasiones que no puedo numerar por que las e recevido

aguja y pequeños pedazos de tela, la monja limeña traza un itinerario de gracias espirituales similar a las *Moradas* de Teresa de Jesús o a los *Afectos* de la Madre Castillo. Los lugares comunes del género asocian a la mujer con la aguja y al hombre con la pluma. De esta manera, Rosa de Lima se reapropia de un espacio de confinamiento para transformarlo en expresión del deseo femenino. Las mercedes no son imágenes sueltas, intercambiables al azar, sino que trazan una historia: la de un corazón-alma asediado por el Cazador Divino que experimenta éxtasis y fantasía de vuelo, el impulso erótico y la articulación del deseo acompañan a cada uno de los gráficos que ganan en intensidad a medida que se suceden.

Dos iconos se repiten: el corazón y la cruz, símbolos cargados de tradición de los que tratará con detalle en el capítulo siguiente, pero que aquí se exponen con toda la fuerza de su visualidad barroca, el ojo recibe un golpe, una punzada, primero ve y luego lee, pues escuetas frases acompañan a los dibujos "merced de heridas que recibí de Dios", "aquí descansó Jesús abrasándome el corazón", "aquí padece el alma una impaciencia santa", "corazón del divino amor aquí escribe fuera de sí". La cruz está siempre encima del corazón, como algo que se impone, que aplasta. En ocasiones el corazón atravesado sangra, clavos o espadas lo taladran, otras veces son espinas las que se encargan de su tortura.

---

repetidas beses alternándose gran padecer i muy esquisitos crisoles. Como en varias ocasiones tengo escrito para gloria de Dios i confusión del infierno, para consuelo de muchas almas por mandato de Dios.

Al igual que en el caso de las *vidas* las Mercedes se trazan a petición del confesor, el esquema vital de padecimiento y gracia (enfermedad, dolor, calumnia para el ser místico) es también el arquetípico tanto en la hagiografía como en las *vidas* de monjas. Por eso, sería esperable que los "quadernos" a los que la glosa hace alusión, y de los que no se tiene noticia, poseyeran una factura en todo similar a las de los escritos conventuales. La glosa que acompañada a las dieciséis mercedes permite intuir algo del contenido que debieron reunir esos cuadernos.

Pero si la escritura mística puede parecer a ojos del profano una locura del lenguaje, una retahíla ininteligible de hermetismo cultural, el trabajo icónico de Rosa de Lima llega a cualquier ojo. La visión que plantea duele, desgarra, pero no repugna. La metáfora visual logra despertar la sensación para la que se propone.

Los hológrafos anticipan el collage, el caligrama y la poesía visual de la literatura contemporánea y exhiben la sensibilidad barroca de salvaje iconografía, su lenguaje es espectacular, su efecto teatral, ellas son el emblema de una espiritualidad y un decir femeninos que recorren caminos tortuosos, inevitablemente vinculados con los instrumentos de la Pasión. Por ello podrían ser pensados como una traducción de los *Afectos Espirituales*, la fuerza plástica de la palabra de la Madre Castillo llevada al lienzo. Imagen unida a la letra como flujo indisociado, el haz y el envés de una misma hoja. Las *vidas* de las monjas coloniales proceden de la sutil sutura de una pluralidad de ritmos, de lenguajes.

4.5. INTERTEXTOS (I)

Tres *vidas* sometidas a tensión: autoridad/individuo, cuerpo/espíritu, ortodoxia/misticismo, ser/parecer, cultura española/cultura criolla, tres *vidas* que habitan en el disloque, que activan un discurso polifónico, de dobles juegos de voces y de escrituras, de complejas texturas barrocas, de distintas y controvertidas matices que convergen en la construcción de un retrato. Las *vidas* de la Madre Castillo, Úrsula Suárez y María de San José, retoman el legado de la particular galería de figuras aquí presentada, para releerlo y rescribirlo en su propio seno.

Contemporánea de Sor Juana Inés de la Cruz, agustina recoleta en el convento de Nuestra Señora de la Soledad (Oaxaca), la mexicana María de San José (1656-1719) escribió más de doce tomos autobiográficos a instancias de sus confesores. De éstos sólo el primero ha recibido una edición moderna completa[186], mientras que del resto sólo existe una antología en inglés[187]. En ese primer tomo María cuenta su vida seglar (1656-1687) y su dura lucha hasta conseguir ser admitida como religiosa, junto con sus primeras experiencias místicas. El texto supondrá una particular venganza hacia el obispo Fernández de Santa Cruz, principal opositor a la entrada de María de San José en el convento. En los tomos siguientes relatará su vida conventual y la evolución de su misticismo.

Años después, Úrsula Suárez, monja chilena que vivió entre 1666 y 1749, escribe el texto que se conoce como *Relación autobiográfica*[188], que apunta nuevas direcciones en el espectro de reflexión de este ensayo. Desde los 12 años Úrsula habitará en el monasterio de las clarisas de Santiago de Chile, obligada por sus confesores inició la redacción de su vida con sus 33 años, pero su primer manuscrito fue al parecer destruido. Así, con 42 años emprende la segunda redacción a la que dedicará cinco lustros (entre 1708 y 1732 aproximadamente), la vida recreada es la de una mística, aunque de peculiar carácter.

Junto a éstas, Francisca Josefa de la Concepción del Castillo (Nueva Granada 1672-1741), más conocida como "Madre Castillo", es de las tres autoras presentadas en este capítulo aquella más conocida por sus experiencias místicas, y cuya obra ha

---

186 Me refiero a MYERS, K.: *Word from New Spain. The Spiritual Autobiography of Madre María de San José (1656-1719)*, Liverpool: Liverpool University Press, 1993.

187 MYERS, K. y POWELL, A. (eds. and trans.): *A wild country out in the garden: the spiritual journal of a colonial mexivan nun*, Bloomington: Indiana University Press, 2000.

188 La elección de este título por parte de un editor moderno incurre con el calificativo "autobiográfica" en la indistinción vida-autobiografía que este ensayo trata de releer.

alcanzado, además, una mayor difusión[189] a lo largo de la historia. Franciscana en el convento de Santa Clara de Tunja en Colombia, carmelita de vocación, tuvo en todo momento muy presente en su escritura la referencia de Santa Teresa, quien la inspira tanto para la redacción de su *Vida*[190] como de los *Afectos Espirituales*. Ambas obras, de carácter autobiográfico y de contenido místico, componen un "yo" desgarrado y complejo, de múltiples planos, que supera en registros al de las narraciones anteriores.

Hasta aquí nos encontramos con tres mujeres que toman la pluma por mandato confesional y que justifican su escritura presentándose como místicas. De esta forma, el modelo que reproducen es el de la *imitatio Christi*, trabado sobre la episódica narrativa de las *vitae* y el esquema de la Pasión, que pone en escena un cuerpo que sufre por Dios. Pero si al análisis de estas tres *vidas* está dedicado el capítulo siguiente, me gustaría anticipar aquí cómo las figuras de Agustín de Hipona, Catalina de Siena, Ignacio de Loyola, los santos carmelitas, y Rosa de Lima habrán de configurar su entramado intertextual y cultural; ya que, debe tenerse muy en cuenta, que los textos coloniales no sólo leen los "escritos de", sino el conjunto de una figura, en tanto encrucijada intertextual: de los textos de un autor (santo), de las lecturas que se han hecho de ellos dentro y fuera

---

189 Kristine Ibsen (*Women´s Spiritual Autobiography in Colonial Spanish America,* Ganesville: University Press of Florida, 1999, pág. 53) ha afirmado:

> Nonetheless, a one of the few women whose autobiographical writing were published before this century, Sor Francisca Josefa de la Concepción, or "Madre Castillo" as she is commonly know, has the distinction of being the only woman studied here to appear in mainstream literary anthologies and texts-books.

190 Existe una edición de las *Obras Completas* de Francisca Josefa de la Concepción del Castillo, presentada por Achury Valenzuela en Bogotá: Biblioteca Luis Ángel Arango, 1968. Única que reúne al completo los *Afectos,* a diferencia de la *Vida,* que sí cuenta condiversas ediciones, todas ellas han sido recogidas en la bibliografía final.

de la Iglesia, de su leyenda, del relato popular, de los retratos y lienzos en que se recrea a esa figura, etc... El diseño de esta galería ha tratado de dar cuenta de ello, del conjunto de informaciones con el que se encontrarían las *vidas*. Ahora me propongo analizar cómo esas *vidas* afirman, niegan, transforman, ese entramado intertextual, el lugar que cada uno de los textos analizados va a ocupar en el diseño de una tradición, pero también en el seno de otro texto concreto. Aquí se anticipa sólo un programa global que en páginas posteriores se concretará con ejemplos pormenorizados.

Agustín de Hipona cuenta con el valor de ser el pionero, de haber diseñado un umbral de partida, que se reproduce en su hilado fundamental, cuando se habla de "vida de las gracias de Dios en un alma", no estamos tan lejos del modelo general de las *Confesiones*. Pese a ello, su relato se encuentra todavía muy distante del esquema específico de la *vida conventual*, aunque aporta a ésta un elemento decisivo: el esbozo de una tecnología corporal que cifra en el control del cuerpo y de los sentidos el itinerario que permite llegar a Dios; pero también la apertura del cerco del cuerpo, de su dimensión carcelaria, a través de una sensorialidad doble que permite trascender límites y alcanzar una visión de más allá. Es decir, el diseño de un cuerpo y de un texto montados sobre la dicotomía alma/cuerpo.

Como *gramma escritural* las *vidas* afirman la estructura de "vida de gracia", el gesto de un "yo" que habla por decisión divina, y recogen también la cartografía de la tecnología corporal que diseña una disposición de la escritura, pero niegan el resto de los elementos destacados del texto, de la figura-texto; ya que su dimensión filosófica queda anulada y con ella los detalles de *dispositio* del relato; al tiempo que sus principales núcleos argumentales. La aportación de Agustín de Hipona y de las *Confesiones* es la de un marco de actuación.

Catalina de Siena se convierte en figura fundamental para el diseño de una mística femenina, ella dibuja un cuerpo de mujer místico, que pasa a ser el principal de los lenguajes de la *vida*. Cuerpo andrógino, anoréxico, sin adorno ninguno, que parte del trazado agustiniano para completarlo hasta el detalle obsesivo, legado, asimismo, de un lenguaje de la abyección, de una herencia diseñada, donde el saber sobre un hacer y un decir del cuerpo pasa siempre de mujer a mujer. Ella inaugura el mapa de una espiritualidad femenina, que las *vidas* recogen y adoptan, aunque la insertan en otra estructura narrativa, puesto que Catalina jamás escribe una *vida*, ni habla de forma directa del problema que aquí me interesa, su herencia exige un ejercicio de recomposición. Asimismo, también configura un modo de diálogo entre el alma y Dios, cuya estructura y tonos van a afirmarse y aprehenderse. Sin embargo, la dimensión política de su legado será completamente negada. Tampoco debe olvidarse que, como en el caso de Agustín, estamos hablando de una figura-texto, que posiblemente sería leída desde sus retratos y su leyenda, desde las biografías que de ella se escribieron, más que desde la indagación directa en el *Epistolario* y los *Diálogos*. Mi exposición anterior ha tratado de moverse dentro de estas coordenadas.

Junto a estas dos figuras, Ignacio de Loyola se aproxima cronológicamente al relato de las *vidas,* y da una vuelta de tuerca a la tecnología agustiniana para disciplinar hasta el más exhaustivo detalle la relación alma/cuerpo. Ignacio, como fundador de la Compañía, introduce en la Iglesia una nueva forma de enfrentar la espiritualidad, un nuevo lenguaje. Por eso éste ha sido caracterizado como logoteta, que llegará a las monjas coloniales a través de la presencia que los jesuitas, en tanto sacerdotes y confesores, tendrán en el Nuevo Mundo.

La herencia de Ignacio es la de una posición de escritura, que habla de una ficción de trasparencia: que al confesor no se le escape nada; pero también de un borrado de la singularidad a favor de la humildad. La espiritualidad reconvertida en praxis está al alcance de todos los fieles. La gracia es cuestión de práctica y por sí misma no sirve para justificar la escritura femenina. De ahí, la obsesión de la monja por ceñirse al modelo, pero también la necesidad de que el confesor juzgue la valía de sus escritos. Las *vidas* afirman esta posición, pero niegan el modelo de contención que la acompaña. Primero por ser textos de un salvajismo barroco, segundo porque necesitan decir su singularidad en el entrelineado del modelo, aflojar el corsé del diseño ignaciano. Pero hay más, pues si en el capítulo siguiente hablaré de una puesta en escena de cuerpos, ésta se aprende de los jesuitas, maestros de la teatralidad y del simulacro.

Teresa de Jesús, figura coetánea a María de San José, Úrsula Suárez y la Madre Castillo, lee y afirma los modelos anteriores, de la manera aquí presentada, para releerlos dentro de una propuesta personal, que es, ante todo, la de una nueva forma de mística, que se aleja de la praxis para hablar de una experiencia, experiencia de amor donado, y que articula una nueva posición-mujer, mujer activa, fundadora, crítica, que rescata y reafirma la dimensión política que esgrimía Catalina de Siena. Las monjas coloniales afirmarán parcialmente esa nueva forma de entender la relación mística, pues no olvidan el corsé ignaciano, aunque utilicen la enseñanza de Teresa para perforarlo, éste también les impide singularizarse. La espontaneidad y el deseo total que caracterizan la fusión mística de Teresa, para abismarse en un "más allá del lenguaje", serán reconducidas por el modelo ignaciano hacia el comedimiento de una tecnología, que nace del encuentro de la tecnología del yo con la tecnología de poder, que se mueve en el espacio de una gramática, frente a la no-gramática o ante-gramática con la que se expresa Teresa de Jesús.

De la misma manera, se produce también la negación de una posibilidad de acción política, "parecerse a Teresa" es un voto únicamente espiritual. Sus textos también afirman el diseño de un lenguaje de amor y de metáfora aprendido en el *Libro de la vida* y a través de la gran poesía carmelita. La vida conventual femenina tiene en el *Libro* su principal punto de referencia; pero, paradójicamente, se encuentra más próxima al relato de Ana de San Bartolomé, cuyo elemento más destacado es el de ser "epígona de", relato con el que las *vidas* van a compartir la casi totalidad de grammas escriturales. La *dispositio* y la episódica de las cinco *vidas* sí es coincidente[191].

Y en ese "casi": por una parte la negación doctrinal carmelita, pero también el componente específicamente americano, que en este caso suministra Rosa de Lima, imitadora de Catalina de Siena, pero original en su manera de plasmar los diálogos entre el alma y Dios; pues su texto se tiñe de un barroquismo y un poder visual desaforado que sólo se encuentra en los relatos hispanoamericanos. Además, ella también introduce el elemento tradicional, indígena o criollo, que como pequeña muestra de otro mundo irrumpe en unos textos, que por su carácter imitador tienden a borrar su propia singularidad americana. Úrsula Suárez, la Madre Castillo y María de San José afirmarán la marca de especificidad hispanoamericana y utilizarán un mismo lenguaje barroco.

Desde aquí, será posible percibir cómo Agustín de Hipona e Ignacio de Loyola suministran un modelo corporal pautado y puntuado por la razón, la misma experiencia mística requiere de la ejecución de diversas operaciones, mientras Catalina de Siena, Teresa de Jesús o Rosa de Lima muestran un cuerpo desbordado, incontrolable y dominado por un experimentar que escapa a todo control. En el entrecruzamiento de estos dos modelos aparentemente antagónicos habrán de resolverse las *vidas*.

Por ello, debe entenderse esta galería de figuras como una polifonía, de voces y referencias cruzadas, que se iluminan unas a otras, afirmándose y negándose en la escritura, al modo apuntado por Kristeva. Las *vidas* van a revelarse como un complejo entramado, donde al trabajo sobre los textos apunta-

---

191 El esquema de las *vidas* coincide con el tradicional apuntado para las *vitae:* nacimiento en el seno de una familia de gran virtud, infancia marcada por la lectura de obras devotas, gracias místicas a edad temprana, deseo infantil de ingreso en el convento con oposición familiar etc...

dos se suma la respuesta a la tradición hagiográfica, que se afirma en sus elementos estructurales, pero se niega en el esquema de tercera persona y en su dimensión milagrosa y áurea. Asimismo, la *Biblia* configura de forma determinante el intertexto de las *vidas*, especialmente con el relato de la Pasión, pero también en gran medida con el *Cantar de los Cantares.* El próximo capítulo ayudará a conocer mejor el modo en el que lo afirmado en este apartado tiene lugar en los textos tomados como *corpus*.

V. CUERPOS PUESTOS EN ESCENA. HACIA UNA RETÓRICA FEMENINA DE LA CORPORALIDAD

Debo tener un cuerpo, es una necesidad moral, una exigencia. Y, en primer lugar, debo tener un cuerpo porque hay algo oscuro en mí.
G. Deleuze, *El pliegue.*

El afecto llega a un cuerpo cuya peculiaridad consiste en habitar el lenguaje.
Jacques Lacan, *Psicoanálisis. Radiofonía y Televisión.*

5.1. PUESTA EN ESCENA BARROCA

Todo lo que es profundo ama el disfraz... Todo espíritu profundo tiene necesidad de una máscara.
Nietzsche, *Ecce Homo.*

En el Renacimiento lo falso nace con lo natural: miembros artificiales, interiores de estuco, grandes montajes teatrales. El teatro se apodera progresivamente de la vida y de la arquitectura, su triunfo se extrema en la apoteosis barroca. Jean Baudrillard en *El intercambio simbólico y la muerte*[192] sitúa el nacimiento de la "falsificación"[193], primero de los órdenes del simulacro, en el comienzo del Renacimiento, momento en que el orden feudal va a ser sustituido por el orden burgués, instante

---

192 Caracas: Monte Ávila, 1980.

193 Tres son para Baudrillard los órdenes de simulacros: la *falsificación*, esquema dominante de la "época clásica" (del Renacimiento a la revolución industrial), la *producción*, esquema dominante de la era industrial, la *simulación*, propio de la era actual.

en el que se produce el tránsito del "signo obligado" al "signo arbitrario":

> Con el tránsito de los valores/signos de prestigio de una clase a otra, entramos necesariamente en la *falsificación*. Porque de un orden limitado de signos, en el que una prohibición condena la producción "libre", se pasa a la proliferación de los signos de acuerdo con la demanda. Pero el signo multiplicado ya nada tiene que ver con el signo obligado de difusión restringida: es su falsificación, no por desnaturalización de un "original", sino por extensión de un original cuya claridad se debía a la restricción que lo marcaba[194].

De este modo, el arte barroco cifra la "metafísica de la falsificación", pues el hombre persigue una "demiurgia mundana", donde toda naturaleza se metamorfosee en sustancia única, teatral, "como socialidad unificada bajo el signo de los valores burgueses, más allá de las diferencias de sangre, de rango o de casta"[195]. Con el arte del estuco triunfa la democracia de la moda y la apoteosis del teatro que permiten al hombre nuevo hacer de todo: combinaciones inauditas, juegos de intercambios.

Pero los simulacros no son sólo juegos de signos, sino también relaciones sociales y relaciones de poder. El barroco está ligado a la empresa de la Contrarreforma y a la hegemonía política y mental que trataron de instaurar los jesuitas:

> Hay una estrecha relación entre la obediencia mental de los jesuitas (*perince ac cadaver)* y la ambición demiúrgica de exorcizar la sustancia natural de las cosas para sustituirlas por una sustancia de síntesis: Al igual que el hombre sometido a la organización, las cosas adquieren la funcionalidad ideal del cadáver. Toda la tecnología, toda la tecnocracia están ya ahí: presunción de una falsificación ideal del mundo, que se expresa en la invención de una sustancia universal, y de una combinatoria universal de las sustancias. Reunificar el mundo desunido en una doctrina homogénea, universalizar el mundo bajo una sola palabra,

---

194 ibid: 60.
195 ibid: 60.

> constituir una élite política *de Estado,* con una misma estrategia centralizada; tales son los objetivos de los jesuitas[196].

Así, la poética del barroco discurre de forma paralela a su política, reedita el mismo proyecto de control y de hegemonía universales. El arte barroco persigue la emoción sensorial, la búsqueda de una realidad viva, que impresione por su cariz milagroso, que se sienta próxima, corpórea, tangible, que se incorpore al mundo del espectador, al tiempo que lo arrastra hacia el suyo, que rompa las barreras que los separan. Por eso el barroco es una *práctica de lo inacabado,* donde el público receptor debe poner de su parte, donde la pausa o el silencio precipitan la lectura.

La tradición ascético-mística de los escritores inmediatamente anteriores a la gran literatura barroca anticipaba ya la intensificación y el desbordamiento emocional por venir. Esto mismo se percibe en los libros de meditación, de oratoria sagrada o de práctica de vida espiritual, que construyen un lector-testigo del Juicio Final, la Pasión o el dolor de María[197], mientras los ejercicios de predicación se convierten en una compleja puesta en escena que aúna declamación e imagen. Cuando la Madre Castillo introduzca en su relato la poderosa imaginería de la visión o de la aparición diabólica, narrada con esmero plástico, no estará haciendo más que trasladar a su texto una práctica de su tiempo, buscará sorprender y cautivar al lector, con mecanismos similares a los que utilizaba el predicador. Desde aquí, *El gran teatro del mundo* de Calderón se presenta como una doble alegoría. La de la vida concebida como comedia y la del mundo como escena donde se desarrolla, pero también la del teatro como poderoso símbolo de una

---

196 ibid: 61.

197 OROZCO, E.: *El teatro y la teatralidad del barroco,* Barcelona: Planeta, 1969, págs. 146-147.

concepción del mundo ascético-cristiana que quiere volverse totalitaria.

Además, si la sociedad se impregna de un sentido teatral, también las artes se teatralizan, y con ellas el propio teatro. Y esto en un doble sentido: por medio de la exaltación y el desbordamiento de los propios recursos, que se extreman y recargan hasta romper y potencializar todos los límites espaciales, pero también gracias a la introducción del teatro dentro del teatro, pues éste ha pasado a confundirse absolutamente con la vida. De este modo, el espectador se encontrará atrapado en un juego de cajas chinas que cautivan su emoción, pero como "el buen cristiano" deberá ser consciente de lo efímero de su mirada, de la futileza y del engaño de una vida en tránsito. En el interior del hombre se despierta una advertencia, aquello que sucede en escena no es verdad, sino sólo apariencia. Por eso el lema calderoniano: *obrad bien que Dios es Dios*.

Dirá Mario Cesareo[198] que las nuevas condiciones geográficas, ideológicas e institucionales que trajo consigo el orden colonial habrían de provocar un extrañamiento social que acentuaría la transformación de la cotidianidad en espectáculo: "La espectacularidad es, desde esta perspectiva, la conciencia del valor teatral, semiótico, que las transacciones sociales adquieren en el seno de lo comunitario"[199].

Si el barroco americano perseguía un orden unitario, capaz de plasmar institucionalmente la utopía cristiana del paraíso terrenal, es el menú corporal del misionero y el cambio institucional que esta praxis representa, uno de los ejemplos más significativos de ese "orden de la falsificación" del que hablaba Baudrillard. La salida del claustro y el encuentro con

---

[198] CESAREO, M.: "Menú y emplazamiento de la corporalidad barroca" en MORAÑA, M.: *Relecturas del barroco de Indias*, Hanover: Ediciones del Norte, 1994.

[199] ibid: 193.

el "otro" en la misión representan una apertura hacia nuevos órdenes de intercambio, basados en la búsqueda de esa "sustancia de síntesis", que el cristianismo encuentra en su misterio crucial: la encarnación, que el cuerpo-religioso rememora. En la misión la corporalidad se presenta como:

> Un espacio simbólico y práctico fundamental, en tanto el cuerpo es capaz de contener y salvar, simultáneamente, las tensiones entre la realidad mercantilista y los proyectos utópicos de habitación colonial. El cuerpo ha de ser, por lo tanto, un momento privilegiado de consecución de lo barroco[200].

El mayor misterio del cristianismo es la encarnación, Dios hecho hombre en la figura de Cristo. El Espíritu Santo toma carne con un gesto de gran dramatismo que la Eucaristía escenifica con poderosa teatralidad. No en vano todo actor "encarna un papel". Por eso el cuerpo místico, atravesado por la razón de la *imitatio Christi,* se convierte en el receptáculo privilegiado de los simulacros y de su política de intercambios. El cuerpo misionero vive la hiperbolización de la lógica del cristianismo y del misterio de la encarnación. Junto a él los cuerpos místicos desatarán una lógica del escándalo, en tanto cautivan una mirada que se prenda de su esplendor y de su miseria.

Si el misionero ha de aprender a buscar a Dios en el otro, por muy miserable que éste sea, ha de convertirse en uno con el esclavo, el místico será elegido por Dios pese a su miseria, dando lugar a un encuentro con lo Uno. Tanto en uno como en otro caso se produce una transformación basada en la mimesis, *hacerse otro* a través de la com-pasión, para lograr a cambio el bien de la salvación. Sólo que, en el primer caso, son más y más almas las que deberán salvarse, lógica acumulativa, mientras en el segundo es una sola alma, eso sí, tocada de especial gracia, aquella que entra en el intercambio, lógica de la excepción.

---

200 ibid: 194.

La profesión religiosa escenifica este mismo intercambio: un cuerpo de mujer es sustituido por un cuerpo de virgen consagrada, cuerpo andrógino sin mayor valor, o con todo el valor, de llevar prendida un alma. La transacción evidencia una relación de poder: una alteridad amenazante será asimilada, se descarna para reencarnar. El mismo simulacro tendrá su correlato en la negociación de la escritura, orden del simulacro barroco, pues cuando la mujer recibe la hoja y la pluma está asistiendo a la misma clausura que cuando recibe el velo, si puede escribir es porque ha aceptado dejar de ser mujer para ser monja.

Sin embargo, si las *vidas* de las monjas coloniales se presentan, ante todo, como el relato de una encarnación nacida de la imitación, su lectura atenta demuestra que una vez desatado el juego de los simulacros la partida puede prolongarse *ad infinitum*. Muchas veces una acto de poder se encuentra con otro de contrapoder. Cuando la monja intercambie su condición-mujer por su condición-mística habrá ganado y perdido, el cuerpo ha sido intercambiado por el lenguaje del cuerpo, de la luz y del sueño. La lógica del escándalo puede llegar a ser escandalosamente femenina y tremendamente peligrosa. El simulacro se revela como una infinita secuencia de transferencias.

De simulacros y transferencias, de debes y haberes en la cuenta de un deseo, de un lenguaje otro que es otro lenguaje hablará este capítulo. Los cuerpos de María de San José, Úrsula Suárez y la Madre Castillo serán puestos en escena durante el relato de la vida, el papel que encarnan: el de la *imitatio Christi*, y, entre sus resquicios, improvisaciones de lenguaje y de deseo.

5.2. DEL CUERPO DE MUJER COMO LENGUAJE

Escríbete: es necesario que tu cuerpo se deje oír.
Hélène Cixous: "La joven nacida".

> *¿Qué es amar para una mujer? Lo mismo que escribir. Risa. Imposible. Flash de un innombrable, tejidos de abstracciones que hay que desgarrar. Que un cuerpo se aventure finalmente fuera de su refugio, se arriesgue en sentidos so capa de palabras.*
>
> Julia Kristeva, *Historias de amor.*

Reina Roffé en "Itinerario de una escritura. ¿Desde dónde escribimos las mujeres?"[201] reconoce buscar en su escritura una voz propia más allá de cualquier teoría, pues desea: "encontrar una voz alternativa con la cual enunciar una versión autónoma del cuerpo. Voz mujer que se convierta en sujeto activo"[202]. Mientras, Hélène Cixous exhorta a la mujer a escribir su cuerpo, Julia Kristeva entiende la escritura como la "aventura de un cuerpo que abandona un refugio para mezclarse con la palabra".

De esta manera, desde el cuerpo es posible acceder a una semiótica que articule la expresividad de las mujeres fuera del influjo del Logos de occidente, que acabe con las demarcaciones. Se trata del lenguaje de lágrimas y de leche que Kristeva descubre en el mito de "Stabat mater"[203], de la *chora*, del primigenio lenguaje similar al vagido del bebé que perseguían las místicas francesas medievales; pero también la nueva escritura crítica de Irigaray, Kristeva a Cixous, que habla de una Voz[204] que es "canto anterior a la ley, antes de que el aliento fuera cortado por lo simbólico, reapropiado en el lenguaje bajo

---

201 MATTALÍA, Sonia y ALEZA, Milagros (eds.): *Mujeres: escrituras y lenguajes*, Valencia: Departamento de Filología Española-Facultad de Filología Universidad de Valencia, 1995.

202 ibid.: 15.

203 Recuérdese las referencias a este respecto contenidas en el apartado "Primera clausura la virginidad".

204 Sobre la conexión de la Voz con el mito de la Escena Original puede leerse ROSSOLOTA, G.: *Ensayos sobre lo simbólico*, Barcelona: Anagrama, 1974. Una relectura de este mismo texto en conexión con la literatura de mujeres se encuentra en MATTALÍA, S.: "El esplendor de las voces" en TOVAR, P. (ed.): *Narrativa y Poesía en Hispanoamérica (1964-1994)*, Lleida: Universitat de Lleida-AEELH, 1996.

la autoridad que separa"[205], y que debe mucho a la teoría crítica deconstructiva.

Por este motivo, puede decirse que "cuerpo y escritura de mujer" constituyen un binomio no sólo activo en épocas pasadas, o adscrito a una tradición literaria específica, como puede ser la de la escritura conventual; sino que, se ha convertido en uno de los núcleos fundamentales de reflexión de los distintos feminismos; al tiempo que, el problema del cuerpo, en sus diversas variantes, además de su vinculación con la escritura de mujeres, ha sido uno de los ejes centrales de la llamada teoría y filosofía "postestructuralista".

Relata Susan Gubar cómo en aquellos momentos de la historia en que la mujer careció de acceso a los sistemas de representación, a la palabra escrita, ésta utilizó su cuerpo como superficie artística, ella misma se mostró como objeto-arte[206].

Catalina de Siena dona a sus sucesoras su cuerpo y su palabra, mejor su cuerpo-palabra, y apunta una reescritura que hace emerger el cuerpo en el más allá, la corporalidad se articula como elemento de salvación. Cuando mujer y misterio se encuentren nacerá un nuevo lenguaje. El *Libro de la vida* de Teresa de Jesús ejemplificaba y legitimaba la experiencia de este lenguaje, que alcanza aquí su máximo grado de expresividad.

---

[205] ibid: 56.

[206] GUBAR, S.: "La página en blanco" en FE. M.: *Otramente: lectura y escritura feministas,* México: FCE, 1999, págs. 175-203. En este artículo Gubar trata de responder a la metáfora de la pluma-pene que escribe sobre la página virgen, a la mitología de un autor-hombre siempre primario y a la de una mujer como su creación pasiva. Para ello analizará el cuento de Isak Dinisen "La página en blanco", como punto de partida que ayude a ilustrar cómo la imagen que tiene la mujer de sí misma, en tanto texto y artefacto, ha afectado a sus actitudes frente a su corporalidad, y cómo estas actitudes a su vez dan forma a las metáforas por medio de las que imagina su creatividad.

Los relatos de vida de las monjas coloniales están recorridos por una polimorfa retórica de la corporalidad, trabada sobre una herencia que se malea. Pensar la herencia, pensar el cuerpo, es un gesto indispensable si queremos aprehender y comprender el sentido de estos textos. Por eso deseo abordar ahora la triple relación mujer-cuerpo-mística de la que he adelantado abundantes datos, relación que aquí se significa en un juego de trazos de valor mítico.

5.2.1. Mujeres que quieren imitar a Cristo

> *Quiero ser crucificada. Y Él me dejó sus clavos.*
> *Diario,* Teresa de los Andes.

La misoginia grecolatina, heredada por los primeros padres, convierte a la mujer en el signo de la debilidad, la sensualidad y la carne, y la inhabilita para el ejercicio del ministerio. Pese a ello, ésta no se conformará con ser un miembro nominal y dócil dentro de una institución que pone a su servicio guías o maestros, sino que se revelará como fiel de especial fervor, como fundadora de movimientos e igualmente como maestra. Teresa de Liseux así lo percibe y consigna, aunque para encontrarnos con una afirmación de estas características en un relato de mujer habrá que esperar hasta principios del siglo XX:

> Todavía no puedo comprender por qué en Italia se excomulga tan fácilmente a las mujeres. A cada paso nos decían: "¡No entréis aquí... No entréis allá, que quedaréis excomulgadas...! ¡Pobres mujeres! ¡Qué despreciadas son...! ... él permite que su desprecio sea su lote en la tierra, ya que lo escogió también para sí mismo... En el cielo demostrará claramente que sus pensamientos no son los de los hombres, pues entonces las *últimas* serán las *primeras*[207].

207 DE LISEUX, T.: *Historia de un alma,* Burgos: Monte Carmelo, 2003, pág. 172.

Será este desajuste entre permisividad y deseo aquel que provea al imaginario del mundo católico de una serie de modelos dispuestos a conciliarlo. La *femina virilis* o virago y la mujer imitadora de Cristo son dos de estos modelos, siempre trazados sobre el trasfondo de otra figura ideal: la virgen.

Por esto, pese a que las dicotomías y las fronteras entre sexos recorren la historia de occidente, siempre existe la posibilidad de apuntar rupturas, de activar cruces genéricos, que, aunque sean vistos como extremadamente peligrosos, contarán con el poder de lo excitante. El Cuerpo de Cristo es representado como un cuerpo de mujer en los devocionarios de la Edad Media, *ecclesia* es una personificación femenina[208]. Así, tanto los hombres como las mujeres místicas llaman a Jesús "madre", en tanto figura nutricia que alimenta eucarísticamente a los cristianos con el líquido destilado de su pecho, con la sangre derramada en la cruz, las metáforas de acercamiento místico también se tiñen de motivos maternales: "Como el niño hambriento y falto de razón, que nada le puede consolar no hacer callar, fuera del pecho de su madre, así aquel impulso no daba lugar ni al temor ni a la espera" (MC, 100). Serán estas extensiones metafóricas las que permiten a la mujer llegar a la *imitatio Christi*, pese a su "inferioridad corporal" y a su "incapacidad para el sacerdocio", puesto que sus carnes pueden hacer aquello mismo que Cristo: sangrar, nutrir, morir y dar la

---

[208] Grínor Rojo (*Dirán que está el la gloria... Gabriela Mistral*, Chile: FCE, 1997, pág. 196) recoge el siguiente testimonio de Rosemary Radford Ruether (*Sexism and God-Talk. Toward a Feminist Theology,* Boston: Beacon Press, 1983, pág. 127):

> Aun cuando las cristologías masculinistas se convirtieron en la tradición dominante, a la Cristiandad nunca le han faltado las perspectivas de minoría y alternativas. Dos líneas de tradición algo diferentes se desenvuelven en la historia cristiana de modo paralelo: las "cristologías andróginas" y las "cristologías del espíritu". Las cristologías andróginas ven a Cristo como el representante de la nueva humanidad que unifica al hombre y la mujer. La raíz de estas cristologías se encuentra en la afirmación cristiana básica de que Cristo redime a la naturaleza humana en su conjunto, masculina y femenina.

vida por los demás; pero esta imitación requiere del seguimiento del modelo específico.

El modelo de la virago deriva de la lectura literal de un pasaje bíblico, *Gálatas* 3, 26-28, donde se dice:

> Porque todos sois hijos de Dios por la fe en Cristo Jesús; pues los que habéis sido bautizados en Cristo os habéis revestido de Cristo. No hay judío ni griego, no hay esclavo ni libre, *no hay hombre ni mujer*, pues todos vosotros sois uno en Cristo Jesús.

Desde aquí, el bautismo se presenta como el sacramento que borra las marcas de sexo, raza y clase y que invita a adoptar un estado angélico, donde el cuerpo se clausura y el pensamiento sólo tiene espacio para Dios: "Porque en la resurrección ni los hombres ni las mujeres se casarán, sino que serán como ángeles del cielo" (*Mateo*, 20, 30). La virago es un hombre honorario, que ha borrado cualquier posible "defecto de mujer" y aspira al unisex ideal[209].

La monja consagrada es potencialmente virago y factualmente virgen. En la tradición cartuja se dice que durante el proceso de crecimiento interior el alma femenina (anima) se transforma gradualmente en masculina, mente o espíritu, (animus). Asimismo, para tratadistas, moralistas o literatos[210] la virginidad era considerada el estado perfecto para la mujer, puesto que evita y clausura su máxima tacha: la voluptuosidad

---

209 La representación extrema del modelo "virago" es la de la mujer que disfrazada de hombre decide empuñar la espada en defensa de la Iglesia, su icono máximo lo constituye Juana de Arco. Sobre este modelo es posible encontrar distintas variaciones, algunas de sumo interés como la de Catalina de Erauso. A este respecto puede consultarse mi libro *Discursos cautivos: vida, escritura, convento* recogido en la bibliografía final.

210 Ya los primeros padres de la Iglesia escribieron tratados en relación a este tema: *Sobre el vestido de las vírgenes* de Cipriano, *Instrucciones para una virgen* de Ambrosio o *Sobre el disimulo de las vírgenes* de Tertuliano son algunos ejemplos.

y la lujuria. La castidad convertirá en ángel, en género neutro, hombres y mujeres serán iguales una vez hayan entrado en religión[211].

Sin embargo, la virginidad vinculaba a la mujer especialmente con la figura de María, la madre-virgen, ideal imposible de alcanzar. Los tratadistas medievales insistieron en la inversión Eva-Ave, de la mujer maldita a la mujer divina, del nacimiento de la humanidad al pecado al nacimiento de la humanidad para la redención.

El *Fiat* de María representa la unión suprema del hombre libre con los planes de Dios e inaugura todo una tradición de esposas-novias de Cristo decididas a compartir su dolor. El modelo de la imitadora de Cristo recibe reminiscencias de este desposorio, la mujer que imita a Cristo es otro Cristo, pero también una esposa dispuesta a participar de su ideario vital, pareja de iguales.

Pero no será hasta que la mujer santa se presente como mediadora o corredentora, cuando los ideales de *imitatio Marianae* e *imitatio Christi* lleguen a encontrarse. La mayoría de las monjas místicas coloniales son visionarias, que con su especial poder contemplan a los muertos y son capaces de

---

211 Tanto hombres como mujeres hacían los mismos votos al entrar en religión, en teoría este nuevo estado los igualaba y convertía en una misma naturaleza angélica que borraba cualquier marca de sexo. Como consecuencia lógica, los tratados y normativas religiosas deberían haberse dirigido por igual a ambos sexos y sus escritores deberían haber sido indistintamente hombres o mujeres. Sin embargo, sólo excepcionalmente las mujeres accederían a la escritura de este tipo de documentos, mientras continuamente los tratadistas varones introducían en sus escritos cláusulas especiales destinadas a ellas, dada su mayor "debilidad" en multiplicidad de asuntos. Asimismo, cuando la mujer escriba, los temas tratados serán diferentes a los de los varones: pues el género se presentará como un asunto explícito, de repercusión directa en la vida de la comunidad, al tiempo que, el tratamiento de la castidad se abordará de manera diferente.

atender a su demanda de interceder por ellos: "tuve por sueño ver a los pies de mi cama a mi padre muerto, amortajado con hábito y los ojos bajos: que aunque tenía la capilla calada, bien le veía la cara" (US,20). Oraciones y lágrimas, de aquellas que recibieron el don de lágrimas, ayudan en el proceso de intercesión. La tarea de mediadora ante el cielo siempre fue atribuida a la Virgen María. La siguiente visión es también relatada por Úrsula Suárez:

> Estando una noche en recogimiento, no sé si lo tengo escrito esto, tuve grandísimo deseo de que todos se salvasen, y para esto empeñaba todo el cielo y en especial a la Madre de misericordia y piedad, que como madre de los pecadores pidiese por ellos y ofreciese al Padre Eterno sus méritos y los de su Hijo preciosísimo... Parecióme que cuando desía esto veí el cielo abierto y como trono en medio, cubierto con velo; no veía resplandores divinos ni sé decirlo; distinguía había personajes y también sentía se movían; al lado derecho deste trono veía a la Virgen Santísima, y me pareció se bajó a poner delante del trono. Entonses empesé yo a empeñar a la corte del celestial ayudase a su Reina en negocio tan importante... Dijéronme: "pide tú también"; respondí yo: "Eso no, que en mi sería atrevimiento: desde la tierra sólo miraré lo que pasa en el cielo; vayan santos de mi corazón pidiendo". (US, 221).

La Virgen se presenta como la gran mediadora, figura especialmente vinculada a la humanidad de Cristo se erige como puente entre éste y los hombres. Aunque la monja tiene especial relación con María y los santos, Úrsula rechaza explícitamente equipararse a ésta y se convierte en la mediadora de la mediadora.

Sin embargo, la monja colonial no siempre se contenta con ocupar esta posición, sino que extrema esta función hasta convertirse en corredentora. Si Cristo ha muerto en la cruz para redimir a la humanidad del pecado original, los nuevos pecados necesitarán de nuevos actos de redención. Por eso estas mujeres decidirán castigar sus cuerpos para salvar sus almas. En el tránsito de la mediación a la corredención se articula el deslizamiento desde la *imitatio Marianae* a la *imitatio Christi*. La devoción por el Sagrado Corazón, las Llagas de Cristo o el Cuerpo Eucarístico, nacen ligadas a la idea de transferencia del dolor de un cuerpo a otro. La Madre Castillo declara así su deseo:

> Nuestro Señor crucificado que está en esta iglesia, y viendo sus pies clavados y sus rodillas llenas de cardenales, le decía: "Por vos, Señor mío; y por lo que por mí padecistes; por esos cardenales y llagas, quiero entrar en esta clausura a padecer todo el tiempo de mi vida. (MC, 30).

Además, será esta especial posición de la mujer como mística y corredentora aquella que la dotará de autoridad y fuerza ante el confesor. Son numerosas las monjas que recuerdan a sus confesores que gracias a su intercesión ellos pueden perder o salvar sus almas. Así, Úrsula Suárez tendrá una visión político-religiosa de su confesor Francisco Ibáñez de Peralta, que será aclamado y reconocido en el cielo (US, 218). También cree reconocer en otro sueño de similares características (US, 226-227) a aquel confesor a quien destina su escritura "pero aquel padre de la Compañía, yo digo agora, si sería vuestra paternidad: quiéralo Dios si ha de ser para su mayor honra y gloria, y provecho de mi alma".

Gracias a la asunción de este especial poder y al tachado del "cuerpo pernicioso", que marca a fuego la existencia de la mujer, ésta consigue reivindicar su presencia ante la Iglesia y borrar los lastres de su sexo. La *Imitatio Christi* se convierte en un lenguaje de metamorfosis que se abre hacio otro decir.

5.2.2. *Clausura, límites corporales*

> *A su esposa la nombra con semejanzas, que significan secreto: huerto cerrado, fuente, sellada.*
>
> Madre Castillo, *Vida.*

"Materia" y "mater"[212] dos palabras con una misma raíz, que apunta un linaje, un origen, un principio o una causa, dos

[212] La tradición teológica, científica y popular, asoció durante siglos a la mujer con el cuerpo, la lujuria, la flaqueza y la irracionalidad, mientras

palabras en cuya distancia se traza la historia de un cuerpo: el de una mujer. Durante el Renacimiento y el Barroco la mujer será identificada de forma absoluta con su cuerpo, por eso se la llama "varón imperfecto", "útero andante", "reflejo de la belleza divina", "lasciva tentación de Satanás". Se la describe por lo que no es, por lo que no tiene: no tiene falo. Su único atributo propio será la maternidad.

Desde aquí, el cuerpo-mujer pasará a ser pensado como materia informe, indiferenciada, a la que es preciso buscar unos límites, contener, puesto que sus excesos, su desbordamiento, atentan contra el orden establecido: yo/otro, cuerpo/alma, adentro/afuera, hombre/mujer, la incontinencia corporal femenina amenaza la rigidez de fronteras que se quiere esencial. La medicina y el arte, la moda; pero también la moral y la religión, se presentan como lenguajes de contención, de intervención cultural. El cuerpo femenino ideal deberá tratarse como herméticamente sellado, absolutamente circundado, de manera que todos sus orificios hayan quedado cerrados, la materia marginal debe respetar unas fronteras que separan el afuera del adentro del cuerpo, que marcan los límites entre yo y otro. Cuando estos límites se borran el cuerpo femenino se vuelve abyecto.

Así el cuerpo de la mujer es por naturaleza un cuerpo abyecto que debe ser regenerado: "No es la falta de limpieza o salud lo que causa la abyección, sino aquello que perturba la identidad, el sistema, el orden; lo que no respeta los bordes, las

---

identificaba a los hombres con la razón, el espíritu y la fuerza. Los intérpretes medievales de la *Biblia* difundieron la idea de que el espíritu era para la carne lo que el hombre para la mujer; al tiempo que, las teorías biológicas de origen aristotélico defendían que la madre proporcionaba materia al feto y el padre la vida, la forma o el alma. Por lo que, mientras el cuerpo del varón se presentaba como paradigmático, la mujer era considerada como materialidad y se la identificaba con la ruptura de los límites, con la falta de forma o definición, con las aperturas, exudaciones y desbordamientos.

posiciones las reglas. Lo que está en medio, lo ambiguo, lo mezclado"[213]. Si en el orden cotidiano lo abyecto se niega a la palabra y se oculta a la mirada, en el orden de lo religioso se rescata para su exhibición y su proclama, pues un mismo sujeto y un mismo discurso hacen existir la abyección y la sublimidad. La abyección de sí expuesta ante Dios y para Dios desata la experiencia transformante que conduce al terreno de lo sublime. A la lógica de los cuerpos femeninos se debe añadir la lógica de los cuerpos religiosos.

5.2.2.1. Primera clausura: la virginidad

Dudan de mi virginidad
Por decir que he concebido
Así fue y es la verdad;
Pero fue por el oído,
Y la palabra que oí
Fue el Varón que yo parí.
Francisco Rodríguez Zapata, *Cancionero de la Inmaculada Concepción.*

Sigmund Freud en "El tabú de la virginidad"[214] estudia las diferentes prácticas y mitologías existentes en relación a este estado en diversos pueblos primitivos, para apuntar cómo a lo largo de la historia la virginidad ha sido considerada una fase que debe superarse, debido a su asociación con la sangre de la mujer, con el dolor y el displacer de las primeras relaciones sexuales. Habrá que esperar hasta bien entrada la Edad Media, cuando se produzca la asociación mujer-honra, para que adquiera el sentido de clausura corporal del que disfruta en el mundo medieval. La valoración de la virginidad procede de occidente.

---

213 KRISTEVA, J.: *Poderes de la perversión,* ibid: 11.
214 FREUD, Sigmund: *Obras Completas,* Tomo VII, Madrid: Biblioteca Nueva, 2001.

Aquí la mujer recibe un claro mandato: parecerse a María, la madre-virgen, cuerpo imposible que clausura y genera. El ideal de la mujer colonial es la imitación mariana, su estado perfecto la virginidad, su garantía social la preservación del himen que salva de la muerte. Matrimonio o convento son las opciones vitales, la primera sanciona como madre, la segunda como virgen, la conjunción de ambas sólo existe fantasmáticamente, aunque el convento provee de su nexo simbólico. La persecución del ideal mariano habita en la renuncia, pero también en el goce: lograr compartir con Dios la eternidad prometida. La *mater dolorosa* que se inclina ante su hijo, revela un gesto masoquista, pero recibe a cambio la contrapartida de saberse esposa e hija[215], de tener una eternidad de goce prometida.

La veneración de la castidad y la virginidad procede del mundo clásico. Los romanos adoraban a "Virgo Coelis", que era la equivalente de la Afrodita celeste de los griegos, o de la celestial Astarté de los fenicios[216].

En la antigua Roma abundaban los templos atendidos por vestales, mujeres que no tenían contacto con varones en ningún sentido, cuya misión principal era la custodia del fuego sagrado, ya que se creía que su extinción iría acompañada de desgracias. Los templos de vestales se mantendrían hasta que Teodosio I "El Grande" se convirtiera al cristianismo y mandara destruir lo que consideraba una muestra de paganidad. Junto a las vestales, sabios y sacerdotes hicieron también voto de virginidad.

---

215 En la tradición católica María no sólo es la madre de Dios, sino también su esposa y su hija, ocupa un lugar oscilante que dota a su figura del poder de la ambigüedad y la versatilidad.

216 Sobre la figura de María y su tradición pueden consultarse: WARNER, M.: *Alone of All Her Sex*, London: Picador, 1976 y PEREDA, R.: *Las creencias de los españoles: la tierra de María Santísima*, Madrid: Mondadori, 1990.

La religión cristiana tuvo que desplazar dioses y diosas ya existentes, un proceso que resultaba mucho más sencillo cuando figuras de otras tradiciones podían ser trasmutadas a formas cristinas. Durante los primeros siglos del cristianismo los mártires proporcionaron estos reemplazamientos. Más tarde, cuando la religión cristiana ganó el reconocimiento oficial, los ascetas, más a menudo que los mártires, sustituyeron a las deidades anteriores[217]. Para una religión basada en un dios masculino y su Hijo, María fue el símbolo femenino más poderoso, que pudo suplantar a las diosas paganas. Hacia el siglo V fue elevada a la categoría de "Madre de Dios" y muchas veces se pintaba su imagen sentada en el cielo, coronada por su Hijo que se sentaba a su lado.

Su veneración se incrementó en el siglo XIII. La Reina de los Cielos se convirtió en Nuestra Señora, receptora de las plegarias de los devotos que creían que ella podía representarlos ante Dios. Como intercesora María pasó a intervenir directamente en las vidas de hombres y de mujeres.

Pero hasta el Concilio de Trento no se mencionó la virginidad de María. Esta creencia, aunque tardía, arraigó con extraordinaria fuerza en la España de la Contrarreforma, que la declaró dogma. Dos rasgos antagónicos: virgen y madre, se aúnan en una misma figura, al modo de la gran divinidad celta Dechtire. El dolor de María que abunda en el arte y la literatura

[217] Este proceso de desplazamiento y sincretismo habría de vivirse más tarde en América, donde el catolicismo se encontraría con las religiones indígenas. Allí las imágenes se difundirían mucho más rápidamente que los dogmas, e iba a ser muy habitual en los primeros tiempos, que las imágenes católicas fueran veneradas de la misma manera que los ídolos o que aparecieran mezcladas con ellos. Serge Gruzinski describe este proceso como "Trueque, regateo, compensación, sustituciones, intercambios, reinterpretaciones: la circulación de objetos jugo con las identidades, los valores y los sentidos". (GRUZINSKI, S.: *La guerra de las imágenes (De Cristóbal Colón a Blade Runner)*, México: FCE, 1994, pág. 52).

de este período, añadía intensidad a la pureza y obediencia de esta figura femenina, la *mater dolorosa* se transformaría en icono.

Si las representaciones tempranas de María la mostraban embarazada o cuidando de su hijo, en los siglos XVI y XVII iba a ser retratada como madre dolorosa o como doncella cándida. Suspendida entre el cielo y la tierra, con sus pies sobre la luna, María Inmaculada representaba la antítesis de la terrenal y carnal Eva. Como idealización de la mujer, María suponía la negación de la sexualidad y promovía la convicción de que ésta era peligrosa y pecaminosa. Por otro lado, la Virgen encarna también el modelo de la madre-mártir, preparada para consentir el sacrificio de sus hijos en pro del beneficio de Dios[218].

La literatura de la época invitaría a la mujer a imitar a María, al exhortar a las mujeres a emular la castidad, el silencio, la compasión y la obediencia de ésta. Pese a que ninguna mortal podía alcanzar la perfección de María, pues ésta "había sido

---

[218] "El que ama a su padre o a su madre más que a mí no es digno de mí, y el que ama a su hijo o a su hija más que a mí no es digno de mi". (*Mateo* 10, 37-38). Desde Abraham dispuesto a ofrecer a Isaac en el lugar del cordero sacrificial, pasando por la madre de los Macabeos que invita a sus hijos al martirio, la *Biblia* está plagada de ejemplos de padres capaces de inmolar a sus hijos por mandato divino, supremo gesto de desprendimiento, el de la sangre que renuncia a la sangre para aceptar la pérdida en beneficio de Cristo. Este gesto ha dado lugar a una fértil reflexión filosófica: la meditación de Soren Kierkeggard en *Temor y temblor*, pasando por la teoría de la ironía que de Man construye a partir del versículo "Dios nos proveerá de la res" en su trabajo "El concepto de ironía", hasta la pregunta por la interpretación del silencio de Abraham y la relectura de Kierkeggard en *Dar la muerte* de Jacques Derrida. Así, en este contexto, María hiperboliza ese supremo desprendimiento, que muchas santas habrían de imitar. En las distintas *vidas* que aquí se analizan, aparece siempre una escena de violenta separación familiar ante la inminencia de la entrada en el convento: "Con todo esto, me daba Nuestro Señor luz que sería mayor servicio suyo entrer religiosa, que muchas santas a quienes deseaba imitar habían huido de casa de sus padres" (MC, 17), como primera y más dolorosa "renuncia al mundo".

concebida sin mancha de pecado original", la veneración de la maternidad, cifrada en imágenes como *La Pietà*, permitiría a la mujer una cierta reconciliación con la Iglesia; aunque el imposible ideal de virgen y madre la obligaría a ejecutar una compleja torsión en su programa vital, como es posible descubrir en el relato de la Madre Castillo:

> Un día de aquellos, estando en mi retiro, procurando tener mi oración, en una breve suspensión, que no puedo saber cómo fue, vi a la Santísima Virgen junto a mí con un niño recién nacido, y muy amable, que poniéndolo en el suelo me decía: "Mira, este niño ha nacido para ti". (MC, 24).

> Esta monja murió muy moza, y poco antes que le diera la enfermedad, me había dicho llorando: "estoy en tratar de buscar a Dios de veras"; y me contó: que recogiéndose con deseos de comulgar, había visto entre sueños en un altar del coro un niño hermosísimo y llorando, y que viendo ella que era el Niño Jesús, quiso abrazarlo y el niño se retiró diciendo: "Ni puede ser que soy de Francisca". (MC, 57).

El niño nacido para Francisca la distingue como ser señalado, dotado, no sólo dentro del grupo: la monja que se diferencia dentro de la comunidad, sino especialmente reconocido incluso por la propia María. En la primera escena, la Virgen que muestra al Niño transfiere con su gesto las virtudes marianas. En la segunda, el propio niño reconoce a Francisca Josefa como madre simbólica.

Desde aquí, apunta Julia Kristeva, en su ya citado trabajo "Stabat Mater", cómo el cristianismo es la construcción simbólica más refinada en la que la feminidad, en la medida en que se trasparenta, se restringe a lo Maternal. Así, lo Maternal se presenta durante siglos como espacio de junción: sacia a un ser masculino y satisface a la mujer, conciliando la guerra de los sexos; aunque esto habrá de tener por contrapartida el rechazo que de la maternidad hará una parte del feminismo moderno.

María será considerada como modelo de amor, en su figura se aúnan dos tradiciones: la del amor cortesano y la del amor hacia el niño, "adoptando así toda la gama que va de la sublimación al ascetismo y al masoquismo"[219].

Sobre las complejísimas relaciones de Cristo y su madre se traban las relaciones de Dios con la humanidad, del hombre con la mujer, del hijo con la madre..., María no es sólo la madre de Cristo, más tarde madre de Dios sino que en escenas iconográficas de la Dormición se ve a María transformada en niña pequeña en los brazos de su hijo, que se convierte entonces en su padre; pero, además, María pasará a ser también esposa, afirmando la triple metamorfosis de una mujer en el sistema más estricto de parentesco dependiente de una figura masculina.

De igual manera, la monja habita un complejo sistema de transformaciones, pues es otro Cristo, pero también esposa, hija, hermana o amada de Cristo, al tiempo que su madre. Su figuración se traza en la encrucijada de la imitación de Cristo y la imitación mariana, proceso que se vive en paralelo a la doble inspiración mística a la que se refería el apartado anterior. Kristeva advierte de la dificultad para la mujer de alcanzar el ideal mariano:

> La unicidad sólo se alcanza a través del masoquismo exacerbado. Una mujer concreta digna del ideal femenino que la Virgen encarna como polo inaccesible no podría ser más que monja, mártir, o, si está casada llevar una existencia ideal que la extraiga de esta condición terrenal y la consagre a la más alta sublimación ajena a su cuerpo: el gozo prometido[220].

El cuerpo de María es un cuerpo que se fragmenta y nadifica, que desaparece, la oreja, los pechos (como portadores de leche) y las lágrimas son sus atributos, metáfora de un no-lenguaje que comunica, de una semiótica de específica expresividad femenina. La monja colonial renuncia a la corporalidad

---

[219] KRISTEVA, *Historias de amor,* ibid: 212.
[220] ibid: 227-228.

hiperabstracta de María, y juega a la *imitatio Christi*. Primero, porque el ideal mariano se revela como imposible, al tiempo que como necesariamente perseguido, y esta persecución fallida sólo puede llevarse a cabo a través del sacrificio y el castigo corporal inspirados en la Pasión. Segundo, porque en su intento se descubre otra posibilidad semiótica, un lenguaje más allá de la palabra instituida, que complemente y apoye el de la leche y las lágrimas.

Sólo la megalomanía de una figura como Teresa de los Andes, que goza de la seguridad de saberse santa y de no haber abandonado jamás la inocencia de la infancia, rescatará el modelo de María para decirse en una forma de olvido de la *imitatio Christi.*

Pese a todo ello, las mujeres se impondrían como meta el imposible ideal mariano y los hombres se lo recomendarían. ¿Por qué? La Virgen asume su denegación femenina del sexo masculino, pero lo subyuga oponiendo al otro una tercera persona, la Virgen no concibe del hombre, sino de Dios, logra la concepción inmaculada, pero paga por ello el precio de reconocerse siempre sometida. También la Virgen convierte a la mujer en sujeto de poder, será Reina de los cielos y Madre de la Iglesia, pero tendrá que arrodillarse ante el niño-dios. Asimismo, al renunciar a su sexualidad, logra eludir la muerte y alcanzar la eternidad. Ella es una mujer Única.

Para Kristeva la construcción virginal se sustenta en:

> Un sabio equilibrio de concesiones y coacciones de la paranoia femenina, la representación de la maternidad virgen parece coronar los esfuerzos de una sociedad por conciliar las supervivencias sociales de la matrilinealidad y las necesidades inconscientes del narcisismo primario, de una parte, con los imperativos de una nueva sociedad basada en el cambio y pronto en la producción acelerada, de otra, que exigen la aportación del superyo y se apoyan en la instancia paterna simbólica[221].

---

221 ibid: 228.

No obstante, algo falla en esta construcción, a algo no responde, o en algo se muestra demasiado coercitiva, pues la mujer moderna tratará de perforarla, su rechazo procede, fundamentalmente, de aquello que el mito calla: el sufrimiento social y psíquico del embarazo y del parto, la abnegación de hacerse anónima para transmitir la norma social, que es posible desaprobar personalmente, pero en la que se *debe* educar al niño para que siga el curso de las generaciones. Por eso, cualquier "perversión" femenina será aceptada siempre que llegue el hijo y suture la herida, reconduzca a la mujer hacia el terreno de la ley. También el mito olvida el conflicto de la hija con la madre, la desavenencia con las otras mujeres, al tiempo que el valor del trazado genealógico, "de mujer a mujer".

Así, antes de concluir este apartado, resulta necesario precisar el valor de la presencia de la Virgen-Madre en las *vidas* que aquí se analizan y la proyección que su idealidad modélica tiene sobre la tecnología corporal que en éstas se diseña. Si se apuntaba que el modelo de María representa en los relatos de María de San José, Úrsula Suárez y la Madre Castillo, una instancia secundaria, que se entrecruza en el programa de *imitatio Christi*, también es cierto que sin la previa aceptación del voto de virginidad y del *fiat*, este programa no podría ser enfrentado. La monja reúne en sí los valores de humildad, obediencia y sacrificio, propios de la Madre de Dios, los votos conventuales son votos marianos. La propia monja profesa se convierte en madre del niño Jesús, de algunas de las hermanas, en esposa, hija y novia de Cristo, rememorando la compleja torsión que tenía lugar sobre el personaje de María, con el que también comparte el papel de mediadora; al tiempo que la monja se presenta como mujer-única.

A esto se suma el interés que la presencia de María adquiere en el relato. En la *vida* de María de San José ésta habrá de revelarse determinante, puesto que la Virgen se le aparece y le demanda una profesión simbólica que ha de tenerla a ella como único testigo. Asimismo, es ella quien media para que la monja mexicana se despose con su hijo, que se aparece en la forma de un niño. Frente a esto, la figura de María se desdibuja progresivamente en los textos de Úrsula Suárez y la Madre Castillo, donde se la alude como mediadora y fuente de consuelo, pero donde no se personifica, no se deja ver, pues parece que su presencia habría de restar protagonismo a Francisca Josefa y la propia Úrsula. Si de algo presume Úrsula Suárez es de tener comunicación directa con Dios, de poder ejercer como mediadora de sus propios confesores, la aparición de María sólo hubiera logrado mermar su influencia. Algo similar sucede con la Madre Castillo, que se quiere la más deseada, que no soporta que Dios mire a otras. El lugar que el ideal mariano y la misma figura de la Virgen adquieren en los relatos-retratos que configuran el *corpus* de este trabajo vendrá determinado por los distintos programas de escritura.

5.2.2.2. El control de los sentidos

> *En una sola ceremonia murió para el mundo, se cubrió con el velo negro de la viudez y resucitó como esposa de Cristo... La muerte de la mujer suponía su nacimiento a un mundo de ficciones, su carne en lugar de abrirse y florecer quedaba clausurada.*
>
> Fernando Benítez, *Los demonios del convento.*

Aunque el control corporal y su concreción en el ideal mariano son válidos para todas las mujeres coloniales, sean religiosas o seglares, y pese a que, la domesticidad es también una forma de clausura, es en el espacio del claustro donde se consigue el encierro absoluto: "en una sola ceremonia murió para el mundo", "su carne en lugar de abrirse y florecer quedaba clausurada". María de San José, Úrsula Suárez y la Madre Castillo eligen el convento. Su elección simboliza la renuncia a la carne y la proscripción de una sexualidad, que en tanto femenina, es mirada con terror: "Cuando leía que las vírgenes seguían al Divino Cordero y Esposo Jesús, estaba firme en mi corazón, que primero me dejaría martirizar y pasaría por el fuego y el cuchillo que ser toda suya (de los hombres)". (MC, 18).

Los sentidos, como forma prioritaria de conexión con el afuera, deben, en este contexto, ser urgentemente controlados. En el cuerpo-monja ni el gesto ni el sentido pueden expresarse con libertad, es necesario no distraerse, estar absolutamente pendientes del Uno. Por eso, la arquitectura religiosa y las constituciones conventuales estarían pensadas para apoyar ese control, que podía lograrse de dos maneras: pautando y codificando hasta la obsesión el "uso" de cada uno de los sentidos, que debía quedar limitado a las mínimas funciones posibles para dirigirlos hacia una función única; pero también mortificándolos, logrando que su activación resultase desagradable.

Capiteles, columnas, claroscuros y vidrieras ocultan o dejan ver, el recinto conventual indica desde sus líneas hacia dónde se debe mirar[222]. Mientras las constituciones conventuales avisan de los vicios de la mirada e invitan a dirigir la vista al suelo con el más absoluto gesto de humildad, aunando el doble programa de control y de mortificación: "Deseaba mucho en aquellos tiempos hacerme ciega, porque me parecía que no viendo las cosas de esta vida, podría más bien darme a la contemplación de Dios, y a su amor" (MC, 27), "Los ojos en el suelo, que solamente miraba donde ponía los pies para no caerme o tropezar. Nunca miré el rostro de ninguna persona… largo el decir lo mucho que adelante en estas virtudes con la mortificación de la vista que tuve. (MJ, 118). De igual forma, el convento debe ser un recinto marcado por el silencio, o por la melodía y el canto armonioso como sustitutos y equivalentes del mismo. El ruido debe neutralizarse, la función del oído debe reducirse a la escucha de la Palabra, al sonido de la oración como salmodia que convoca a Dios. Sin embargo, este ideal estaría muy alejado de la realidad, y Sor Juana Inés de la Cruz

---

222 Para una mayor información sobre las características de la arquitectura conventual puede consultarse LORETO LÓPEZ, R.: *Los conventos femeninos y el mundo urbano de Puebla de los Ángeles del siglo XVIII*, México: El Colegio de México, 2000.

se quejará de las continuas interrupciones que vive en el claustro, que turban el silencio necesario para la meditación y el estudio: "como estar yo leyendo y antojárseles en la celda vecina tocar y cantar; estar yo estudiando y pelear dos criadas y venirme a constituirme juez de su pendencia, estar yo escribiendo y venir una amiga mía a visitarme"[223].

Por otro lado, el sentido del tacto iba a ser rígidamente controlado al encontrarse asociado con el contacto corporal, las disposiciones conventuales limitaban hasta el extremo el acto de tocarse de las religiosas: "desde el día que tomé el hábito, ni en veras ni en chansas he permitido me entren las manos en la manga" (US, 180)[224], pues el tacto se asociaba con el placer carnal y la intervención del diablo[225]. Por ello, la Madre Castillo, después de un sueño lleno de tentaciones, despierta con huellas de fuego en las manos: "yo desperté con gran llanto, y por la mañana vi en las extremidades de los dedos y de las uñas tenía señales de fuego: aunque esto no pude saber cómo sería" (MC, 4). Las extremidades, en tanto lugar de contacto con el afuera, elemento extremo, se ponen en conexión con la extremosidad del mal, pero también son el lugar donde la culpa se visualiza: "me lavo las manos", aunque la huella de fuego no puede lavarse, el mal queda inscrito en el cuerpo y debe

---

[223] DE LA CRUZ, S. J.: "Respuesta a Sor Filotea de la Cruz" en *Obras escogidas*, Barcelona: Bruguera, 1968, pág. 101.

[224] En el listado de culpas "graves" y "gravísimas" existían algunas entradas específicas para sancionar acciones de "manos violentas". La "labor de manos", a la que este trabajo ha hecho reiteradas referencias, solía ser recomendada por el confesor para evitar el "mal de manos": "El Padre me trataba con severidad, y hacía que trabajara de manos lo más del día, y si alguna vez le pedía licencia para gastar medio día en oración, me la daba con condición que a la tarde redoblara el trabajo" (MC, 32).

[225] Esto haría que las constituciones conventuales insistieran mucho en la necesidad de evitar el contacto corporal a la hora de acostarse, pues en el siglo XVII la privacidad de los cuerpos era limitada y la falta de camas hacía que niñas y criadas durmieran junto a las monjas.

trascenderse por medio de otros mecanismos. Aquí es donde cobra sentido la mortificación.

No obstante, las manos, también fueron concebidas como medios de comunicación con Dios, la Virgen o los santos. Anillos de oro, cintas de colores, castigos o señales divinas aparecen ocupando las manos para apuntar hacia la trascendencia. Relata Catalina de Siena:

> Jesús se casa con nosotros no con un anillo de plata, sino con un anillo de su carne... Cristo se ha casado con todos nosotros en la circuncisión, cuando se cortó su carne, y nos dio de ella una extremidad de anillo, significando con ello que quería casarse con todos los hombres... el dulce Jesús se casó con el alma, porque, cuando fue circuncidado, tanta carne se quitó en la circuncisión, cuanta puede ser extremidad de anillo[226].

María de San José recibirá de Cristo un anillo igual a Catalina de Siena, prueba de su desposorio espiritual[227], y de su inserción en un linaje de mujeres escogidas, resultado de los procesos de *imitatio.* Sin embargo, en el relato de la mexicana ha desaparecido cualquier referencia a la carne para transitar el más absoluto simbolismo. La transformación es similar a la sufrida en los lenguajes de la abyección.

También la sensibilidad personal se limitó visual y físicamente, mediante ropas que recordaban el estado religioso, incluso en los momentos de descanso: "ceñidas con cordones,

---

226 De la correspondencia de Catalina de Siena, citado y comentado por E. Ann Mater, "Il matrimonio mistico", en *Donne e FEDE*, a cura de L. Scarafiatta e G. Zarri. Laterza, Roma-Bari, 1994, pág. 53.

227 Las bodas místicas entre el alma y Cristo, desde el mismo modelo del *Cantar de los cantares,* fueron leídas en su sentido más carnal en el seno de la religiosidad femenina, mientras la mirada masculina espiritualizaría esta experiencia. Así, Raimundo de Capua relata el desposorio que Catalina de Siena tuvo con Cristo de forma absolutamente descarnalizada, el anillo que éste le otorga sólo será visible para ella misma, pero la cita recogida por la propia Catalina puede interpretarse en un sentido muy distinto.

con velo en la cabeza, zayuela y escapulario"[228]; al tiempo que la textura de la ropa, de telas humildes y tacto basto, debía evitar cualquier roce que produjera placer, para servir de mortificación: "Hise una camisa o forma de túnica de manta de algodón, i sobre esta túnica me puse unas navas de lana i ensima todo una saia de bajeta mui gruesa i burda, tan angostas que no cabía en ella mui olgada" (MJ, 111).

Pero serían el olfato y el gusto los sentidos que más se prestarían a la mortificación, pues dadas sus características, a través de ellos era posible activar la lógica de la abyección siempre buscada para la monja: oler y comer alimentos en mal estado, sorber pus y sangre de enfermos etc... fueron algunas de las formas de mortificación, de ellas se hablará con detalle en el apartado dedicado a la comida. Sin embargo, si la arcada y el vómito llegaban como formas de protegerse ante la abyección, la contención debía ser absoluta en los casos de mortificación, donde la postura erguida no debía perderse, en esto radicaba el mérito del sacrificio[229].

---

228 *Regla dirigida a las madres abadesas y religiosas de los conventos de Nuestra Señora de la Concepción y Santísima Trinidad, de la ciudad de Puebla de los Ángeles*. Mandada guardar y reducida por la disposición del Ilmo. D. Manuel Fernández de Santa Cruz, obispo de Puebla de los Ángeles. Imprenta de los herederos del capitán Juan de Villarreal, en el Portal de las Flores. Cifr. LORETO LÓPEZ.

229 Otras formas de mortificación alimentaria proceden de las postura que se adopta a la hora de comer. Las Carmelitas Descalzas de santa Teresa: "Suelen entrar en el refectorio de rodillas... con un plato o vasija a pedir limosna y la comida que recogen de lo que va dando cada una la comen en el suelo sentadas como si fueran pobres mendicantes o mendigas". GÓMEZ DE LA PARRA, J.: *Fundación y Primer Siglo, de muy religioso convento de Sr. S. Joseph de Religiosas Carmelitas Descalzas de la Ciudad de Puebla de los Ángeles, en la Nueva España, el Primero que se fundó en la América Septentrional, el 21 de Diciembre de 1604*. Con licencia de sus superiores. En Puebla de los Ángeles, por la viuda de Miguel Ortega, en el Portal de las Flores, 1731, pág. 99. Cifr. LORETO LÓPEZ.

De la misma forma, en un tiempo que retrataba a la religiosa con un candado en la boca, el gusto, asociado a la cavidad bucal y a la lengua, se relaciona con la necesidad de guardar silencio: "porque de los labios dolorosos del corazón, sale en palabras dañosas tu corazón por los labios" (MC, 37). Por eso María de San José contrae un extremo voto: "A tanto llegó el estar como abobada y muerta a las cosas que son naturales a todos los mortales que vivimos esta vida, como es el hablar. Pues eso se me había olvidado de tal forma que ya no sabía..., sino sólo con Dios, y así no sabía otro lenguaje ni otros términos" (MJ, 119).

Además, los sentidos también pueden presentarse como medios de comunicación con el orden trascendente. El olfato guía a Úrsula Suárez hacia su destino como religiosa, y nos provee de un ejemplo situado en el borde paradójico entre los sentidos del cuerpo y los sentidos del alma, en esa imprecisa línea que une espacios supuestamente enfrentados o antagónicos:

> Pedí me llevasen a las monjas claras, que allá sólo sentía alegría y estaba divertida; y sucedía que, cuando me llevaba la criada, antes de llegar a las monjas, como una cuadra sentía un aire suave y blando, con un olor suavísimo que llegaba a mí, penetrando mis sentidos... Ya yo no conocía este aire y olor, porque siempre iba salía como a resebirme..., y a mi cuerpo tocaba, se estremecía y temblaba, y la piel se enrisaba tanto que la criada conocía y desía: "¿qué tienes de frío que te tiembla el cuerpesito? Yo le desía: "Camina apriesa que ya me da el olor de las monjas". (US, 105).

Será esa línea, la misma que marca las manos con huellas de fuego o provee de un invisible anillo, la que habrá de conducirnos a una doble dimensión sensorial ansiada o buscada: la de los sentidos del alma o sentidos místicos.

5.2.2.3. De los sentidos del alma

> *Un cuerpo doloroso, trizado o despedazado y un cuerpo liviano, nadificado, evaporado, como el cuerpo del cadáver y el fantasma de la poesía amorosa: lo abyecto y lo sublime. Un cuerpo-pulsión, mortal, confrontado a la severidad de la ley y un cuerpo espiritualizado, divino,*

> *trascendente, que no existe sin el anterior, en virtud de su desafío a la ley. La escritura contiene y separa a estos dos cuerpos y sus significantes. El corte de uno y otro lo sitúa en la experiencia del borde. Pone en juego la economía subjetiva.*
>
> Nuria Girona, "Introducción" *a Tala, Lagar.*

La poesía de Gabriela Mistral pone en escena un cuerpo doble, cuerpo de una mística, como el cadáver y su fantasma, o como el hombre y su sombra, dos dimensiones sensoriales que sólo existen juntas. Las *vidas* de María de San José, la Madre Castillo y Úrsula Suárez, en tanto relatos que recogen la narración de experiencias místicas, exhiben una sensorialidad dúplice: la de los sentidos corporales, mortificados por el convento, y la de los sentidos del alma, que superan el cerco corporal para entrar en contacto con el orden sobrenatural, sea el de Dios o el del Diablo. "Ojos del alma", "oídos del alma", como un sexto sentido que tiene cinco funciones, pero también como el espacio de un delirio.

Por ejemplo, los "oídos del alma" permiten a Francisca Josefa escuchar el lamento de los condenados al infierno, o la llamada del diablo: "Traía en los oídos de mi alma como gemidos dolorosos" (MC, 45), "aquellos silbos de la serpiente infernal en los oídos de mi alma" (MC, 58), y a Úrsula Suárez las "hablas", que la mantienen en contacto diario con Dios: "destas hablas, que siempre las tuve calladas, aunque se continuaban y siempre a Dios las atribuía" (US, 173). Mientras los "ojos del alma" darán lugar a la revelación a través de la visión y del sueño, pero también de la contemplación mística: "Y vi claro, con una vista del alma, la grandeza de Dios y los atributos de su omnipotencia, bondad, sabiduría" (MC, 105).

Así, el espacio de la experiencia mística apunta en las *vidas* a una particular cosmovisión de la sensorialidad y a la contemplación de la luz como metáfora de lo divino[230]. Frente a relatos

---

[230] Entre todos los elementos materiales sólo sobre la luz se erige una poderosa teofanía. Los neoplatónicos, Agustín de Hipona, el pseudo-

como el *Libro de la vida* de Teresa de Jesús, donde la narración mística es el objetivo central, en las narraciones coloniales ésta ocupa únicamente la función de justificación de la escritura, es un componente entre otros dentro de la vida; pues lo que importa es el retrato, el conjunto de una figura que merece destacarse, singularizarse dentro de un grupo. Por eso la descripción de los "momentos de luz" se muestra acorde con el programa político que rige el texto.

Por ello, en el seno del universo atormentado que dibuja la Madre Castillo, la luz siempre llega en medio de las tinieblas, como breve paréntesis que interrumpe la lógica del padecer que atraviesa la *vida*. Durante estos momentos los sentidos se suspenden, el conocimiento se amplifica y el sentimiento de consolación todo lo puebla: "Casi se suspendían los sentidos, y algunas veces, por dos o tres días estaba como fuera de mí, embebida el alma en aquella consolación o amor sensible"

Dioniso Aeropagita.... contribuyen a forjarla. La metafísica de la luz inunda la historia de la filosofía ya en sus primeros tiempos. No en vano la luz, como metáfora de potencialidad polisémica recorre la *Biblia*: "luz para la iluminación de las gentes" (San Juan, 1-4). Pero será, sobre todo, el Mito de la Caverna platónico el encargado de convertir en protagónica la presencia de la luz en el pensamiento de occidente. La luz en el pensamiento de Platón queda vinculada al Bien, la suprema de las Ideas. Los hombres que habitan en la Caverna, educados en las sombras, deciden liberarse de sus cadenas para buscar la luz, pero sólo los más osados consiguen mirarla de frente, logrando, así, el especial conocimiento que esta otorga. La luz tiene ya aquí un significado de conocimiento trascendente. Asimismo, la luz, identificada con el *lumen gloriae* de los teólogos, está presente en la obra de Dante, o en la poesía castellana del *Claro escuro* de Juan de Mena, para terminar por constituir un poderoso y singular sistema de pensamiento en la obra de Teresa de Jesús y de Juan de la Cruz. La primera dota a su obra de una dirección *catástica*, o de la luz, mientras que el segundo revela en sus obras una dirección *apofática*, o de las tinieblas, pues es el místico-poeta de la noche. En las *vidas* de las monjas coloniales la luz es también metáfora de trascendencia, de contacto divino, mientras la oscuridad queda asociada a las fuerzas del mal. Ni uno ni en otro caso las metáforas asociadas alcanzan ni profundidad ni desarrollo.

(MC, 83). Junto a esto, los contactos con Dios son para María de San José un estímulo para seguir adelante en el camino de merecimiento que ella ha emprendido: "Otra lus más superior me bañó el alma, con lo cual vide i conosí lo que avía pasado por mí, i la grandesa de Dios Nuestro Señor" (MSJ, 176). Además, frente al barroquismo de la imagen y la lengua empleado por la Madre Castillo, un lenguaje sencillo, cálido y poblado de expresiones de familiaridad tratará de aprehender lo inaprensible, en el texto de María de San José, Dios "se inventa"[231] con palabras que lo tornan entrañable. Trasladando a Dios al mundo de lo cotidiano y lo doméstico, la mujer colonial logra trascender el espacio que su sociedad le asigna, consigue legitimarse como intérprete de lo divino.

De la misma manera, si la *Relación* de Úrsula Suárez debe ser pensada como un juego de disfraces, que pone a prueba la identidad femenina avalada por las instancias de poder, el "disfraz de mística" actúa como la salvaguarda, que permite a la voz femenina entrar en el discurso como voz en primera persona, y no sólo como voz citada. Úrsula articulará una espiritualidad femenina distinta a la oficial, proponiendo un universo de órdenes cambiados: "¡Ay!, si yo fuera Dios por media hora" (US, 206), donde el amor del Padre todo lo invade y todo lo regenera. Dios como Padre, Amo, Ley, Otro, ser Dios por media hora implica ocupar un espacio vetado, para manipularlo y dotarlo de un nuevo sentido, similar a los nuevos sentidos otorgados por los juegos de disfraces. Los deseos de cambio latentes y la producción de la auto-imagen como santa comedianta permiten la revisión y la relectura de toda una serie

[231] Dice el poema de Leopoldo Panero "Escrito a cada instante": "Para inventar a Dios, nuestra palabra/busca dentro del pecho/ su propia semejanza y no la encuentra...", presentando a Dios como realidad no-fenoménica, como forma absolutamente impensable de existir, donde cualquier intento por nombrarlo se convierte en espejismo o trampa de lenguaje.

de espacios y de discursos que atañen a la mujer y al lugar que ésta ocupa en un mundo fundamentado por el poder del hombre. Por eso, cuando Úrsula ve la luz, su relato se tiñe del mismo candor y de la misma familiaridad que utiliza para dirigirse a Dios:

> Y en mi interior me paresía veía una lus, con tanto resplandor: abrí los ojos para ver si la selda entraba sol; veí que por la puerta, por una rendija muy escasa entraba; dije: "¿es posible que este rayito de sol tanta lus daba?"... Volví a serrar los ojos... y con los ojos serrados veía más claro... tuve tanta vivesa de sentido que conosí lo más mínimo, y en Dios tanta finesa cuando miré mi correspondencia la que era que no me faltó lus para conocerla. (US, 193).

"Conosí lo más mínimo" paso hacia lo máximo, el koan, el gesto mínimo del zen, que esconde una trampa, pues busca alcanzar la iluminación, llegar, por tanto, a lo máximo: "Entre lo mínimo y lo máximo hay un pasadizo secreto", "entre lo mínimo y lo máximo cruza la *differànce*"[232], apunte extraño el de Úrsula Suárez, que conecta con una sensibilidad distante del catolicismo colonial imperante. Secretos corredores entre dos cuerpos, entre dos planos, entre dos dimensiones que anulan el espacio, que se funden en la nada con la que San Pablo se encuentra tras la caída del caballo: "se levantó del suelo y con los ojos abiertos nada veía" (*Hechos* 9,8), de ella habla el maestro Eckhart: "nada veía y esa nada era Dios, pues que cuando ve a Dios uno lo llama nada". Una nada que es todo. Con la afirmación de "conosí lo más mínimo" Úrsula Suárez abre las *vidas* hacia una sutil percepción del fenómeno místico, supera el decir político.

Además, no sólo la gracia mística activa la doble dimensión sensorial, sino que también el diablo interviene en ella, siembra confusión, caos, es el responsable de la tentación. Por eso la

---

232 ASENSI PÉREZ, M.: "Los secretos corredores entre lo máximo y lo mínimo", *Contrastes,* Valencia, 2002.

Madre Castillo escucha las voces de los condenados o las llamadas del Infierno. De hecho, la presencia demoníaca en la vida de aquellos que participan de una relación íntima con Dios resulta inevitable[233]. Teresa de Jesús nombra al demonio numerosas veces a lo largo del *Libro de la vida* "eran grande los golpes que me hacían dar sin poderme resistir, con cuerpo y cabeza y brazos. Y lo peor era el desasosiego interior, que de ninguna suerte podía tener sosiego"[234]; pero después de su primera experiencia mística se siente con fuerzas para enfrentarse a él: "Quedome un señorío contra ellos bien dado del Señor de todos, que no se me da más de ellos que de moscas"[235].

El diablo es un ser de la razón, es el resultado que la mente humana da al problema del mal. Por ello resulta inseparable de Dios, pues a más poderoso, más bueno y más universal sea Dios más necesidad tendrá del diablo. Desde el mal vinculado a Yahvé en el Antiguo Testamento, pasando por el mito del ángel caído adversario de Cristo, Agustín de Hipona llegaría a afirmar que el diablo se encuentra en el interior del ser humano, su verdad terminaría por convertirse en dogma:

> Si alguno dice que el diablo no fue primero un ángel bueno hecho por Dios, y que su naturaleza no fue obra de Dios, sino que dice que emergió de las tinieblas y que no tiene autor alguno de sí, sino que él mismo es el principio y la sustancia del mal, como dijeron Maniqueo y Prisciliano sea anatema.
>
> Si alguno cree que el diablo ha hecho en el mundo algunas criaturas y que por su propia autoridad sigue produciendo los truenos, los rayos, las tormentas y las sequías, como dijo Prisciliano sea anatema[236].

233 A este respecto resulta muy ilustrativo el ensayo SARRIÓN, A.: *Beatas y endemoniadas. Mujeres heterodoxas ante la Inquisición siglos XVI a XIX*, Madrid: Alianza, 2003, cuyas opiniones sigo en parte aquí.

234 *Libro de la vida*, c. 31, 3.

235 ibid: c. 25, 20.

236 DENZINGER, E.: *El magisterio de la Iglesia*, Herder: Barcelona: 1959, pág. 85.

Aun más, pues en tierras americanas la presencia del diablo habría de reforzarse por el empuje de las religiones americanas. Cada cultura ha representado al demonio con un rostro y unos atributos que cifraran sus temores. En las *vidas* de María de San José, la Madre Castillo y Úrsula Suárez, Satán es un negro[237], icono representativo de la más antagónica alteridad racial y del grupo de menos prestigio social. Mientras, cuando Cristo adquiera un rostro será rubio y de piel blanca. Los mitos ponen en escena los conflictos sociales. Además de en el terreno de los sentidos, Dios y el Diablo volverán a ser antagonistas en el espacio del erotismo sagrado.

5.2.2.4. Dieta para ser santa

El alimento circula *entre* los límites del cuerpo, de fuera a dentro, su desfile busca lograr una síntesis y una transformación en el interior corporal. Así, su llegada puede ser portadora de impureza: "Un alimento sólo se vuelve abyecto cuando es un borde entre dos entidades o territorios distintos. Frontera entre la naturaleza y la cultura, entre lo humano y lo no-humano"[238]. La comida y su necesidad recuerdan la dimensión animal del ser humano, lo alejan de los ángeles y de los seres divinos. Por ello, si el cuerpo santo debe permanecer sellado ante toda invasión externa, el alimento representa una escandalosa amenaza. El hombre perfecto debería vivir sin comer, la santidad requiere de un ejercicio de dieta, pero muy pocos elegidos pueden conseguirlo, rigurosos ayunos y alimentos ingeridos sin cocinar representarán la alternativa.

Por esto, comer no sólo supone una necesidad biológica, sino que constituye un acto revestido de toda otra serie de

---

237 El negro es siempre el ser mezquino que despierta la burla en el teatro de los siglos de oro. Por tanto, su presencia en la literatura como ser maldito no resulta novedosa.

238 KRISTEVA, *Poderes del horror*, ibid: 101.

valores: el primer placer del niño pasa por la pulsión oral y el acto de alimentarse, el alimento despierta placeres voluptuosos[239], el control de apetito se vincula al control del deseo sexual. Desde aquí la mujer queda asociada a la función nutricia y a las tareas a ella vinculadas.

Por ello, en este ensayo sobre herencias, linajes y voces femeninas, no debe olvidarse el papel que la cocina, como lenguaje y trasmisión de un saber propio, ha jugado en la historia de las mujeres. Las recetas que pasan de madres a hijas constituyen una de las principales herencia escritas entre mujeres. Así, aunque en principio las monjas han renunciado a la posición femenina de "dar de comer", gesto que podría pensarse como una de las diferentes marcas de androginación de las que el cuerpo-monja se reviste, no deben perderse de vista ni las diferentes metáforas nutricias que poblaron los escritos conventuales: monjas que dan de mamar al niño Jesús, o que "alimentan" con su oración a los fieles ni la tradición culinaria que se desarrolló en muchísimos conventos y que habría de convertirse en una de sus principales fuentes de ingresos, hasta el punto de que todavía hoy son muchos los conventos femeninos que "dan de comer", mientras los masculinos "dan de beber", fabricando licores.

Por otro lado, alimentarse es también un acto social, heredado del festín totémico, mientras la comida puede convertirse en premio o castigo, y es siempre un espacio de elaboración cultural. Desde tiempos primitivos el hombre ritualiza y elabora ceremoniosamente el acto de la comida, con ello exorciza su connotación animal y trata de canalizar cualquier impureza: cocinar es un ritual de purificación y una medida salúbrica. La

---

239 En las iglesias de la Nueva España las mujeres bebían chocolate durante la misa matinal, práctica que habría de desatar un profundo debate en el seno de la Iglesia mexicana, donde el placer alimenticio acabaría por ser censurado como atentado contra la "buena comunión".

comida elaborada es símbolo de regalo, es la marca de la intervención cultural. Sin embargo, en ocasiones, este mismo gesto también ha sido resignificado: el hombre pervierte con la acción de su mano algo que procede directamente de Dios. Durante el Renacimiento y el Barroco se seguía creyendo en la génesis bíblica del mundo natural: "Yo os doy la planta sementífera que hay sobre la superficie de la tierra y todo acto que da fruto conteniendo simiente en sí. Ello será vuestra comida"[240]. La cocina no está hecha para el religioso: "Luego me determiné con gran ánimo y balor a dar de mano a todos los manjares acostumbrados, i comer sólo ierbas guisadas o crudas como las allava, i en lugar de pan tortillas de maís, el ayuno fue continuo todos los días del año" (MJ, 113), "Y como yo era la que cuidava del sustento de perros de la asienda que son mui necesario en el campo, de las tortillas que les davan tomava para comer io, que ni aún esto merecía" (MJ, 115). La imagen no puede ser más clara, ingerir alimento sin cocinar se convierte en una forma de rebajarse y mortificarse, que apunta hacia la animalidad escondida en todo ser humano. Serán numerosas las metáforas en las que la monja se compara con el perro que ha de obedecer al amo.

Por ello el convento colonial habría de manipular la dimensión ritualizante del acto de comer:

> En los refectorios se expresaron algo más que el acato a las normas de comportamiento de "comer como Dios manda". Estos sitios se constituyeron el lugares de purificación al convertirse en espacios ceremoniales. El acto de comer adquirió un fin ritualizante a través de las penitencias y ayunos relacionados con la salvación y al expiación de las culpas individuales y colectivas prescitas por las autoridades conventuales.
>
> La comida se sacralizaba en el refectorio: Lo importante no era el alimento del cuerpo sino del alma. Por la boca se reconocían las faltas y se purificaba, mediante el castigo y el ayuno, el espíritu. La abstención total o parcial de comida y bebida representaba una forma de humilla-

---

240 *Génesis* 1, 29.

> ción personal. Con ello se avanzaba en el camino de la perfección. Su fin era dar mayor eficacia a la oración[241].

La comida se asocia con la voluptuosidad, con el castigo, el ayuno con el mérito y la contención. Éste debe ser una práctica cotidiana en la vida de un ser sacrificial. De este modo, cada priora determinaba los días de ayuno de su convento, en fechas que solían coincidir con celebraciones religiosas, su finalidad era santificar estas fiestas, pero, además, otra manera de ayuno fue impuesta para purgar las faltas y pecados individuales. Las culpas se exhibían y se purgaban en el refectorio: "Había yo puesto en el refectorio (que también se tienen ahí los capítulos de culpas) una hermosísima imagen de Nuestro Señor Crucificado" (MC, 181). Las leves eran motivo de una amonestación pública y se reducían a hacer las venias que ordenara la prelada. Las graves y gravísimas recibían distinta consideración: las primeras se castigaban con disciplina recibida en el refectorio delante de las otras monjas y con ayuno. La gravísima suponía el aislamiento de la comunidad en la celda conventual. El cualquiera de los dos casos la monja culpable era siempre apartada por un tiempo del grupo, se la "ponía en cuarentena". El pecado era semejante a una enfermedad contagiosa, ni los alimentos ni las ropas de la monja culpable podían ser tocados durante ese tiempo, tampoco se le permitiría participar en las tareas de la comunidad con sus otras compañeras.

El apego a la regla y a la obediencia se recordaba todos los días al tomar el alimento mediante las lecturas marcadas para la hora de colación. La relación entre disciplina, comida y castigo, habla de la importancia de un placer cotidiano, reforzado como instrumento nemotécnico. De la misma manera, debe tenerse en cuenta, que la relación escritura/lectura/comi-

---

241 LORETO LÓPEZ, R.: *Los conventos femeninos y el mundo urbano de la Puebla de los Ángeles del siglo XVIII*, México: El Colegio de México, 2000, pág. 151. Resumo en este apartado diferentes ideas tomadas de este libro.

da es signo de una ley que atraviesa y marca los cuerpos incluso en sus detalles más nimios.

La obediencia se inculcaba a las novicias como al principal de todas las virtudes. Las prácticas alimentarias, normadas por las disposiciones de la Iglesia y de las constituciones, irán encaminadas a someter el cuerpo y hacerlo más obediente a Dios. Hay que seguir el ejemplo de Jesucristo que obedeció hasta la muerte en la cruz. Pero en toda privación masoquista hay un goce, que aquí se cifra en una esperanza de más allá.

María de San José y la Madre Castillo practicarían el ayuno y la mortificación alimentaria, mientras Úrsula Suárez, jamás se privaría del regalo. Dirá María de San José:

> Nunca hise colasión ni tomé nada parte de la noche... No tomava nada; ni una sola gota de agua llegó a mis labios tostados i abrasados de la terrible sed que padecía, que fue doble el martirio i tormento que en esto padecía que en la comida. I para poder tolerar este penar, me exercitaba en haser comuniones espirituales... y por divertir la sed solía, quando más fatigada estava, pegar la boca a la pared, i con el fresco que della resivía, tenía algún refrigerio y me consolaba con esto sólo. (MJ, 113).

El cuerpo se mortifica hasta el extremo, el muro al que se pega la boca recuerda a los sellos puestos a los orificios del cuerpo, a la clausura física y psíquica a la que queda encomendada la mujer, se activa una pulsión oral, se besa el significante de una metáfora. El juego lleno/vacío traba una identidad y habla de un deseo. Francisca Josefa no ayuna con la intensidad de su compañera mejicana, pero no "puede ver la comida", "la aborrece", "le causa horror": "En viendo la comida era morir" (MC, 6): en aquellos momentos en que su cuerpo y su alma padecen por Dios, bien como acción elegida, bien como tentación del diablo. Para lograr el vacío, sea el necesario para la llegada de Dios, sea el indispensable para la expulsión de la tentación, el cuerpo no puede llenarse de alimento, se debe mantener un estado de pureza.

Frente a esto, Úrsula Suárez se queja durante los primeros días de estancia en el convento de no comer con cubertería y vajilla de plata: "Cuando vi que en fuente de barro sacaron de senar, no lo pude tolerar" (US, 141). Su dieta es caprichosa y regalada: "¿Qué te quito?: ¿No estás con todos tus vicios de mate y polvillo?" (US, 246). Dos programas de vida y escritura, ejemplifican las diferencias entre la austeridad y el martirio que practicaban algunas de las religiosas coloniales, y la vida de grandes señoras, amparadas por el linaje, incluso intramuros, por la que optaron otras.

5.2.2.4.1. La ingesta abyecta

> *Veía los labios de mi alma metidos dentro de la Llaga de mi Señor, y tragaba a boca llena sangre caliente.*
> María de San José, *Vida.*

Catalina de Siena mama del pecho de Cristo en postura arrebatada, el alimento divino la nutre y la conduce a la inedia sagrada, en el mismo grabado, en primer plano, la monja italiana lame las llagas de un enfermo, la inviolabilidad alimentaria de su cuerpo deja paso a la sustancia abyecta. Francisco de Asís, por ejemplo, también da lugar a una estampa parecida, cuando besa con efusión a un leproso. ¿Qué significado posee esta ingestión abyecta, buscada por tantos aspirantes a la santidad?

Ya se ha explicado cómo el asco por la comida constituye una de las formas más antiguas de abyección. El alimento, en tanto afuera del cuerpo, lo invade y penetra, instalando la alteridad en la identidad. Por eso aquellas naturalezas que se quieren más puras evitan, por tanto, alimentarse siempre que les sea posible, vivir sin comer es una gracia.

Heridas pustulentas, llagas infectadas en las que anidan parásitos..., hablan de la suprema abyección de un ser humano que se descompone, besar, lamer o absorber el jugo que brota de sus apósitos representa la más absoluta ingestión abyecta:

un otro de mi misma especie, otro degradado camino de la muerte, invade mi vida y mi ser, se instala en mi, la identidad humana en disolución me invade y yo debo controlar la arcada, ¿por qué? Para volverme yo mismo abyecto.

Por tanto, qué mayor prueba de entrega y sacrificio podrá existir para un ser que se quiere puro, en un sentido religioso concreto, que rebajarse hasta la abyección. Si como dice Kristeva "toda abyección es de hecho reconocimiento de la falta fundante de todo ser, sentido, lenguaje, deseo"[242] reconocer y exhibir esta falta fundante y hacerlo por Dios será, paradójicamente, una forma de auto-restitución.

Aunque ninguna de las tres *vidas* que aquí se analizan presenta un ejemplo de ingesta abyecta, María de San José se exhibe a sí misma tras la autotortura como cuerpo abyecto: "Los charcos de podre amanecían en el suelo donde dormía de lo que manavan las llagas... me allé muy fatigada del mal olor de las llagas que se me avían echo en la sintura" (MJ, 116), y rememora simbólicamente el gesto de Catalina de Siena al beber en sueños de las llagas de Cristo. Los cuerpos de las monjas coloniales se moverán en el límite de la abyección física, no se ingiere la abyección del otro, pero sí se alardea de la propia.

El salto de uno a otro gesto obedece a un doble motivo: por una lado, la distancia que media entre la Edad Media y el período colonial, y las medidas que para los excesos penitenciales femeninos diseñó la Iglesia del XVI. La Inquisición no hubiera visto con buenos ojos que la Madre Castillo bebiera de una herida pustulenta. Tampoco debe olvidarse la distancia que separa la leyenda del testimonio. Por otra parte, nos encontramos con el diferente valor simbólico de cada gesto: si la ingesta abyecta representa una forma de entrega y penitencia, la exhibición de la abyección forma parte de un mecanismo

242 KRISTEVA, *Poderes de la perversión,* ibid: 12.

de seducción, perfectamente acorde con la lógica de rebajamiento y padecer que sustenta el relato de la Madre Castillo, donde la más vilipendiada será la más deseada. Asimismo, la ingesta simbólica de las llagas de Cristo posee el valor de encuentro eucarístico y fusión amorosa, de orden muy distinto a ese *otro* abyecto que entra en mí. La ingesta eucarística también habría de conducir hacia ese encuentro amoroso.

5.2.2.4.2. La Eucaristía y sus metáforas

La performatividad metafórica resulta arrebatada en la institución de la Eucaristía, pan y vino no sólo *parecen* cuerpo y sangre, sino que *son* cuerpo y sangre, cuando el celebrante, sea Cristo o uno de sus discípulos, así los conjura:

> Durante la cena Jesús tomó pan, lo bendijo, lo partió y lo dio a sus discípulos diciendo: "Tomad y comed. Esto es mi cuerpo". Después tomó un cáliz, dio gracias y se lo dio, diciendo: "Bebed todos de él, porque ésta es mi sangre, la sangre de la nueva alianza, que será derramada por todos para la remisión de los pecados[243].

En la Eucaristía tiene lugar lo que para el cristiano es el dogma de la transubstanciación, acontecida en un tiempo absoluto o místico, cuando la muerte de Jesús ya está cumplida. Por eso, cada vez que un celebrante rememore las palabras de Cristo, estará provocando un momento único, donde las fuerzas celestes habrán de encontrarse con las diabólicas. La atrocidad del sacrificio produce el desquiciamiento de las leyes de la naturaleza.

Para Sigmund Freud el sacramento eucarístico es el resultado de la estilización del festín totémico. El tótem sustituye al padre asesinado por la horda primitiva, y viene a significar dos prohibiciones: la de matar al padre y la de no realizar el coito

---

243 *Mateo* 26, 26-28.

con ninguna mujer del mismo tótem, que coincidirán con los dos crímenes de Edipo. No obstante, en fechas señaladas, la comunidad come y bebe la carne y la sangre del tótem, como fórmula que estrecha los lazos entre sus miembros, al tiempo que refuerza las prohibiciones. A medida que las sociedades fueran desarrollándose habría de producirse la sustitución del tótem por Dios, sublimación del padre, con el que el hijo desea reconciliarse, pero cuyo lugar también anhela ocupar:

> En la doctrina cristiana confiesa la humanidad más claramente que en ninguna otra su culpabilidad, emanada del crimen original, puesto que sólo en el sacrificio de un hijo ha hallado expiación suficiente. La reconciliación con el padre es tanto más sólida cuanto que simultáneamente a este sacrificio se proclama la total renunciación a la mujer, causa primera de la rebelión primitiva. Pero aquí se manifiesta, una vez más, la fatalidad psicológica de la ambivalencia. Con el mismo acto con el que ofrece el padre la máxima expiación posible, alcanza también el hijo el fin de sus deseos contrarios al padre, pues se convierte a su vez en dios, al lado del padre, o más bien en sustitución del padre. La religión del hijo sustituye a la religión del padre, y como signo de esta sustitución se resucita la antigua comida totémica, esto es, la comunión, en la que la sociedad de los hermanos consume la carne y la sangre del hijo[244].

Además, en la tradición mística son abundantes las metáforas en las que Cristo es un manjar, cuya ingestión resulta deliciosa al paladar. En ocasiones Cristo es una vid, no sólo como eco de la metáfora arcaica que habría de conducir a la sustitución de la sangre del animal-tótem, por la "sangre de la vid", como resultado de una evolución en la cultura culinaria y en las medidas higiénicas de las sociedades primitivas; sino por sus connotaciones de embriaguez y de placer. El *Cantar de los Cantares* abunda en simbolismo báquico, al igual que la poesía de Teresa de Jesús o Juan de la Cruz. Dice el *Cantar*: "¡Me llevó a la casa del vino,/ y su bandera sobre mí era amor!", responde Juan de la Cruz: "el adobado vino/emisiones de bálsamo divi-

244 FREUD, S.: *Tótem y tabú*, Madrid: Alianza, 1999, pág. 180.

no". Otras veces Cristo será comparado con la dulzura de la miel: "Como fuego la limpian, y como abejas labran en ella el panal, para que su querido con la miel que procede de su boca, y está escondida debajo de su lengua diga: Comeré mi panal con mi miel" (MC, 40), pero también: "gustando algo de la suavidad, dulzura, hermosura y firmeza de Dios, hace conocer, cuán vanas son las cosas fuera de Dios" (MC, 28).

Si bien es cierto que los participantes del festín totémico consideraban que éste les suministraba parte de las propiedades del tótem, en ningún momento hablaron de placer o deseo, como sí lo hacen las metáforas místicas vinculadas a la ingestión. Desde aquí, Julia Kristeva descifra la Eucaristía y la metaforicidad alimentaria asociada como una oralidad no saciada en cuanto deseo, pero calmada simbólicamente. La devoración y asimilación del Otro se transforma en plenitud, reconciliación en el exceso:

> Identificada o no con la Eucaristía, pero siempre estableciendo una comunión por nutrición, el ágape se convierte en el cristianismo ulterior en sinónimo de comida comunitaria de los cristianos. La oralidad no saciada en cuanto deseo, pero calmada simbólicamente; la devoración y la asimilación del Otro transformadas en plenitud, en reconciliación en el exceso: esto es lo que desvela el sentido amoroso de un banquete. El hecho de que el amor sea una identificación con el padre ideal y de que esta identificación repose sobre la absorción, sobre la asimilación oral de su cuerpo, introduce en el cristianismo un relevo del sadismo oral dirigido hacia el cuerpo materno arcaico. La madre no os comerá, no la comáis; buscad el indicio del Padre en ella, y no os asustéis, sino asimilaos a esa encrucijada que es a la vez cuerpo y nombre, deseo y sentido... el cristianismo ofrece a la avidez destructora... un Verbo. El lenguaje[245].

¿Qué significado tiene, desde aquí, la búsqueda de la Eucaristía como único alimento? Si bien es cierto que lograr sobrevivir con la sola ingestión del alimento eucarístico supone escapar de la animalidad a la que se encuentra cercana todo

---

[245] KRISTEVA, *Historias de amor,* ibid: 132.

hombre, para situarse en un espacio sobrenatural, pero también ambiguo y alarmante, pues en él se mueven tanto los ángeles como los demonios; la cita de Kristeva apunta, asimismo, una metáfora del proceso de Edipo como tensión, ya que la Eucaristía puede ser pensada como *objeto a,* como intento de invertir el Edipo para retornar al orden real, que, sin embargo, no se consigue, al participar la mediación de la palabra. Asimismo, no debe olvidarse que la primera pulsión desarrollada por el ser humano es la pulsión oral, asociada al placer sexual, y que la eucaristía participa de esa pulsión, como primer instante de goce antes del encuentro místico. Dirá Lacan:

> No es sólo del pan de la buena voluntad del otro que el sujeto primitivo tiene que nutrirse, sino directamente del cuerpo que lo nutre. Lo que llamamos relación sexual es eso a través de lo cual la relación con el otro desemboca en una unión de los cuerpos. Y la unión más radical es aquella de absorción original, el blanco, la mira, el horizonte del canibalismo y que caracteriza lo que es la fase oral[246].

La Madre Castillo, María de San José y Úrsula Suárez demuestran en sus textos la importancia que para el mundo cristiano tiene el alimento eucarístico y la mitología específica que la sociedad americana colonial le otorga. Las tres monjas comulgan tanto como les es autorizado por sus superiores, lamentan las ocasiones en que la comunión les es negada, y experimentan arrobos y vivencias místicas después de la ingestión: "Recibí en aquel tiempo a Nuestro Señor Sacramentado con toda la frecuencia que se permitía, y allí era mi alma anegada en el mar de su amoroso pecho y grandes misericordias" (MC, 47), "Llegué a comulgar este día, como lo tenía de costumbre y al recibir la forma en la boca se me llenó toda de

---

246 LACAN, J.: *El seminario de Jacques Lacan. La transferencia.* Libro VII, Barcelona: Paidós, 1999. Cifr. STRADA, Gabriela: *El desafío de la anorexia,* Madrid: Síntesis, 2002, pág. 67. Sobre la importancia del goce en los textos del corpus de trabajo véase el apartado "memoria de un goce".

dulzura más dulce que la miel. Esta dulzura se difundió no sólo al alma, sino que según me parece quedé toda empapada de dulzura" (MJ, 160). De igual forma, algunas de las *hablas* que se dirigen a Úrsula Suárez proceden del sagrario, en la iconografía de sus sueños y visiones también es frecuente encontrar el motivo eucarístico:

> Salí del dormitorio con toda priesa; abrí la selda como si estuviera despierta, y abrí un cajón donde tenía las sábanas; y al abrirla veí dentro de la caja una cosa mui alba, ensima de un lienso delicado y nuevo... nunca veí este género de lienso... veí no era panal, y afiguróseme hostia grande, como las que dicen misa. (US, 211).

La hostia que aparece en los sueños posee distintos valores: es una gracia, es símbolo de la omnipotencia del Dios cristiano, pero también recordatorio para los clérigos de la dignidad de su oficio, pues son muchos los sueños en que éstos aparecen con una forma sagrada en la mano, bien como alabanza, pero también como crítica. Los sueños de Úrsula se tiñen de valoraciones políticas, justificadas por su papel de mediadora, de elegida de Dios.

María de San José y Francisca Josefa del Castillo llegarán incluso a vivir durante temporadas de las sola ingestión del alimento eucarístico. Con la institución de la Eucaristía el alimento se espiritualiza y se vuelve trascendente, la comida no es lo que parece ser. Si la ingesta eucarística remite a los mismos canales que la toma del alimento sagrado, la inedia se convierte en una forma de evitar el contagio, la mezcla de uno a otro. Además, la monja profesa ha renunciado al papel de alimentadora, preparadora y dispensadora de comida, que su sociedad le reservaba como mujer, y lo ha hecho por seguir a Cristo, fuente de supremo sacrificio. Desde aquí, renunciar a la propia alimentación puede pensarse como una deriva lógica de este programa. La anorexia sagrada se halla estrechamente vinculada al sacramento de la Eucaristía.

5.2.2.4.3. Anorexia sagrada, inedia

> *–Siempre deseé que admirarais mi resistencia al hambre-dijo el ayunador*
> *–Y la admiramos- aseguró el inspector.*
> *–Pero no deberíais admirarla... Porque tengo que ayunar necesariamente, no puedo evitarlo –musitó el ayunador.*
> Frank Kafka, "Un artista del hambre".

En el intento por descifrar una de las llamadas "plagas del siglo XXI": la anorexia, son cada vez más las miradas que buscan en el pasado pistas para interpretar el incomprensible presente[247]. Así, la *anorexia mirabilis* o anorexia santa se presenta como un fenómeno que debe ser historizado y conectado a toda costa con el problema actual. Mientras Catalina de Siena se convierte en uno de los iconos del "vivir sin comer". De este modo, si bien es cierto que en un capítulo dedicado al estudio de la retórica corporal en los textos conventuales del XVII y el XVIII no debe faltar un apartado dedicado a la *anorexia mirabilis*, también lo es que las conexiones entre este fenómeno y las manifestaciones anoréxicas del presente no son tan sencillas de establecer. Una simplificación excesiva sólo conducirá a la incomprensión más absoluta.

Más allá de la sacralización que el mundo de la moda y de la imagen han hecho de un cuerpo femenino, extremo en su delgadez, androginizado en sus formas, la anorexia se dibuja como un modo sintomático de vivir, sostenido por una persona, en la mayoría de casos una mujer, que siente amenazada su existencia como sujeto psíquico. El cuerpo dice aquello que es imposible decir con la palabra, se transforma en el portador de un enigma cifrado en la delgadez y el modelo del cadáver, ávido

247 El ya "clásico" TORO, Josep: *El cuerpo como delito*, Madrid: Alianza, 2002, dedica los dos primeros capítulos al estudio de figuras anoréxicas del mundo antiguo que trata de presentar como claves para entender el presente.

de un interlocutor que no responda desde la satisfacción de las necesidades, sino desde la escucha.

Desde aquí, dejar de nutrirse se muestra como estrategia que persigue evitar la extinción del deseo, demostrar que hay una vida más allá de las necesidades. El "no" de la anoréxica habla del miedo a ser tragada, devorada. Por eso ella acaba no por no comer, sino por *comer nada:*

> "Alimentándose de nada" a través del objeto nada pone trabas a su dependencia, resiste a lo que puede experimentar como una "omnipotencia ávida de hacerla vivir"... Si el alimento no es un don, no se presenta claramente como un signo del amor materno, no surge del deseo de la madre de darle algo, entonces el reclamo se vuelve sobre nada. Alimentarse de nada se instaura como un síntoma, y come nada porque esta nada inicial es la única que puede devolver el carácter de señuelo que el objeto juega en la economía de la satisfacción. La anorexia puede situarse en estrecha conexión con un fallo en esta dialéctica de la demanda de amor; el objeto no ha funcionado como una metáfora del amor de la madre[248].

De este modo:

> La anorexia es un síntoma que se estructura alrededor de la oralidad. Los primeros contactos del niño con la madre alrededor de la alimentación ponen en juego una pulsión oral y a la boca como una zona erógena privilegiada. Desde sus orígenes, lo que el niño necesita y pide y lo que la madre da deja de ser un alimento para nutrir y se transforma en un intercambio fundamental para la construcción del psiquismo humano[249].

¿Qué relación guarda con todo esto la *anorexia mirabilis*? La privación de alimento se encuentra en el ascetismo cristiano desde sus tiempos más remotos, y es, incluso, anterior a la inhibición de las funciones sexuales que culminaría en el celibato eclesiástico[250]. Sin embargo, a partir del siglo XIII esta

---

[248] STRADA, G.: *El desafío de la anorexia,* Madrid: Síntesis, 2002, pág. 85.

[249] ibid: 34.

[250] Raféale Pinto explica en su artículo "La metáfora del cuerpo en el discurso de la anorexia" (en BORRÀS CASTANYER, L. (ed. y prol.):

práctica vuelve a cobrar relevancia como rasgo peculiar y extremo de la espiritualidad femenina, se recupera una cadencia del cristianismo primitivo[251]. Para Rafféale Pinto[252] este hecho disociaría en una doble dirección el ascetismo de hombres y mujeres, ya que las mujeres penalizarían su cuerpo con prácticas de contingencia alimentaria, mientras que los hombres lo harían con un fuerte control del deseo sexual.

Las prácticas sexuales de la mujer estaban en la época absolutamente vinculadas a la procreación y el dolor del parto. El débito matrimonial vinculaba la sexualidad femenina con la satisfacción de un deseo ajeno. Además, la mujer no tenía posibilidades de acceder al sacerdocio, por lo que el celibato no era para ellas una imposición externa. Pero el incremento de la mujer en la vida monástica y su acceso paralelo a la cultura presentarían un conflicto entre cuerpo y mente que provocaría: "un desplazamiento de lo centros de vida moral hacia los impulsos básicos de la supervivencia"[253].

Por ello, para la mujer el mal sería siempre una presencia interna y el diablo una fuerza parasitaria connatural mientras que para el hombre éste no sería más que una respuesta impura dada a un estímulo externo. La interiorización del mal socava la singularidad de la propia individualidad, su resolución sobre el cuerpo desata un peligro de muerte. La subjetividad se vuelve

---

Escenografías del cuerpo, Madrid: Fundación del Autor, 2000), cómo el ascetismo alimentario en el seno del cristianismo puede documentarse en el monaquismo oriental de los padres del desierto, mientras que habrá que esperar a Agustín de Hipona para que el énfasis ascético se desplace hacia el control de las funciones sexuales.

251 Rudolph Bell documenta en su libro *Holly anorexia* (Chicago and London: The University of Chicago Press, 1985), el ejercicio de esta práctica en 170 santas italianas, desde el año 1200 hasta la actualidad, aportando abundante material documental, y estableciendo sugestivas comparaciones psicofísicas entre la *anorexia mirabilis* y la anorexia nerviosa.

252 ibid: 97.

253 ibid: 98.

intensamente corporal y permea la escritura, el cuerpo-pasión de Cristo y la maternidad virginal mariana hiperbolizan y acentúan esta tendencia.

La mística debe trascender el cuerpo para llegar a Dios, tanto como la anoréxica moderna debe hacerlo para alcanzarse a sí misma. Ambas experiencias comparten la fijación en la conservación de la insatisfacción y en la nada, como objeto a través de conductas de restricción alimentaria. El cuerpo se sacrifica, se minimiza, se transforma en cadáver, como el cuerpo-cadáver de los éxtasis de Catalina de Siena, o la "disposición de un cadáver" que piden los *Ejercicios Espirituales*: "tal vaciamiento de todo goce corporal produce un goce de ausencia de sí misma que puede encontrar elementos comunes con la anorexia y el goce femenino"[254].

Pese a ello

> En la mística, el vuelco hacia la transmisión hace un trabajo de ordenación del goce y lo coloca al servicio de Dios, permitiendo la construcción de un fantasma: ser la elegida de Dios, alrededor del cual giran el deseo y el goce. Garantizando a Dios, puede situarse como la histérica, ofreciendo consistencia al discurso del amo. En la mística hay un sacrificio del cuerpo al nombre[255].

La mística logra un marco simbólico y construye un fantasma, la histérica a través de sus síntomas mantiene el deseo como deseo insatisfecho, mientras la anoréxica instalada en el "no" sólo podrá superar esta posición cuando sea capaz de metaforizar de otra manera su falta. Sin embargo, mística y anoréxica coinciden en mostrar en el cuerpo un indecible. En el primero de los casos porque escapa a las palabras, en el segundo porque algo no se sabe, porque retorna al cuerpo, porque persigue una inscripción. Por eso, mientras la anoréxica *come nada*, la mística se alimenta de la Eucaristía.

[254] STRADA, ibid: 139.
[255] ibid: 139.

Si el modelo omnipresente de Catalina de Siena impone sobre las monjas coloniales el ideal de inedia, es María de San José la única que, de manera transitoria, a lo largo de una enfermedad que dura cinco años, consigue aproximarse a él:

> Llegué a pasarme con tan poco alimento que casi vivía sin comer. Se me acuerda que en una ocasión, me estube veinte i un día sin tener operación ninguna en que conociese que era cuerpo humano sugeto a estas miserias... I para que se entienda al estremo que avía llegado no les hiso cuidado, ni a mi madre ni a ninguna darme de comer. (MJ, 169-175).

La madre que amamantó a María, entonces Juana, hasta los cinco años, deja ahora de darle de comer. Sólo cuando se consigue vivir sin comer cesa la enfermedad y finaliza el proceso de noche oscura que la monja mexicana ha estado atravesando. Después de "ponerme en los puros huesos" (MJ, 169), el cuerpo logra ser trascendido y la fusión divina se alcanza. Se ha completado un proceso de metamorfosis: el del cuerpo en desecho. Con la renuncia al vestido, al habla y al alimento se alcanza un estado de no-necesidad, que trasciende el principio de placer y penetra el espacio del goce. La importancia de la pulsión oral en la construcción de un sujeto psíquico, que hace hablar a su cuerpo y su deseo a través de la manipulación del alimento, recibe una metáfora perfecta en la imagen de la boca de la monja pegada a la pared para soportar la abstinencia de líquido: "El autoerotismo es una boca que se besa a sí misma"[256], María de San José parece besarse a sí misma, como en un retorno hacia un estado de goce anterior.

---

[256] LACAN, J.: *El seminario de Jacques Lacan. Los cuatro conceptos fundamentales del psicoanálisis. Libro XI*, Barcelona: Paidós, 1987.

5.2.3. Más allá de los límites

5.2.3.1. Fluidos que significan

Adentro y afuera, marco y disolución, borrado de límites, el cuerpo femenino como materia desbordada, trabado por el himen, encerrado en el claustro, sellado por la medicina o por la moda, resulta todavía peligroso en sus fluidos, que no sólo disuelven las marcas de contención, sino que resignifican los propios lenguajes de intervención cultural.

Los fluidos de los cuerpos masculinos y femeninos significan, activan una metaforicidad delirante, invitan a la decodificación. El cuerpo circundado puede terminar por diluir su silueta. El texto místico fluye, porque sus letras son sangre, sudor y lágrimas. Toda retórica del cuerpo no puede olvidar sus excrecencias.

El orificio corporal recorta, constituye, el territorio del cuerpo. Todo fluido que mana de él trastorna, atemoriza, porque toda eliminación representa una pérdida de algo que pertenece al ser, al tiempo que suele venir acompañada de una perturbación física o psíquica: el llanto habla de un desequilibrio emocional, el esperma se vincula al placer, el sudor al esfuerzo corporal, el pus al dolor y la infección. Entre los fluidos corporales el excremento y la sangre menstrual marcan los bordes de la corporalidad desde el orden de lo contaminante, mientras que las lágrimas y el semen ayudan con esas marcas, pero carecen de valor de polución. Sin embargo, la sangre, con su polisemia significativa, es la más terrorífica de las eliminaciones, pues su incontinencia lleva inevitablemente a la muerte, mientras que sus muchos sentidos atraviesan el orden de lo sagrado. Asimismo, el fluido también une, ensarta otros cuerpos: el semen inunda el cuerpo de la mujer y la fecunda, los "lazos de sangre"[257] convierten a dos cuerpos en

[257] En muchos textos clásicos y de la Edad Media la leche con la que la madre da de mamar al recién nacido no es más que sangre blanqueada, sangre

uno, las lágrimas convenientemente derramadas pueden tener poder curativo.

Para Julia Kristeva la leche y las lágrimas que manan del cuerpo de María "tienen algo en común: ser metáforas de no lenguaje, de una 'semiótica' que la comunicación lingüística no oculta"[258], afirmación que sitúa el lenguaje corporal y el lenguaje de los fluidos en la estela de una búsqueda semiótica que conecta con la articulación de una "escritura femenina", indagación utópica.

5.2.3.1.1. "Abundancia de devoción, lágrimas y dolor de los ojos por tantas"

El *Diario espiritual* de Ignacio de Loyola cuenta y recuenta la llegada de las lágrimas y habla de un exceso. Agustín de Hipona relata episodios de llanto, y traba en ellos la codificación de un lenguaje que apunta a la trascendencia: "¡Oh! Cómo cabía aquí lo que dice nuestro padre San Agustín: que si en el destierro de esta vida es tan dulce llorar por Dios ¿qué será gozarle y verle en el cielo para toda la eternidad?" (MC,121). Catalina de Siena teoriza sobre esas mismas lágrimas, redactando uno de los episodios más complejos de la literatura religiosa sobre el acto de llorar. Retórica del llanto, don de lágrimas: "que asta oi se continuan mis oios un aguasero de lágrimas, que bien se conose que es don de lágrimas" (MJ, 130). La lágrima es un flujo del cuerpo, como la sangre o el semen, pero la lectura que activa su llegada es muy distinta a la de

---

menstrual que ha dejado de manar durante el embarazo y se ha dirigido hacia los pechos de la mujer encinta. En la Antigüedad y la Edad Media es posible encontrar numerosos tratados fisiológicos que estudian el doble paralelismo existente entre mama y útero, leche y sangre. En el acto de mamar dos cuerpos quedan convertidos en uno por la acción de un fluido. Los hermanos de leche son hermanos de sangre, con la indisolubilidad que todo vínculo de sangre implica.

258 KRISTEVA, J. *Historias de amor,* ibid: 221.

los otros flujos corporales, ¿qué tiene de especial?: su condición de don, la intercesión divina situada en su origen. Llorar es una forma de expresar lo inenarrable. La especial retórica del llanto es teorizada por Francisco de Osuna en su *Tercer Abecedario*, puesto que las lágrimas van a ser un complemento o un modo de oración sensible: "que, así como este santo ejercicio excede a otros es muchas cosas, así lo excede en las lágrimas, ca tiene más que otro ninguno; porque a los seguidores del recogimiento es más fácil llorar que no a otras personas" (X,2, pág. 337).

Así, en su sentido más cotidiano, el llanto es símbolo de tristeza, de queja, y sobre todo de duelo: "llorar a los muertos", y aquí la mujer es la llorona, la plañidera de oficio, pues "los chicos no lloran, tienen que pelear", letra pop que podría ser un consejo de perfecto cortesano. No en vano es la heroína romántica quien deja correr las lágrimas mientras se mesa los cabellos, al tiempo que el héroe prefiere el monólogo hamletiano o el suspiro, el llanto tiene mucho de femenino.

El llanto por excelencia es el de la *Pietà*: la Virgen-Madre, hipérbole absoluta de lo femenino, llora por la Suprema Muerte de Cristo Crucificado. Pero las lágrimas también expresan desconcierto, se llora porque la vida y su ritmo superan al propio pensamiento, porque la palabra ha sido desbordada por los sucesos, llorar es signo de un desorden de lenguaje. Por eso llora la histérica, que, asimismo, ríe, la risa del loco, pues la vida trascurre entre "risas y llantos", si la ira hace llorar también hace reír, carcajadas fantasmales, dice Bataille:

> La muerte se asocia a las lágrimas, del mismo modo que en ocasiones el deseo sexual se asocia a la risa, pero la risa no es, en la medida que parece serlo, lo opuesto a las lágrimas; tanto el objeto de la risa como el de las lágrimas se relacionan siempre con un tipo de violencia que irrumpe el curso habitual de las cosas. Las lágrimas se vinculan por lo común a los acontecimientos inesperados que nos sumen en la desolación, pero por otra parte un desenlace feliz e inesperado nos conmueve hasta el punto de hacernos llorar[259].

---

259 BATAILLE, G.: *Las lágrimas de Eros*, Barcelona: TusQuets, 1997, pág. 52.

Así, la lágrima donada se nutre de muchos de estos sentidos, pero los centuplica hasta convertirlos en problema teológico, incluso en milagro, las imágenes santas lloran[260], muchas veces "lágrimas de sangre"[261]. Veamos qué responde Dios a Catalina de Siena cuando ella pregunta sobre la causa y el sentido de la lágrima sacra:

> Entonces dijo la dulce y primera Verdad de Dios: -¡Oh dilectísima y queridísima hija! Me pides saber las causas de las lágrimas, y yo no menosprecio tu deseo. Abre los ojos del entendimiento, y te mostraré, por medio de los estados del alma que te he referido, las lágrimas...

El llanto es una pulsión del alma, resultado de un estado moral entre el pecado y la gracia, existen "formas de llorar" y cada una se asocia con la pertenencia a una casta, de los temerosos y de los amantes, o de los que reclaman una donación y reciben la lágrima diletante, aquella que es de fuego, molde de un porvenir. Sin embargo, no ignora Teresa de Jesús que tras el deseo de tener lágrimas puede encontrase la tentación del Diablo o el estimulo de la propia vanidad: "no está el amor de Dios en tener lágrimas" (LV, 11, 13).

---

260 Un alto porcentaje de "milagros" documentados a lo largo de la última centuria hace referencia a imágenes que lloran, en su mayoría representaciones de la Virgen en diversas advocaciones, pero también de santas, eso sí siempre imágenes femeninas. *Nunca fuimos ángeles* o *El quinto milagro* recrean cinematográficamente esta tendencia. Esto se debe a la ya explicada vinculación entre feminidad-llanto, aunque no debe olvidarse que también hay santos llorones. La lágrima mística afecta tanto a hombres como a mujeres: Ignacio de Loyola, Agustín de Hipona, Francisco de Asís... lloran abundantemente y convierten sus lágrimas en icono de su sensibilidad espiritual. Sin embargo, aquello que en el caso del místico apunta hacia una excepcionalidad, en el de la mujer-mística se relativiza al asociarse con "su naturaleza".

261 Si la lágrima es signo de tristeza y la sangre de sufrimiento y muerte, las lágrimas de sangre apuntan hacia la hipérbole del horror. Las imágenes que lloran sangre anuncian catástrofes o demuestran su horror ante el actuar del hombre.

María de San José, Úrsula Suárez y la Madre Castillo lloran reiterada y abundantemente a lo largo de sus vidas, sus lágrimas expresan dolor por la muerte de los seres queridos, rabia por las falsas acusaciones y los castigos injustamente recibidos, pero son, sobre todo, lágrimas donadas, vinculadas a la trascendencia, que se convierten en *modus vivendi*: "Corrían siempre lágrimas de mis ojos en tanta abundancia que me mojaban la ropa" (MC, 14), "A Dios y Señor me confesé con más lágrimas que palabras" (MJ, 98), "Sólo sabía llorar y más llorar" (MJ, 98), "mis ojos eran fuentes de lágrimas" (MJ, 100), "Tenía en este tiempo un paño que tenía más de dos baras para enjugar las lágrimas que lloraba y había días que las dejaba correr hasta el suelo" (MJ, 130) siempre era con los ojos llenos de lágrimas" (MC, 1), "y lo que al decir esto siente mi corazón sólo podrían decir mis ojos llenos de lágrimas" (MC,2), "me levanté con toda prisa y me puse de rodillas, las manos puestas en frente de esta imagen de Nuestra Señora, hecha un mar de lágrimas, que según tengo entendido y experimentado desde este día, me hizo el Señor la merced de darme don de lágrimas" (MJ, 97), "y en mi interior que paresía veía una lus como de sol... Parese fue mi corazón como si echaran sal en agua: así se deshasía en lágrimas" (US,193). Entre ellas hay lágrimas de temor, de dulzura y de fusión, pues sus vidas representan un camino de logros espirituales, de avance hacia el objetivo divino. Las lágrimas como la sangre gozan de una particularidad expresiva: son una "treta del débil", pero también una forma de "masoquismo femenino":

> Un tipo de masoquismo que intenta compensar la desilusión del semblante fálico a través de la máscara de la figura doliente y el sacrificio: la que no tiene, la que lo pierde todo, la abandonada; y que se escucha en la queja de insatisfacción de la histérica o en la potente figura de la Mater dolorosa. La queja femenina, estrategia de palabras, conjura ese malestar poniendo el cuerpo para el sacrificio y endeudando al mundo en su inmolación. Pero la autodenigración del sujeto se convierte en una forma de demanda que enrostra al otro su incapacidad de amar[262].

262 MATTALÍA, S.: *Máscaras suele vestir. Pasión y revuelta: escritura de mujeres en América Latina,* Madrid: Vervuet, 2003.

Así, el programa esbozado por Mattalia se cumple en estos textos, donde la lágrima conecta con una tradición, al tiempo que ayuda a dotarse de una máscara: aquella que se vincula con la hagiografía, que ayuda a "parecerse a". La lágrima es un componente más de la falsilla sobre la que se escribe el retrato, del juego de la *imitatio*; al tiempo que un amarre lanzado hacia la historia de la literatura de mujeres, otra forma de recordar el insistente linaje.

5.2.3.1.2. Metáforas de sangre

> *Pues la sangre es el alma.*
> *Levítico,* XII, 20.

> *Tú rindes culto a la sangre*
> *Tú la llamas sangrado histérico*
> *Tú quieres beberla como leche*
> *Tú mojas tu dedo en ella y escribes*
> *Tú te desmayas al olerla*
> *Tú sueñas con arrojarme al mar.*
> Adrianne Rich, "Walking in the dark".

Ligada a imágenes de muerte, y más aun de vida, la sangre es peligrosa y bienhechora, pura e impura, siempre seductora en su atrayente ambigüedad. Ni la medicina ni la religión han logrado exorcizar su poder de atracción, la sangre en sus múltiples manifestaciones goza siempre del favor sagrado. Los vampiros, las menstruantes, los pactos firmados con sangre, diversas formas de mutilación ritual... la ponen en escena, activándola como significante que ensarta múltiples tropos.

La anatomía y la creatividad femenina se entrelazan, la historia de la mujer habla de una necesidad de experimentar el cuerpo como único medio disponible para el arte, la distancia entre el artista y su objeto disminuye: "una de las metáforas primordiales y más resonantes que provee el cuerpo femenino es la sangre, y las formas culturales de la creatividad frecuentemente se experimentan como una herida dolorosa"[263]. Aquello que aparta a la mujer de la sociedad, que la vuelve impura y la marca, puede ser manipulado por ella hasta alcanzar la potencialidad de un lenguaje singular y sublimante. Cuando la hemorroisa toca el manto de Cristo[264] y trasgrede la frontera física del tabú anticipa la recuperación del cuerpo femenino para el arte, pero también para la expresión del contacto divino, al modo de la mística.

Por tanto, la sangre manipulada resulta resignificada y conjura el peligro de muerte. La sangre, peligrosa cuando mana sin control, no lo es si procede de una herida autoinfligida voluntariamente, pues entonces se sabe a dónde va y de donde viene, es el resultado de una actividad, no de una pasividad:

> A veces se trata de utilizar la fuerza de la sangre para fortalecer, fertilizar, hacer crecer, curar, transmitir vida, resucitar, a veces se trata de comprometerse en acciones, en votos, a veces de asociarse a los difuntos, a los santos, a los héroes fundadores, participar en el sufrimiento, contribuir a la vida del dios o participar en un drama cruento que ha tenido lugar en un tiempo mítico o histórico, hacerlo —en cierto modo— revivir[265].

La sangre mana del costado de Cristo y de los propios estigmas, la imaginería medieval y más tarde barroca representan a un Cristo sangrante que alimenta con el manar de sus llagas a la misma Iglesia. Incluso en medio de sus representaciones más benévolas la sangre recuerda el dolor de su padecimiento, introduciendo la más profunda sensación de inquietud: "Estaba como cuando andaba en el mundo, mas como de edad de catorce o quince años, con tan grande hermosura, que

---

263 GUBAR, S.; "La página en blanco" en FE, M. (coord.): *Otramente: lectura y escritura feministas,* México: FCE, 1999, págs. 175-203.

264 *Mateo* 9, 20 y ss, *Marcos* 5, 25-34 y *Lucas* 1, 49-50.

265 ROUX, J.P: *La sangre. Mitos, símbolos y realidades,* Barcelona: Península, 1990, pág. 156.

no es cosa que se pueda decir ni pensar; tenía los cabellos es muchas partes mojados en sangre" (MC, 100).

La religión se lleva en la sangre, quien procede de un linaje impuro jamás podrá consagrarse a Dios[266]. La moral y la ortodoxia parecen heredarse, una de las mayores transgresiones de Teresa de Jesús es haber eludido su estirpe, haber hecho callar a la sangre, el judaísmo en las venas de sus antepasados podía haberla perdido. En una época en la que el gen todavía no ha sido descubierto el determinismo genético atraviesa la religión, no todos son iguales a ojos de Dios, o al menos eso creen unos cuantos.

Cuando una aspirante a religiosa entraba al monasterio, sabía que debía renunciar al mundo externo, dejar atrás un modo de vida. Los rituales de absoluto desprendimiento y total negación de los orígenes activaban una red de interacción semiótica entre las monjas y sus familias. Al igual que el resto de las instituciones religiosas, los monasterios femeninos asentaron sus bases sobre el grupo familiar. Que éste fuera sólido, legítimo y cristiano era un antecedente indispensable para quien deseaba entrar en un convento. Además, la familia debía garantizar la manutención de la religiosa mediante la *dote*. El culto a la limpieza de sangre presente en la legislación española llegaría también a la Nueva España, aquellas personas que carecían de los certificados pertinentes buscarían apelar a su origen étnico como garantía. La exaltación de la nobleza de alma que se consideraba propia de los cristianos viejos atrave-

---

[266] Mestizas, negras, indias, pero también hijas ilegítimas, tendrían vetada o dificultosa su entrada en el convento. Por ello, resulta de sumo interés para el estudio de las condiciones ideológicas en el mundo colonial indagar la fundación de conventos para indias, pero también los cambios en diferentes normativas monásticas para posibilitar su acceso, sobre todo el de la india de linaje real. A este respecto pueden consultarse dos textos de Josefina Muriel: *Conventos de monjas en la Nueva España*, México: Eds. Santiago, 1946 y *Las indias caciques del Corpus Christi*, México: UNAM, 1963.

saría la sociedad colonial creando divisiones jerárquicas entre los distintos grupos. En los casos en que tampoco se podía reunir esta información se recurría a testigos, que debían responder a toda una serie de preguntas sobre el comportamiento del entorno familiar de la religiosa. La sangre determina el comportamiento. La limpieza de sangre es una forma de higienismo social.

Las vidas de Úrsula Suárez, la Madre Castillo y María de San José se encuentran teñidas por la presencia de la sangre, bien como metonimia de Cristo y de su acción en la tierra: "todo lo que el Señor padeció y obró para redimirme a costa de su preciosa sangre" (MJ, 96), a la que las monjas se encomiendan en oración: "Sólo la sangre de Nuestro Señor, a quien pido a mi amantísimo Padre, me encomiende, para que no se pierda en mí, el precio de su santísima pasión y muerte" (MC, 215), bien como símbolo de la entrega en el propio sacrificio personal, fórmula de *imitatio Christi:* "que a Él espero no dejarlo de buscar, como pudiere, hasta el postrer suspiro de vida, aunque sea arrastrado y revolcándome en mi propia sangre" (MC,160), "Es cierto que llegó a tanto mi aflicción y confusión, y lloraba tan amargamente, viéndome de todas partes atribulada, y como sin remedio, que me faltaba casi nada para reventar sangre por los ojos" (MC, 117), o como manifestación dolorosa de una enfermedad, donde la presencia de la sangre aporta un tinte horrible y la dota de una aceptación cristiana, también imitativa de la pasión: "dispuso Nuestro Señor que reventara por la boca una máquina de sangre, o postema, que decían, que no sabían en que cuerpo pudo caber tánto" (MC, 174). Pero aquello que más me interesa es el momento en el que la sangre tiñe las visiones de orden sobrenatural para centuplicar su valor metafórico:

> Pues llegando a recibir a Nuestro Señor veía con los ojos del alma, que de mi garganta salía mucha sangre, y que la recogían los santos ángeles en una toalla o paño que tenían puesto delante de mi pecho. Yo se lo dije al Padre Tovar y me respondió: "¿Quién duda que serían ángeles los que recogían aquella sangre derramada por Dios? (MC, 60).

La garganta como lugar del que mana la palabra, en este caso una palabra femenina: "Yo tengo una palabra en la garganta/ y no la suelto, y no me libro de ella/aunque me empuje su empellón de sangre"[267], y la sangre como flujo salvaje, de potente fisicidad, flujo trasgresor, pero también tinta. La palabra femenina pasa por el cuerpo y la sangre, los ángeles la recogen con un paño, con ello la legitiman, Dios la mima y la autoriza. En la dimensión de la sensorialidad divina "veía con los ojos del alma", la mujer habla y lo hace empleando su cuerpo. Corporalidad y misterio traban una forma de decir y de letra, y ésta es letra de sangre. "El chorro de sangre es la poesía/ No hay como pararlo", dice Sylvia Plath en su poema "Kidness", la sangre es la tinta de una escritura que es herida y desgarro, escritura de mujeres que anhela decir allá donde le ha sido prohibido. Las monjas coloniales son seres desgarrados, fruto de un imaginario impuesto que no se ajusta a su deseo. Asimismo, la mujer que sangra no es madre, rechaza un modelo social, pero la monja que sangra, viola el tabú de ser sellado y trunca la fantasía de su androginación con la exposición de un fluido que significa mujer-otra, palabra-otra.

5.2.3.2. Dolor, punción de lo sacro

> *La grandeza extrema del cristianismo viene no de buscar un remedio sobrenatural al sufrimiento, sino un uso sobrenatural del sufrimiento.*
> Simone Weil, *A la espera de Dios.*

El dolor se presenta en el mundo del cristianismo como "punción de lo sacro"[268], "sacralidad salvaje"[269], que arrebata al hombre de sí mismo y lo enfrenta a sus límites, forma caprichosa y arbitraria que hiere con inaudita crueldad, hasta llegar a

---

267 Cifr. MISTRAL, G.: "Una palabra" en *Lagar,* Madrid: Cátedra, 2002.

268 LE BRETON, D.: *Antropología del dolor,* Barcelona: Seix Barral, 1999, pág. 18.

269 ibid: 270.

quebrar los límites de la identidad. Los distintos sistemas religiosos han intentado integrar el sufrimiento humano en sus explicaciones del universo. Buscarán justificarlo en relación con Dios, los dioses o el cosmos; e indicarán las maneras mediante las cuales los hombres deben asumirlo o combatirlo. Para muchas culturas, la humanización del dolor pasa por la determinación religiosa de su causa; al tiempo que por una moral de comportamiento y un programa estético que lo represente en el arte.

En el caso del cristianismo el dolor es la consecuencia del advenimiento de la conciencia. Cuando el hombre se separa de Dios al comer del fruto del árbol del Bien y del Mal se vuelve responsable de su destino, accede a la dimensión simbólica y se transforma presa del dolor, la enfermedad y la muerte: "La desdicha es un efecto de ruptura entre el hombre y lo divino[270]". El primer acto de separación de Dios, el primer pecado fundante se asocia a la comida, ingestión que contamina el cuerpo. El ser humano "a imagen y semejanza de Dios", sintetiza al digerir algo distinto a Él, algo que lo convierte desde entonces en una criatura maldita.

La expresión del dolor se traba en una historia cronológica y cultural. En el mundo árabe los síntomas se teatralizan hasta alcanzar el exceso, mientras el Occidente moderno parece haber perdido toda capacidad para soportar dolor. Frente a ello los siglos comprendidos entre principios de la Edad Media y comienzos del Barroco son el gran momento del aguante ante dolor, del sacrificio y el supliciamiento doloroso y de su hiperbolización teatral y estética.

En uno de sus primeros tratados Tomás de Aquino definía el dolor como la percepción sensorial de una lesión. Por tanto, el dolor quedaba limitado a los sentidos. Sin embargo, en sus obras posteriores el dolor cobra una nueva dimensión y se

---

270 ibid: 97.

metamorfosea en pasión del alma. El dolor, así entendido, golpea al hombre con mayor intensidad que una simple reacción emotiva, traspasa todo su ser e influye en su relación con el mundo. El dolor no protege al ser humano, sino que lo disminuye. De esta manera, el dolor efectúa una separación entre el yo y el cuerpo, cuando se posee una zona tullida ésta cobra vida propia y pasa a ser considerada por el sujeto como extraña al yo: "duele, pero no importa". El dolor provee al hombre de la conciencia de poseer un cuerpo fragmentado. Sólo cuando el yo se rebela contra una extrañeza que aliena su cuerpo y trata de distanciarse de la zona dolorosa con sufrimiento se puede hablar de dolor; aunque también sin cuerpo puede sufrir el yo: son infinitas las formas de dolor moral, que llegan, incluso, a manifestarse en las más extremas formas de expresión somática.

Aunque tanto los hombres como las mujeres de la Edad Media, el Renacimiento y el Barroco, tratan sus cuerpos mediante la flagelación y otras formas de sufrimiento autoinfligido, los casos de manipulación psicosomática son casi exclusivamente femeninos. De 1200 a 1600 la espiritualidad de la mujer va a ser fundamentalmente somática[271]. La aparición de estigmas, la lactancia milagrosa, la exudación de aceite dulce o el "embarazo místico" serán manifestaciones de una espiritualidad y una corporalidad totalmente femeninas. También serán las mujeres quienes convierten el dolor y la enfermedad constantes en ofrendas a Dios, mientras que las reliquias de santas van a proveer de una mayor número de curaciones que las de los varones.

En este contexto la Madre Castillo experimenta la enajenación dolorosa del propio cuerpo:

---

[271] Cifr. WALKER BYNUM, C.: "El cuerpo femenino y la práctica religiosa en la Baja Edad Media" en FEHER, M. (ed.): *Fragmentos para una historia del cuerpo humano. Parte Primera,* Madrid: Taurus, 1992, pág. 172. El recorrido del artículo resulta revelador para el problema que aquí se expone.

> Tenía un horror a mi cuerpo que cada dedo de las manos me atormentaba fieramente, la ropa que traía vestida, el aire y la luz que miraba. Fui con esto imposible de comer ningún bocado, y sentía tal tormento que sobre la comida derramaba amargo llanto. Todo el día y toda la noche traía un temblor y un pavor que no se puede decir cómo era. (MC, 76).

Este es el relato de una desapropiación, de una esquizofrenia, pero nunca de una pérdida. La "ropa que traía vestida" metaforiza poderosamente ese extrañamiento doloroso hasta transformarlo en una fuente de horror. La identidad trabada sobre un cuerpo temido, negado, extraño, construye un sujeto dislocado, funambulista que camina por su propio borde para hacer de la letra el trazo de una piel reencontrada, rescrita. La escritura es el lazo tendido en la oscuridad para salir de la angustia de contener tras nuestra piel aquello que se teme y saber que siempre estaremos habitados.

En la cultura cristiana dolor y pecado se enlazan. De hecho, dolor y enfermedad son las versiones somáticas del acto del pecar: "La mujer vio que el árbol era apetitoso para comer, agradable a la vista y deseable para la sabiduría. Tomó, pues, de su fruto y comió; dio también de él a su marido que estaba junto a ella, y él también comió"[272]. El primer pecado es un acto de rebelión a Dios, que impone su superioridad con una restricción, pero es también resultado del deseo de obtener un beneficio inmediato: la fruta jugosa, la sabiduría. Por tanto, para su reparación no bastará la humildad, hará falta también experimentar sufrimiento. Así, la penitencia recibe su fuerza de la caridad, pero también del dolor, y de este modo quita la culpa, a la vez que se hace válida para la satisfacción de la pena: "Vivo dolor en mi corazón y en mi alma; parecía que me atravesaban el pecho con una espada, y me partían y deshacían el alma y el corazón, según era el sentido del dolor que sentía

272 *Génesis,* 3,6.

de no haber amado y servido a este señor como estoy obligada". (MJ, 191). Con el primer pecado la mujer inaugura el malditismo sexual, el propio Yavhé la castiga: "Multiplicaré tus dolores en tus preñeces, con dolor parirás a tus hijos y estarás bajo la potestad de tu marido y él te dominará"[273].

Por ello, si la Encarnación busca una satisfacción, una compensación del pecado del mundo y una renuncia en honor a Dios, Jesucristo como verdadero hombre deberá sufrir y padecer dolor. El cristianismo, sobre todo en su versión católica, levanta un culto al dolor que sólo se redime con la muerte: "El dolor prueba el espíritu del creyente y le ofrece la oportunidad de demostrar sus méritos. El hombre de fe acepta el sufrimiento que lo desgarra porque le concede un significado y un valor"[274].

El hombre es deudor de la muerte, en tanto ésta se erige como manifestación visible del pecado, querer morir en el martirio buscará conjurar con la muerte a la misma muerte. Por este motivo Nietzche habló de la "horrible paradoja de un Dios clavado en una cruz", superación sublimatoria de la posición masoquista, en tanto que condiciona una idealización.

5.2.3.2.1. Enfermedad y melancolía

> *Bueno y fiel compañero es el cuerpo para el alma buena: pues aun cuando le pese le ayuda a merecer.*
>
> San Bernardo, *Tratado del amor de Dios.*

> *¡Oh alma mía! ¿por qué estás tan triste y por qué me conturbas?*
>
> *Salmo de David*, XLII, 6-12.

> *Si el miedo y la tristeza se mantienen durante mucho tiempo se trata de un caso de melancolía.*
>
> Aforismo hipocrático.

---

273 *Génesis*, 3, 16.

274 LE BRETON, ibid.: 110.

Rudyard Kipling en "El ojo de Alá"[275] presenta a varios monjes-médico sumidos en un dilema: dar a conocer el avance del microscopio y ser acusados de brujos y herejes, o acallar un descubrimiento médico de notable trascendencia para la humanidad y mantener una apariencia de fe. Medicina y religión aparecen estrechamente vinculadas.

Del equilibrio a la ruptura y al desorden, de la salud a la enfermedad, la ciencia médica busca, desde tiempos remotos, la restauración de una armonía perdida. Medicina y enfermedad se vinculan en sus orígenes a lo sagrado. El brujo, el chamán y el *medicine man* son figuras cercanas al sacerdote.

Así, en sus primeros tiempos el arte de curar nace de un acto de fe por parte del enfermo, que ve cómo su diagnóstico se traza en la adivinación y el sueño. La enfermedad se achaca a la ruptura de un tabú o a la presencia de un espíritu maligno, el tratamiento es la danza, el conjuro o la purificación.

Desde el siglo VII la medicina occidental se encierra en los conventos, queda asociada a la religión, a través de una concepción propia de la salud y de la enfermedad. Ahora sólo el alma y sus enfermedades interesan, si debe atenderse al cuerpo es porque éste es depositario del alma. El médico y los medicamentos son recursos auxiliares, la Iglesia es el verdadero hospital, la plegaria es el mejor remedio. La concepción cristiana del arte de curar, el folklore médico y los conocimientos arcaicos conservados en los manuscritos de los monasterios habrían de velar durante mucho tiempo por la salud de occidente.

Aunque a partir del siglo XIII la medicina occidental comenzaría la que iba a ser una imparable revolución, la teoría y la praxis médica continuarían todavía disociadas en el Renacimiento y el Barroco. La vinculación del mundo de la enferme-

[275] KIPLING, R.: *10 Narraciones Maestras*, Madrid: Siruela, 1999.

dad, la magia y lo sagrado iba a durar hasta nuestros días. La última bruja fue quemada en el siglo XVIII y hasta ese mismo siglo numerosos enfermos mentales serían enfrentados a tribunales de teólogos y juristas para ser condenados por herejía. Sólo cuando "la enfermedad se desprenda de la metafísica del mal con la cual, desde hacía siglos, estaba emparentada; y encuentra en la visibilidad de la muerte la forma plena en la cual su contenido aparece en términos positivos"[276], surgirán la clínica y la medicina modernas.

Asimismo, la mujer como bruja, curandera o partera ejerció y ejerce un papel destacado en la praxis médica, si la medicina es hoy una profesión copada por las mujeres, también es cierto que siguen existiendo abundantes curanderas especialmente en el mundo rural. Si el cirujano y el médico disponían durante el Renacimiento y el Barroco del saber teórico y astrológico, la mujer encargada de curar basaba su arte en el conocimiento práctico del cuerpo, en el trabajo con las manos, el saber hacer culinario y la palabra-conjuro. El espacio femenino y las "labores de mujer", "labores de manos", quedaban con estas tareas legitimados, alcanzaban una relevancia que su sociedad les negaba. Además, embarazos, partos, abortos, trastornos asociados a la lactancia... serían en su mayoría atendidos por mujeres, que desvinculaban estos sucesos de cualquier tacha patológica para naturalizarlos y reivindicarlos socialmente. La mujer es la cuidadora: de los hijos, el marido, los padres ancianos..., siempre se preocupa del bienestar y la salud familiar. Desde aquí, el convento se convierte en recinto al que acuden los familiares enfermos de las monjas para ser atendidos, pero también donde las mujeres se asisten las unas a las otras. Son numerosos los ejemplos en que María de San José, la Madre Castillo y Úrsula Suárez ejercen de cuidadoras, bien de sus familiares, bien de otras monjas.

---

276 FOUCAULT, M.: *El nacimiento de la clínica*, México: Siglo XXI, 1989, pág. 276.

Los místicos son amigos de la enfermedad, enfermos naturales, pues la enfermedad se integra en su naturaleza, sin ella su condición sólo podría ser *otra*. Ésta es compañera crónica, ni el cuerpo ni el alma admiten tránsitos sólo permanencias. María de San José, la Madre Castillo y Úrsula Suárez viven acompañadas por esta doble dimensión de la enfermedad casi desde el momento de su nacimiento: "Contaba mi madre que no había tenido vida con mi crianza del trabajo que pasaba con tantas enfermedades que me daba" (US, 91). Sus familiares ofrecen plegarias y sacrificios a Cristo, la Virgen y los santos para lograr la curación de las niñas.

Por esto, si bien es cierto que el *mysterium doloris* turba la comprensión de la vida. La figura de Cristo habrá de dotar a la enfermedad de un sentido inédito en otras tradiciones religiosas. En el pensamiento semita, entre los babilónicos y los primeros hebreos, la enfermedad era vista como la sanción infligida por el capricho de un dios. Para los griegos revelaba una necesidad cifrada en la naturaleza de las cosas. Será precisamente Cristo quien aúne estas formas de entender el mal vital, y dote a la enfermedad de un sentido nuevo, que afecta al cuerpo en sus determinismos orgánicos, pero a través de la cual se expresa, asimismo, una relación con Dios. La enfermedad no nace del pecado, pero pecado y enfermedad son dos desórdenes conectados en la vida humana, ambos horadan una biografía, pertenecen a una causalidad intrínseca del ser y no a una agresión fortuita.

El relato de la Madre Castillo se presenta como un tratado médico, como un texto sintomático, que otorga a la dolencia un protagonismo que la transforma en pauta de vida, en el elemento que puntúa la narración y marca las transiciones: "En este tiempo comencé a enfermar, mas de dolores agudos que padecía me despedazaban. Aunque los había padecido casi toda la vida sin decirlo, más ahora eran más recios" (MC, 45). De la misma forma, los relatos de la María de San José y Úrsula Suárez se encuentran atravesados por cuadros de enfermedad que se presentan de manera cíclica: "Me dio una enfermedad mui recia" (MJ, 168).

No obstante, aquello que más llama la atención es el vínculo que se ha establecido entre enfermedad y mundo sagrado, el corredor que une cuerpo y alma. Una supuesta afección cardiaca es diagnosticada como posesión diabólica:

> Enfermé mucho, y se pasaban algunos tiempos sin poderme levantar de la cama. Dábame mal de corazón y muy recio, y entonces las personas estaban enojadas conmigo, me echaban agua bendita, y decían que estaba endemoniada, y otras cosas, que en oyéndolas yo me servían de mayor tormento. (MC, 24).

El Diablo afecta al cuerpo y a sus pasiones, pues puede influir sobre los humores: "y mueve las pasiones, alborotándolas también el enemigo, por medio de los humores del cuerpo" (MC, 126). De la misma manera, para conseguir una evaluación diagnóstica se llama a un sacerdote y no a un médico: "Al mismo tiempo me salió en la boca un tumor o hinchazón negra que iba creciendo y todas decían que era cosa muy trabajosa. La Madre Abadesa llamó al Padre Prior de San Juan de Dios, y me mandó salir que me viera si tenía remedio" (MC, 108). En el mundo sellado del convento el médico es un proscrito.

Para Galeno las *Sex res non naturales* (el aire, el ambiente, la comida y la bebida, las excreciones y secreciones y movimientos o afectos del alma) constituían puntos de contacto entre lo anímico y lo corporal, pues el cuerpo y el alma forman un *continuum*. Asimismo, las diferencias entre los hombres se podían explicar recurriendo a la doctrina de los temperamentos (humores). Por lo que, delirio, melancolía y letargo eran estados patológicos, localizados sobre el cuerpo y resultado de los cambios humorales. Pero, en la España del Siglo de Oro y de sus colonias, se produce un giro desde la fisicidad galénica en el diagnóstico de la melancolía, a la interpretación anímica que habría de convertirla en asunto de trascendental gravedad para inquisidores y sacerdotes, puesto que: "un azote peor que la peste que infecta los castillos, las villas y los palacios de la ciudad del mundo que se abate sobre las moradas de la vida espiritual, penetra en las celdas y en los claustros de los monasterios, en las tebaidas de los eremitas, en las trapas de los reclusos"[277].

Teresa de Ávila y otros místicos vivieron con el temor de los síntomas de la melancolía, que muchas veces se confundía con las posibilidades de su mundo interior: "no lleva camino nenguno; porque la melancolía no hace y fabrica sus antojos sino en la imaginación; esotro procede del interior del alma"[278]. Por ello la propia Teresa desaconsejó admitir mujeres melancólicas en los conventos, al tiempo que recomendaba tratar con dureza a cualquier mujer aquejada de esta afección: "si no bastaren palabras sean castigos: si no bastaren pequeños sean grandes; sino bastare un mes de tenerlas encarceladas, sean cuatro, que no pueden hacer mayor bien de las almas"[279].

Por otro lado, Roger Bartra[280] explica cómo la cultura cristiana halló en el padecer melancólico, que había expresado su forma clásica en la cultura griega, y que se había encarnado después tanto en la cultura árabe medieval como en el cristiano renacentista, la solución de un viejo problema: la posibilidad de ofrecer sufrimiento a Dios después de finalizada la gran época de las persecuciones a cristianos. Demonología y misticismo fueron algunas de las vías en las que se asimiló el canon melancólico. Cabe destacar su presencia en la reprobación y condena de la herencia del amor cortés, junto con todas las manifestaciones del erotismo pasional. El erotismo debía luchar contra los asedios melancólicos. La tristeza artificial de Don Quijote activa una parodia sobre las distintas formas de melancolía, que Úrsula Suárez retoma en su juego de mascarada: "y porque no me extrañasen melancólica a veces les desía:

---

277 AGAMBEN, G.: *Estancias. La palabra y el fantasma en la cultura occidental,* Valencia: Pre-Textos, 2001, pág. 23.

278 *Moradas del castillo interior*, 6, 2, 7.

279 *Libro de las fundaciones*, 7, 7.

280 BARTRA, R.: *Cultura y melancolía. Las enfermedades del alma en la España de los Siglos de Oro*, Barcelona: Anagrama, 2001.

Creerán que estoy triste niñas; todas soltaban la risa y desían: ¡Mal haya tu melancolía!" (US, 150).

Tristeza, inanición, desorden afectivo son sus síntomas, pero ¿qué cosa es la melancolía? Giorgio Agamben dedica su artículo "Los fantasmas de Eros"[281], a historizar la melancolía y su sentido. Si la melancolía se vinculó en un primer momento con la *acidia*, fuga del hombre ante la inmensidad de sus propias posibilidades espirituales, ligada a la tentación demoníaca, más tarde habría de asociarse con el temperamento artístico y la inclinación al eros, con lo cual el temidísimo humor negro tendría como una de sus consecuencias el desarreglo erótico:

> la melancolía no sería tanto reacción regresiva ante la pérdida del objeto de amor, sino la capacidad fantasmática de hacer aparecer como perdido un objeto inapropiable... así en la melancolía el objeto no es ni apropiado ni perdido, sino una y otra cosa al mismo tiempo. Y así como el fetiche es a la vez el signo de algo y de su ausencia, y debe a esta contradicción su propio estatuto fantasmático, así el objeto de la intención melancólica es al mismo tiempo real e irreal, incorporado y perdido, afirmado y negado[282].

¿Y no es éste el objeto de amor de la mística?, ¿No es la melancolía un estadio necesario de todo místico? María de San José, la Madre Castillo y Úrsula Suárez padecen desde su infancia continuas enfermedades, pero en su itinerario "autobiográfico" hay siempre un momento de enfermedad gravísima que se combina con una total ausencia de la presencia de Dios, cuerpo y alma sufren de manera indisociada[283]. El

---

281 ibid.

282 ibid: 53-54.

283 No en vano Walter Benjamin comparará la actuación de la melancolía con la del luto, al que define del siguiente modo: "El luto es una disposición anímica en la que el sentimiento reanima, aplicándole una máscara el mundo desalojado, al fin de alcanzar una enigmática satisfacción al contemplarlo". (*El origen del drama barroco alemán*, Madrid: Taurus, 1990, pág. 131).

caso paradigmático es el de María de San José, quien durante cinco años padece una dolencia desconocida, mientras experimenta la ausencia de Dios, cuando éste retorna los achaques desaparecen:

> Me dio una enfermedad mui recia... quedé como en una noche oscura, en un total desamparo i desolación, sin rastro de luz ninguna... Me paresía que ia lo avía perdido para siempre, i las memorias que tenía Su Majestad me eran de un martirio intolerable... Sinco años fueron los que me estube en este tan plorigo penar, i en el discurso de todo este tiempo, según se me acuerda, no tube rastro de lus ni consuelo ninguno de su Majestad... aprí los ojos i luego me dio en ellos los resplandores del sol, i juntamente otra lus más superior me bañó el alma... me allé con fuerzas i vigor para andar. (MJ, 168-177).

"Me paresía que ia lo avía perdido para siempre", la pérdida de Dios causa el malestar, el continuo penar. Los momentos de "noche oscura" difícilmente se diferencian de los arrebatos melancólicos, por mucho que los místicos trataran de distinguirlos, pues la melancolía asociada con la pulsión erótica y el anhelo de goce, presenta tintes peligrosamente eróticos. De hecho, la melancolía podría pensarse como una radiografía del sistema pulsional, como estilización de su funcionamiento, mientras la enfermedad física constituye su réplica disminuida, como el cuerpo y la sombra, que es efecto del soma.

Desde aquí, la Madre Castillo habla a su vez "de enfermedad o pena tal, que ahora me espanta, porque eran unas congojas y penas tales que despedazaban mi alma, y me traían un horror y sombra de muerte; unas aprensiones tan vivas y cosas tan temerosas y horribles, que ni me dejaban comer ni dormir y así andaba flaca y traspasada" (MC, 7), de un descontento absoluto: "Este es un descontento de todas las cosas de la vida; y de la misma vida... yo pensaba que así será el purgatorio de deseos que dicen" (MC, 127). Un "purgatorio de deseos" ¿no es ésta la mejor metáfora para la melancolía?

Pero todavía hay más, pues la melancolía se sitúa en el centro de la búsqueda de este ensayo:

> La melancolía se constituyó, en los albores de la modernidad como un gran mito. Este mito paradójicamente impulsado por las ciencias médicas, al ser adoptado por la cultura cristiana fue, a su vez, un gran amplificador y acelerador de las tendencias individualizadoras. La melancolía contribuyó en forma decisiva a impulsar ese peculiar entronamiento del yo y de la identidad personal que se encuentra en el meollo de la subjetividad moderna[284].

Desde el borde paradójico que une alma y cuerpo, que transita por dos maneras de sensorialidad, habrá de producirse el advenimiento del sujeto moderno propio de la autobiografía. La melancolía es su huella, como indicio presente, pero también por venir.

5.2.3.2.2. Escenificar la Pasión: torturarse

> *Señor, permíteme experimentar en mi cuerpo y en mi alma los sufrimientos de tu pasión.*
> San Francisco de Asís.

¿Ha sido el afán de imitar a Cristo la razón por la cual el cristianismo ha concedido tanta importancia a la mortificación? Cristo ayunó en el desierto y sufrió la Pasión, pero el resto de su vida no es la de un asceta. Tampoco entre los apóstoles encontramos ni el martirio ni la mortificación. La pobreza que el Maestro reclama es principalmente la del corazón. Sin embargo, la austeridad de las costumbres y el control-castigo del cuerpo comienzan a cobrar relieve ya en los primeros siglos de la era cristiana[285], para recibir su gran empuje con el impulso

---

284 BARTRA, ibid: 183.

285 Jean-Paul Roux (ibid: 165) apunta varios ejemplos de santos cristianos que viven la austeridad y el sacrifico corporal: San Antonio (m.336), quien para luchar contra la tentación diabólica vivía en un sepulcro y sólo comía una vez al día, después de la puesta del sol, San Gregori Nancianceno (m.339), que se acuesta sobre el suelo, lleva un trapo por vestido y pasa toda la noche en oración y llanto, San Simeón Estilita (m. 460) que imita

místico del siglo XIII, que supondrá un cambio radical, ya que lo que hasta ahora eran episodios aislados pasan a constituir la norma. El gran adalid de la reforma de la Iglesia, Benito de Nursia (m. 1153) anuncia las nuevas tendencias cuando hace soportar a su carne todo lo que pueda abatirla, llevando el cilicio tanto tiempo como sea posible ocultarlo a los demás. Los dominicos y franciscanos, órdenes protagónicas del transcurrir medieval, derraman abundantes lágrimas de compasión, y figuras como Catalina de Siena se abisman en la meditación del suplicio de la cruz. Toda la cristiandad aprende a llorar por las llagas de Jesús. Pero en los siglos XIV y siguientes se camina todavía más lejos, la muerte de la que tanto habían hablado los mendicantes, muerte apacible y serena, beatitud del más allá, pasa a convertirse en un espectro horrible. El arte se apropia del terror y transita desde la imagen apacible de la Virgen con Niño a la de un San Sebastián al que se le arranca la piel. Si la pintura románica y la gótica desconocieron las escenas de Pasión, ahora éstas se multiplican. Los místicos y religiosos comienzan a concebir la carne como abominación y se esfuerzan en degradarla: Teresa de Jesús, Juan de la Cruz, Ignacio de Loyola, al igual que las monjas místicas autoras de los relatos de vida que se analizan en este trabajo, participan de esta tendencia.

Pese a ello, no debe olvidarse que hay un orgullo soberano en rebajarse y despellejarse para mostrar el amor a Jesucristo. Por eso la Iglesia deberá en las épocas de ascetismo más acendrado recordar a los fieles la necesaria humildad e imponer la discreción.

"Tomó entonces Pilatos a Jesús y mandó azotarle"[286]. Jesús padecerá la muerte del infame, la de la cruz, pero antes debe ser

el ayuno severo de Cristo en el desierto, San Benito (m.543), que vive en una caverna, ayuna y palia las tentaciones arrojándose sobre zarzas y espino, San Benito de Añano (m. 821) que trata su cuerpo como una bestia feroz y vive de la ingestión de pan y agua.

[286] *Juan* 19, 1.

torturado, el método elegido es la flagelación, recibida según la ley romana y no la judía[287], por tanto incontenida, desmesurada. El místico desea imitar este episodio de la Pasión. Flagelar es castigar, en un intento de domar la carne, para permitir una mayor expansión de la vida espiritual y alcanzar, desde aquí, la salvación: "Tres días en la semana tenía disciplina, salvo en los Advientos y Cuaresmas, que en estos tiempos las doblaba y también en otros tiempos que tenía señalados. El tiempo que duraba la disciplina era tanto como fuerzas tenía para dar". (MJ,117).

También, en ocasiones, la mimesis con Cristo llega de forma simbólica, pero igualmente sentida, a modo de una gracia dolorosa:

> Después que estuvo acá, estaba yo un día acá en mi retiro, considerando el paso de los azotes que dieron a Nuestro Señor, y pareciéndome caía al desatarlo de la columna, sentía lo mismo que la vez pasada, aquella ansia y deseo de ayudarlo a levantar, pero ahora, al contrario de lo que me sucedió la otra vez; sentía al llegar a mi alma a él, que se desaparecía de su cuerpo, porque se hacía como espiritualizado. (MC, 85).

Todavía más, porque "Los soldados trenzaron una corona de espinas, se la pusieron en la cabeza, le vistieron un manto púrpura, se le acercaban a él y le decían 'Viva el rey de los judíos' y le daban bofetadas"[288], dos temas se entrecruzan: el del suplicio que continúa y alcanza lo esencial del ser —la cabeza—, y el de la fabricación de un soberano de carnaval, destinado,

---

287 Los judíos sólo podían castigar con cuarenta azotes con látigos de cuero, despojados de ropa hasta la cintura sus condenados recibían un tercio de los azotes en el pecho y los demás en los hombros. Sin embargo, la ley romana no establecía medida y la cantidad de golpes dependía del castigo ordenado al verdugo, además los latigazos fueron ejecutados con las *flagra*, cadenas de cuero terminadas en huesecillos y bolas de plomo. Con este látigo la piel saltaba y quedaba desgarrada en jirones, muchos condenados morirían.

288 *Juan* 19, 1-5.

como todo rey de la fiesta de locos, a una próxima destrucción. Pero junto al atuendo patético, la corona, que todo lo domina en relación a la Pasión.

Tanto María de San José como Úrsula Suárez son objeto de la burla y el desprecio del resto del convento: "Yo miraba que aquellas religiosas que he dicho se reían de mi camino, y decía con admiración: ¡Válgame Dios! ¿por qué se reirán de esto? ¿No verán que Nuestro Señor Jesucristo llevó por nosotros la cruz?" (MC, 50), "Se levantó contra mí una persecución tal, que cuando me venían pasar, me escupían, me decían cosas muy sensibles, y como eran muchas las amigas y criadas, por todas partes me hallaba acosada y afligida (MC, 21). La enfermedad, la zozobra anímica y el desprecio de la propia comunidad, que la vilipendia hasta la bajeza, erigen, en el caso de la Madre Castillo, un relato del síntoma y de la calumnia, pero también del deseo, porque existe un poderoso orgullo en reconocerse como menospreciada y distinguirse por ello, si este gesto se esgrime como tributo a Dios. La mirada del otro es la que sostiene, la envidia edifica y eleva ante Dios y el confesor, confiere la diferencia.

De igual forma, no debe olvidarse que la *Relación* de Úrsula Suárez es una respuesta a un castigo fruto de la calumnia: "Mandaba su Señoría Ilustrísima se me diese disciplina de rueda; que junta toda la comunidad cada una me asotase, y luego besase los pies a todas las religiosas, y comiese en tierra, y estuviese reclusa en mi selda, sin salir de ella; y esto se ejecutase por nueve días" (261). Ante el que ella responde lavando los pies a sus enemigas y destacándose, así, por su humildad, gesto, de nuevo, a imitación de Cristo.

Flagelado y coronado de espinas, Jesús, una vez en el lugar de su último suplicio, es colocado en la cruz. Se le hunden los clavos en las manos y en los pies, pues el peso del cuerpo quiebra los huesos y desgarra las carnes. Las monjas místicas llegan incluso a vivir este suplicio extremo por transferencia simbólica: "Y viendo una imagen de Nuestro Señor Crucificado, sentía un desmayo, como que todos los huesos me los desencajaba y mi alma me parecía se iba deshaciendo, entendiendo el gran tormento que causó en Nuestro Señor cuando lo clavaron" (MC, 58).

Los estigmas causados por los clavos sobre el cuerpo de Jesús, querrán ser imitados por el místico ya desde la Edad Media, existen documentos de distintas personas que reconocen habérselos autoinfligido, pero es Francisco de Asís quien primero los recibe de forma sobrenatural, inaugurando una tendencia de la que también formará parte Catalina de Siena y un buen número de mujeres místicas. La Madre Castillo no recibe los estigmas, pero sí una enfermedad que la lleva de llagas en pies y manos el día de la festividad de San Francisco, de la que ella es devota. Los estigmas también se convierten en una forma específica de devoción:

> Una noche de este tiempo que me recogí con estas penas, veía en sueños, aunque con efecto que no parecía sólo sueño, un fraile Francisco, de mediana estatura y delgado, con la capilla puesta, y que de sus manos y pies y costado salían unos rayos de luz, como fuego suavísimo, que encendían el alma en amor de Dios y venían a dar a mí, y que mirándome amorosamente me decían: "Hija, ¿por qué no eres muy devota de mis llagas?". (MC, 29).

Asimismo, el místico clamará por el sufrimiento y la enfermedad donadas, al tiempo que las precipita por medio del autocastigo: "Pues como llegó la fiesta de la Santa Cruz de Septiembre diome Nuestro Señor unos grandes deseos de padecer en el cuerpo" (MC, 125).

Desde aquí, toda forma de martirio constituye un oxymoron frente al miedo de disolución en una muerte que abandona el cuerpo, al aceptarlo el Credo será activado en su máxima potencialidad, el cuerpo abolido en tanto carne y sufrimiento. El recinto conventual va a presentarse como espacio-mecanismo de sustitución, donde las religiosas, en tanto seres virtuosos e inocentes, ejercerán sobre sí un suplicio corporal para ayudar a borrar los pecados del mundo: "Nuestro Señor crucificado que está en la

Iglesia, y viendo sus pies clavados y sus rodillas llenas de cardenales, le decía: "Por Vos Señor mío, y por lo que de mí padecistes; por esos cardenales y llagas, quiero entrar en esta clausura a padecer todo el tiempo de mi vida. (MC,30). Su cuerpo debe ser pensado como receptáculo sagrado, ante él ellas ocupan una doble posición de víctimas y de verdugos de un sacrifico expiatorio: "El sacrificio de las monjas es reconocido universalmente, su impacto primero en el convento y luego en el siglo provoca una reacción y organiza una didáctica del padecer, una estética del sufrimiento y una retórica textual"[289].

La monja colonial, destinada a la *imitatio Christi,* descubrirá que su condición de mujer le exige un doble sacrificio, porque su cuerpo, en tanto *diferente* y depositario privilegiado del pecado de la carne, demanda un doble ejercicio de disciplina.

Sin embargo, Catalina de Siena advertía sobre el peligro de confundir el objetivo del castigo, que podría convertirse en un mero gesto sádico:

> Quiero que las obras de penitencia y demás ejercicios, por ser corporales, sean utilizados como instrumento y no como principal objetivo. Pues, si fuesen tomados como objetivo principal, se me ofrecería una cosa finita y obrarían sólo las palabras, que tienen influencia sobre lo que se hallan fuera de boca y no más, si es que esas palabras no salen del afecto del alma. (*El Diálogo*, 75).

La *Vida* de la Madre Castillo se presenta como texto paradigmático de esta experiencia. Éste es una tratado sobre el dolor, donado e infligido, del alma y del cuerpo, físico y moral-espiritual, íntimo y social, dolor sufrido. El dolor es el principal de los lenguajes de la monja colombiana, que redacta una antología del síntoma y de la punción, ella va a recorrer paso a paso el camino del Calvario.

---

[289] GLANTZ, M.: *Sor Juana Inés de la Cruz: ¿Hagiografía o autobiografía?*, México: Grijalbo, 1995, pág. 132.

Su cuerpo, hecho pedazos, es un cuerpo trizado, sinécdoque de una escritura, ya que la destrucción del cuerpo femenino posibilita la escritura de mujeres, escritura que es una herida, producto de la culpa y del terror u otras formas de invasión de la autoridad masculina.

5.2.3.3. Limitar los contornos del cuerpo: el vestido

Los dos estaban desnudos, el hombre y la mujer, sin avergonzarse uno del otro.
Génesis 2, 25.

La desnudez es la negación del ser encerrado en sí mismo; la desnudez es un estado de comunicación.
Georges Bataille, *El erostismo.*

¿Soy yo ese no-cuerpo vestido, envuelto en velos, alejado cuidadosamente, mantenido apartado de la Historia, de las transformaciones, anulado, mantenido al margen de la escena, al ámbito de la cocina, al de la cama?
Hélène Cixous, "La joven nacida".

El Renacimiento es la época del redescubrimiento del desnudo, del culto a la belleza, pero también de la desconfianza hacia un cuerpo efímero, de peligrosos apetitos. Por eso la belleza interior femenina va a ser considerada correlato de una bondad interior de inspiración divina, que obligará a la mujer a vestirse, disfrazarse, maquillarse, hacer suya la apariencia de un ideal, de un canon. De esta manera, el Renacimiento responde a cualquier forma de atentado contra sus órdenes sociales, esgrimiendo y difundiendo la rigidez de un imaginario social y sexual.

Las severas reglas higiénicas y cosméticas eliminan de sus prescripciones el agua, elemento asociado a la mutabilidad y considerado pernicioso para la salud, y promueven una estética de ropa blanca, de polvos y perfumes que cubren la piel, disfrazan su olor y su color para hacerla semejarse al ideal.

En este contexto la mujer se convierte en juez y medida de un gusto de inspiración masculina; al tiempo que en objeto de consumo, lujoso exceso. No obstante, la mujer podrá manipular los códigos cosméticos y convertirlos en espacio de intervención, puede apropiarse de la mirada voraz y desviarla, puede convertir el "efecto belleza" en un gesto precario, pero efectivo, de acción social. Una vez mirada la mujer podrá por fin hablar[290]. El Barroco hereda las rígidas determinaciones renacentistas, aunque nos confunda al exacerbar su exterioridad, y alza el juego de los límites, de la textualidad carnavalesca, tras el que se vuelven a encontrar unas mismas limitaciones genéricas.

María de San José, la Madre Castillo y Úrsula Suárez persiguen en su juventud ese "efecto belleza", que cautiva las miradas con galas y aliños. Para las dos primeras esa persecución es un pecado que deberá enmendarse, para Úrsula Suárez forma parte de un programa de vida y de escritura de articulación compleja: "poniendo gran cuidado en galas y aliños; de modo que no trataba más que de cuidar el cabello y andar bien aderezada" (MC, 7)... "El día que más cuidado ponía en las galas y aderezos, solía arrojarlos diciendo: ¿qué he sacado de esto; que fruto he cogido; que sustancia tiene?" (MC, 9). "Algunas veces mirándome al espejo me ponía a llorar en él, acompañando a aquella figura que también me ayudaba llorando; otras se me proponía ¡O si yo me condeno; qué tal arderán mis ojos y mi cara, qué espantosa estaré!" (MC, 8). El maquillaje transformado en fuego, ojos rasgados y manos blancas que arden, el feísmo del pecado deberá ser eludido con un maqui-

290 Sin embargo, este proceder va a ser mucho más complejo de lo que pueda pensarse a simple vista, pues Jean Baudrillard (*El intercambio simbólico y la muerte*, Caracas: Monte Ávila, 1980) recuerda que tanto el maquillaje como el vestido, en tanto modos de buscar la clausura del cuerpo femenino, se convierten en una puesta en escena del poder del falo, donde el hábito puede funcionar como una de las metáforas más poderosas sobre esto mismo.

llaje de santidad, curiosa torsión del programa de abandono cosmético defendido.

Vestirse para aprehenderse, socializarse, diseñarse una identidad. La ropa infunde sentido al cuerpo al añadirle capas de significados culturales, que debido a un efecto de contacto terminan por ser pensados como naturales. La moda acaba por configurarse como arte de fronteras, entre clases sociales y culturas, pero sobre todo entre géneros, punto de encuentro de lo público y lo privado nos re-conocemos en la norma estética e identificamos los límites del *otro*, lo hacemos legible. De este modo, vestirse con la ropa del sexo opuesto, travestirse, abre un espacio de posibilidad que re-estructura, des-estructura la cultura, con un efecto de disrupción que provoca la crisis de las categorías hombre/mujer.

En este contexto, el hábito, vestido de las protagonistas de mi relato, se presenta como un *más allá* de la marca de género, puntúa y resalta la entrada en el grupo, la asunción de la regla, el borrado de la individualidad. El hábito oculta las formas corporales y limita los roces, recordando la obligación de servicio a Dios de quien lo porta. Además, no debe olvidarse que para autores como Baudrillard[291] la clausura del cuerpo femenino que buscan determinados tipos de vestido pone en escena al falo, pues el cuerpo clausurado es el cuerpo fálico. Así el hábito sería el "vestido más fálico", de corte muy parecido para hombre y mujer.

Los adjetivos "desnudo", "desvestido", "desnudado" nos hablan de una carencia, falta algo que se debería tener. Las monjas se desnudan antes de profesar, abandonan el adorno y el maquillaje para abrazar la austeridad, que es otro gesto cosmético, de disfraz, aunque esta vez sea un disfraz de trasparencia. El desnudo representa el estado nonato, paso

---

291 BAUDRILLARD, ibid.: 122-123.

previo, umbral de nueva vida, nuda vida: "Lo primero que hise fue desnudarme i quitarme el lienso i vestido que asta entonses avía usado". (MJ, 111).

Asimismo, el "quitarse la ropa" es una acción decisiva del ritual erótico, donde el cuerpo desnudo se abre a la continuidad de los seres y perturba su propia individualidad. Desnudarse es darse muerte. La monja profesa "muere para el mundo", pero también para ella misma.

María de San José se desnuda, cambia de vestido para abrazar el estado religioso, renuncia al engalane y escoge un sayal de burda tela, signo del desprendimiento del mundo y de la mortificación por Dios, también se rapa el pelo como hará Catalina de Siena. Desde entonces vive siempre la pobreza del vestido, hasta en los momentos de fuerte enfermedad: "El jubón que siempre husé era de picote de color obscuro, las mangas serradas por todas partes, un paño de revoso llanito de algodón... el pelo me lo corté a raís... no volvió a caer en mi cuerpo cosa nueva, ni volví a tocar cosa blanda de lienso o seda, sino todo áspero de lana". El hábito como sudario, traje de muerte y de clausura. (MJ, 112-113). Pero, en ocasiones, el mismo hábito de la orden escogida puede resultar una gala excesiva: "una de las cosas que me había descontentado era ver el tocado que traían las monjas, y lo mucho que se pasaba en perderse, y así pedí a la maestra licencia para ponerme las tocas llanas; ella me la dio, y la Madre Abadesa, que era entonces sintió muy mal de mi, porque hacía singularidades" (MC, 27). Rebajar el hábito es una forma de marca, que distingue ante el grupo, no en vano la suprema humildad es una de las mayores formas de orgullo. Por todo esto, cuando la mujer renuncia al "efecto belleza", se rebela contra los cánones establecidos por la sociedad que habita, malea sus atributos genéricos y persigue la apariencia de un andrógino; pero, ojo, pues su gesto es engañoso, ambiguo, y, quizá, la cosmética santa sea el supremo ideal de Belleza Femenina.

Francisco de Asís se desnuda ante su padre y su pueblo como renuncia a un linaje y un estado, después de esto su vida es otra, como otro será su nombre. Despojarse del propio nombre, renunciar a él, es una forma de tachar la identidad a favor de un comienzo, de un nuevo bautismo, representa la renuncia al padre biológico a favor del padre ideal. Los nombres de las religiosas se repiten, se inspiran en los de antecesoras notables a las que se busca emular, el cambio de nombre también refuerza la integración en el colectivo. María de San José relata este proceso: "En la religión mudé el nombre de Juana a María" (MJ, 86), "Era tanta el ansia y deseo que tenía de desnudarme en el todo de las cosas del siglo que me paresió era mejor dejar asta el nombre que tenía i tomar otro, como lo hise" (MJ, 90). Ella toma el nombre de una religiosa muerta, cuya vacante ocupa, usurpa un nombre para darle otra forma; pero también para perpetuar el linaje, como los nombres que pasan de padres a hijos: "La enfermedad de que murió la dicha enferma, María de San José, en cuyo lugar entré yo, era estar ética" (MJ, 186). Nombrarse es una forma de poseerse. De este modo nombrarse para Dios, implica un acto de suprema entrega, pero también de elección singular, de independencia del mundo social, pese a que paradójicamente la usurpación del nombre de la muerta debe borrar la propia identidad singular, dentro de la cadena de las "marías de san José" sólo recordamos a aquella que marcó el nombre con la vida, o con la escritura. Así, nadie duda de quién fue Sor Juana Inés o Santa Teresa, pese a que varias monjas tomarían este nombre.

Pero no sólo se desnuda el cuerpo y se cambia el nombre, que lo designa para volverlo a vestir de nuevo, sino que la propia mente, al igual que el alma, deben desnudarse para pasar a abrazar una nueva forma de conocer. Desnudo/vestido son metáforas de conocimiento.

Asimismo, no debe olvidarse que del despojamiento nace la erótica de la Reforma y el Manierismo, y del revestimiento la erótica de la Contrarreforma y el Barroco. Pensemos en la sucesión de pliegues y contrapliegues que caracterizan el *Éxtasis de santa Teresa* de Bernini, pura erótica del drapeado, del todo ausente en *el David* de Miguel Ángel, las cavidades formadas por el tejido de tela repiten los pliegues de un cuerpo que se ofrece ilimitadamente, que invita a indagar, a imaginar, a hender. El estremecimiento poderoso y vibrante que ha de conducir al éxtasis consigue condensarse en un punto, pese a los pliegues de tela.

Por eso durante la Reforma el problema de la imagen de la muerte se presenta como solución a la muerte de la imagen. Cristo puede ser representado desnudo, crucificado, muerto, putrefacto, por cuanto esa imagen no es más que un velo sobre el cual se transparenta su naturaleza divina irrepresentable. La llegada de la Contrarreforma sustituye el cuerpo desnudo de la crucifixión por el cuerpo vestido de la resurrección triunfante, con la erótica de las vestiduras emerge un cuerpo redimido del pecado y finalmente inocente. Por ello muchas órdenes religiosas promoverían una iconografía de santos envueltos en grandes túnicas.

La imaginería de las *vidas* aquí relatadas presenta Cristos llagados, sangrantes y siempre en la cruz, alzando una estética del dolor y del patetismo que respalda un programa de imitación sufriente. Sólo la imagen de un resplandeciente Jesús Niño conjura este efecto, pues el Cristo joven, envuelto en una hermosa túnica, que se aparece en una única ocasión a Francisca Josefa del Castillo lleva sus cabellos teñidos de sangre.

Pero si los textos de la Madre Castillo y María de San José presentan unos mismos programas de escritura, la vida de Úrsula Suárez se desmarca de ellos, para construirse sobre un boceto que tiene al vestido y a la mujer como ejes principales.

La *Relación autobiográfica* trabaja desde su mismo comienzo la *condición-mujer* como gasto y construye un particular "travestismo". La mujer es siempre un exceso y su escritura un derroche. El hombre invierte para lucir: una esposa, una monja de la que se es devoto, una *vida* femenina que ha costado al confesor tinta y papel. El texto construye una política del coste femenino.

La mujer protagonista del relato de Úrsula Suárez no se viste, se adorna. El adorno socializa, embellece, controla, se integra en el canon de una estética social. Por ello cuando Úrsula active su hipérbole estará atentando contra una estructura de dependencias, dinamitando el sistema desde dentro.

"Esta niña ha de ser o gran santa o gran mala". La identidad de la monja chilena se monta sobre la dicotomía de esa ambivalencia inaugural. Santa o pecadora, mística y beata o mala mujer, las valoraciones enfrentadas y los disfraces nos muestran que, tras lo que parece ser un relato de *vida* espiritual se alza una compleja propuesta de comedia identitaria que juega con el vestido. La instancia divina legitima la representación de la vida y de la escritura:

> Díjome mi señor y padre amantísimo: "No he tenido una santa comedianta y de todo hay en los palacios, tú has de ser la comedianta", yo le dije: "Padre y señor mío, a más de tus beneficios y misericordias, te radesco que, ya que quieres haserme santa, no sea santa friona. (US, 230).

El juego de disfraces comienza en la infancia, la niña se viste de adulta para timar a un señor. El ser impúber, sin sexo, adopta los atributos del adorno femenino y escenifica un *ser mujer* que habla de un hueco. Después, un hábito, el de la profesa Úrsula, que recubierto de adornos confunde y provoca la risa, el hábito como ese *más allá del género* que al recubrirse continúa la denuncia de un vacío, del sinsentido de la construcción social mujer. Por último un negrillo vestido de mujer, hipérbole absoluta del supino antagonismo genérico y racial, el travestismo incitado iguala su gesto con el de la niña y la monja, disfrazadas de un *absolutamente mujer*.

Sin embargo, el disfraz de mujer no sólo se utiliza en la *Relación* como denuncia, sino también como venganza, ante el sexo masculino que determina las opciones vitales: matrimonio o convento, pero también que transforma el acto sexual en batalla campal.

La niña Úrsula, motivada por el folklore de su tiempo, sale en busca de la "varilla de la virtud", en su paseo se encuentra con una escena poco virtuosa: la de la prostitución ejercida a puerta abierta, la "varilla virtuosa" se ha convertido en "varilla viciosa", la niña cree estar asistiendo a casamientos. A partir de este momento el texto iguala matrimonio, sexo y muerte. Casarse es una forma de morir, la muerte tras la batalla de los cuerpos, y el sexo es una forma de agresión, hacia los propios límites, hacia las fronteras de la piel. Por eso el deseo de venganza, ante aquello que se entiende como agravios infligidos al sexo femenino, y tras el disfraz, el relato de la burla, que publicita el engaño y difunde la risa hasta lograr el ridículo.

Pese a ello, el juego de disfraces no termina con el triunfo de la vengadora, sino que se constituye como matriz de la identidad, cuando el propio Dios legitima a la "santa comedianta" está impulsando su prolongación infinita. La comedia identitaria lleva a la monja a imaginarse incluso la posibilidad de ser Dios por media hora "¡Ay si yo fuese Dios por media hora!" (206), y a trazar por medio de la máscara imaginada la pintura de un mundo completamente transmutado, donde el amor del Creador todo lo transforma y regenera. Este es un gesto supremo de omnipotencia, deseo de ser-lo-todo. Y junto a éste el disfraz de mística, aquel más exitoso, con él se es toda.

Así, construirse como mística, como mujer especialmente tocada por Dios, implica legitimar la escritura de vida como práctica de escritura femenina, montada sobre una experiencia de naturaleza intransferible, amparada en la autoridad que sólo poseen aquellas personas que han entrado en contacto directo con Dios. Sin el disfraz de mística la voz femenina sólo entraría en el discurso como voz citada.

Este disfraz actúa como salvaguarda, la elección divina legitima la particularidad de un comportamiento. El contacto con Dios no sólo permite la expresión de placer, sino el cuestionamiento de las jerarquías de una sociedad cerrada y dominada por la hegemonía masculina. Úrsula Suárez sabe presentar y representar su relación con la divinidad, y la instrumentaliza no sólo para evitar la represión de su personalidad rebelde, sino también para obtener beneficios como sujeto individual y como mujer.

Por ello, la *Relación autobiográfica* entiende el relato de vida como pura interpretación, como secuencia de identidades representadas. Ser hija, mística, monja supone encarnar un papel, tanto como cualquiera de las ficciones que se urden como vengadora. La identidad se revela múltiple, y la condición de comedianta se convierte en la piedra de toque sobre la que se unifican los jirones de una personalidad escenificada. Vestirse y desvestirse para disfrazarse o travestirse son procesos de valores dispares.

Si el comienzo de este capítulo se abría con una reflexión en torno al orden de los simulacros, activado por la profusión barroca, la máscara resulta un componente indispensable de la teatralidad y la lógica del plegado que imperan en esta época. El tema de la máscara representa para Bajtín el problema más complejo y lleno de sentido de la cultura popular[292]. La máscara expresa la alegría de las sucesiones y de las reencarnaciones, la relatividad y la negación de la identidad y del sentido único, la negación de la auto-identificación y de la conciencia de sí mismo. La máscara simboliza trasferencias, metamorfosis, violación de fronteras naturales, ridiculización, sobrenombres, encarna el principio del juego de la vida, aunque con el romanticismo la máscara se aleje de su sentido popular y carnavalesco para convertirse en signo de engaño, de disimulo, en la cobertura de la nada que presume tras ella, tras la infinita secuencia de los simulacros también se esconde una nada:

> Las imágenes dobles de estas prácticas ofrecen una manera de imaginar formaciones sociales contrahegemónicas. En su descripción grotesca, el cuerpo adquiere dimensión liberadora; en su vertiente regeneradora una trasgresión al poder. El travestimiento y otros deslizamientos permiten la profanación de los símbolos que instituyen el orden[293].

---

292 Cifr. BAJTÍN, M.: *La cultura popular en la Edad Media y el Renacimiento. El contexto de François Rabelais,* Madrid: Alianza, 1999, pág. 42.

293 GIRONA FIBLA, N.: *El lenguaje es una piel,* Valencia: Universitat de València-Tirant lo Blanch, 1995, pág. 9.

Úrsula Suárez se singulariza en el relato al hacerse maestra en el arte del disfraz y de la máscara, ella va a presentarse como "santa comedianta", como "santa de ir por casa", gesto inédito en las otras *vidas*, que no es del todo desconocido en el seno del catolicismo. No es una casualidad que Francisco de Asís se designara a sí mismo en sus obras como "juglar de Dios". Su original concepción del mundo, su "alegría espiritual", su bendición del principio material y corporal, y sus degradaciones y profanaciones características constituyen una especie de catolicismo carnavalizado. No obstante, hasta ahora ninguna mujer había presumido de ser "cuentera" o "filósofa", o de haber sido escogida por Dios por su charlatanería y su buen humor.

De este modo, cuando Úrsula reivindique este especial modelo de santidad estará persiguiendo un doble objetivo: convertir su singularidad en un acto de reconocimiento, demostrando que existe un *más allá* del modelo, mientras consigue dotarse de un arma, que tras la apariencia de un inocente juego contiene un lenguaje de subversión y de rebelión femeninas altamente poderoso. Ella es la "vengadora de los ultrajes a su sexo".

Cuando Úrsula es niña se viste y se pinta como adulta para timar a un señor, también juega a disfrazarse de monja o de santa, más tarde en el convento finge ser seglar y no monja, y también disfraza a un negrillo de mujer. Con su juego revela el vacío existente tras una femineidad simulada que se activa como respuesta ante una mirada y desencadena un nuevo simulacro que nos lanza a la infinitud del juego de espejos.

5.2.3.4. Erotismo y sexualidad en las fronteras corporales

> *El espíritu humano está expuesto a los requerimientos más sorprendentes. Constantemente se da miedo a sí mismo. Sus movimientos eróticos le aterrorizan. La santa llena de pavor, aparta la vista del voluptuoso: ignora la unidad que existe entre las pasiones inconfesables de éste y las suyas.*
>
> *El erotismo,* Georges Bataille.

Erotismo junto a violencia, el ser discontinuo es violado, la máxima violación que puede sufrir es su misma muerte. Toda acción erótica busca alcanzar al ser en lo más íntimo, para hacerlo desfallecer, para borrar sus fronteras corporales. El erotismo pide una disolución, que tradicionalmente dota al componente masculino de funciones activas, mientras transforma al femenino en receptáculo de pasividad, dos seres deben fundirse, consumirse, pero también destruirse.

Así, en las manifestaciones de erotismo sagrado dos seres quedarán reunidos en una dimensión trascendida, su sentido es similar al del erotismo de los cuerpos. La efusión erótica y la fusión mística se codifican apelando a las mismas metáforas. Francisca Josefa de la Concepción del Castillo se encuentra junto a "una persona amabilísima vestida toda de blanco", una persona sin rostro, pero a la que la pintura de la época había dado miles, como el Adonis-Cristo del grabado de Catalina de Siena, el encuentro es análogo al de dos recién enamorados:

> Estando un día en oración, sentía que mi alma se deshacía y ardía, y luego me parecía sentir junto a mí una persona amabilísima vestida toda de blanco, cuyo rostro yo no veía; mas ella echando los brazos sobre mis hombros cargaba allí un peso aunque grande, tan dulce, tan suave, tan fuerte, tan apacible, que el alma sólo quisiera morir y acabar en él, y con él; más no podía hacer más que recibir y arder en sí misma. (MC, 63).

En los trances, arrebatos y estados teopáticos, las potencias del ser zozobran, el temor y el temblor dan paso al desbordamiento del ser y a su infinito gozo, pero los cuerpos parecen no intervenir, todos los procesos quedan limitados al interior de la conciencia. Pero, en ocasiones, la experiencia cobra cierta materialidad, aunque sea a través de un objeto que actúa como intermediario. La Madre Castillo despertará abrazada por un crucifijo que ha dejado junto a su cama, la cruz se convierte en el fetiche conductor del contacto, al tiempo que recuerda que llevar una cruz, imitar a Cristo, es un deseo basado en la reciprocidad amorosa.

Por otro lado, la proximidad entre el erotismo sagrado y el erotismo de los cuerpos puede apreciarse en la tentación de la carne, donde el objeto que el asceta rechaza es a la vez odioso y deseable. "Su atractivo sexual tiene la plenitud de su esplendor, su belleza es tan grande que mantiene al religioso en el arrobamiento. Pero este arrobamiento es en el mismo instante un temblor: lo rodea un halo de muerte que hace odiosa su belleza"[294]. Erotismo y santidad son experiencias extremosas y extremas.

Para las monjas místicas coloniales el cuerpo es receptáculo del mal y el deseo carnal tentación del diablo. Para eludir el peor de los vicios y pecados puede recurrirse a cualquier medida de represión, sin importar su dureza, incluyendo dejarse arrastrar hacia el "horror de sí", hacia la más absoluta alienación:

> El altísimo don de castidad y pureza, que hace a las almas esposas del altísimo Dios, desciende de arriba del Padre de las lumbres. Despedazaba mi carne con cadenas de hierro; hacíame azotar por manos de una criada; pasaba las noches llorando; tenía por alivio las ortigas y los cilicios, hería mi rostro con bofetadas; y luego me parecía que quedaba vencida a manos de mis enemigos. Andaba llena de pavor y horror de mi misma. (MC, 62).

La tentación se elude torturando el cuerpo, tachándola con el flagelo, pero, en ocasiones, el diablo se aproxima peligrosamente. El programa teológico en torno al erotismo y la sexualidad barrocas está teñido de notable complejidad.

No será hasta mediados del siglo XVI cuando la Iglesia considere indispensable dotarse de una política sacramental en torno al matrimonio. Puesto que, es en este momento, en conexión con el vasto movimiento de reforma de la Iglesia y sus ansias de control del espacio social, cuando incluso la única manifestación autorizada del eros barroco[295] deba someterse a

---

294 BATAILLE, Georges: *El erotismo*, Barcelona: TusQuets, 2002.

295 A este respecto resulta de sumo interés el capítulo "Eros barroco. Placer y censura en el ordenamiento contrarreformista" del libro DE LA FLOR, F.: *Barroco. Representación e ideología en el mundo hispánico. (1580-*

la céluda y la reglamentación más estrictas. Así, toda expresión de placer que no esté enfocada a la generación deberá ser sofocada. Eros debe ser controlado en su praxis y en los discursos que lo toman como objeto. Todo ello se inserta a su vez en un programa de más amplio alcance: el de la colonización de espacio nuclear familiar, "Es decir, se trata de abrir el *poder temporal* de la Iglesia; se trata de la cuestión fundamental de la hegemonía católica, y ello llevado a uno de los más delicados territorios de la sociabilidad humana"[296].

Por este motivo, Fernando de la Flor advierte, además, de que "de la hipótesis omnicomprensiva de la Iglesia represora, podemos pasar, a poco que lo consideremos, a la constatación de que esa misma Iglesia en realidad *ha producido* un vasto corpus textual, que en verdad habla ininterrumpidamente sobre sexo"[297]. El alma barroca se percibe a través de lo que es una indagación acerca del cuerpo, se construye una auténtica "pastoral de la carne", en la particular operación del signo barroco se produce "la regulación del alma por la escopia corporal"[298]. De la represión inquisitorial y la punición se ha transitado a "la era de la gran formación de la sexualidad, de sus dispositivos y de sus efectos"[299].

Así, puede decirse que la Contrarreforma inventa el sexo, lo dota de existencia a través del proceso abierto en la escritura. En el tratado o la obra confesional se trazará su cartografía, el mapa de una sexualidad a la que el pensamiento teológico describe como polimorfa, aberrante, perversa, pecaminosa y llena de desviaciones y actos contra natura; pero al hacerla hablar para juzgarla la da a conocer.

1680), Madrid: Cátedra, 2002. Resumo algunas de sus indicaciones en este apartado.

296 ibid: 357.

297 ibid: 358.

298 Es el propio De la Flor quien recuerda la cita de Lacan en *Aún. El seminario XX,* Barcelona: Paidós, 1981, pág. 140.

299 ibid: 359.

Una importante paradoja atraviesa este proceso: la del pequeños grupo de hombres y de mujeres que habiendo renunciado por medio de sus votos a todo ejercicio de carnalidad se encargan de acotar sus límites, describir sus "aberraciones", determinar el campo en el que ésta debe jugarse. La virginidad se convierte en el pasaporte para hablar con libertad sobre el reino de Eros.

Para la espiritualidad monástica, más intolerante con la carne, el hombre es un ser dotado de cuerpo espiritual, ajeno a la sexualidad que no forma parte de su naturaleza, que no es más que un pecado sobrevenido como fruto de una marca original de atentado contra el amor del Creador. Por ello, su destino deberá ser el borrado de la tacha y la dedicación a la contemplación. "La negación de la carne y el menosprecio del mundo son la condición *sine qua non* para la construcción de una morada enteramente espiritual, de un 'castillo interior'"[300].

La lucha contra la carne adquirirá tintes de conquista, de trabajo militarizado, de disciplinamiento y de medida tecnología, que pueden apreciarse sin restricciones en los *Ejercicios espirituales* y en el trabajo de la Compañía. El objetivo fundamental será la producción de un santo, donde lo carnal haya sido absolutamente desgarrado.

Cuando el gran arte de la Contrarreforma quiera producir la santidad reintroducirá en escena el drama de un deseo sin objeto, de un cuerpo sin su doble, sin su destino natural. La carne desgarrada por la disciplina podrá pensarse, desde aquí, como la imagen de un duelo: el de la cópula para siempre perdida.

Pero aunque la copulación esté ausente el cuerpo del asceta seguirá manifestándose y revelando su incontestable carnalidad a partir del derramamiento de sus fluidos. Será entonces

[300] ibid: 365.

cuando el éxtasis místico pase a vincularse con el clímax erótico, éxtasis y orgasmo quedarán unidos para siempre en la representación, pues "harto goza el cuerpo" dirá santa Teresa de Jesús varias veces a los largo de las *Moradas*. Los alumbrados utilizarían el testimonio del cuerpo-santo para tratar de fracturar el vinculo entre carnalidad y pecado, pero los teólogos barrocos combatirían la heterodoxia y reafirmarían que el camino del bien se encuentra en la negación y el combate de la satisfacción sexual.

Es la "débil carne femenina" quien sufrirá con mayor virulencia los ataques de la carnalidad. A lo largo del período barroco se incrementará el número de monjas visionarias, quienes, frente a las visiones reconfortantes de la mística de los primeros tiempos, experimentarán continuos atentados diabólicos. Los torturadores psíquicos de las monjas son siempre metamorfosis de lo masculino: dragones, diablos, monos, sapos...: "Y mirando abajo veía un río de fuego negro y horrible, y que entre él andaban tantas serpientes, sapos y culebras, como caras y brazos de hombres que se veían sumidos en aquel pozo o río" (MC:4), que buscan asaltar la fortaleza de la virginidad con sus apariciones, en ocasiones el diablo se aproxima hasta lograr el contacto:

> A la noche habiéndome recogido a dormir, sentí sobre mí un bulto pesado y espantoso, que aunque me hizo despertar, me quedé como atados los sentidos, sin poderse el alma desembarazar, aunque me parece estaba muy en mí, y procuraba echarlo con toda la fuerza, por las muchas tentaciones que me traía. (MC, 144).

Ni el cuerpo de la mujer, ni su experiencia erótica, ni tampoco su relación con lo sagrado, admitirán la simple resolución de la punición y el borrado, sino que complican la controversia al añadir sus particulares matices. La mujer para Julia Kristeva es un ser de frontera, biológica y de sentido, que vive de forma dúplice su acceso a lo sagrado: en la natividad que afirma la eternidad, pero también en el desgarro de la capa sagrada que transforma el lenguaje y la representación en espasmo y trance. Por este motivo, el erotismo femenino se asocia con la maternidad, aunque se trate de dos variantes totalmente distintas de la experiencia femenina. Amante o madre una mujer no se deja sacrificar ni representar por lo prohibido[301], sino que atenta contra ello, lo malea y hasta lo amenaza. Precisamente de una amenaza que se transforma en un lenguaje de travesía, en un contra-lenguaje o un lenguaje propio de infinidad de registros, es de lo que habla el conjunto de este capítulo.

5.2.3.5. Memoria de un goce

> *Allí donde eso habla,*
> *goza, y no sabe nada*
> Lacan, "Del barroco".

> *El goce, directamente relacionado con el cuerpo y con la satisfacción pulsional, se distingue del deseo, ligado al placer, siempre insatisfactorio. El deseo es una función dialéctica que implica al Otro, al Significante. Lo que cuenta en el goce es el cuerpo.*
> Sonia Mattalia, *Máscaras suele vestir.*

El cristianismo supone una recuperación de la religión de los hombres. Todo el arte cristiano exhibe cuerpos que gozan, recupera el valor propio del arte: la obscenidad. Pero, en ninguna otra parte, se excluye de forma tan evidente la cópula:

> Cristo, aun resucitado, vale por su cuerpo, y su cuerpo es el expediente por el cual la comunión en su presencia es incorporación —pulsión oral— con la que la esposa de Cristo, Iglesia la llaman, se contenta muy bien, ya que nada tiene que esperar de una copulación[302].

---

[301] El cuerpo humano, y aún más dramáticamente el cuerpo de la mujer, es una extraña encrucijada entre *zoé* y *bios*, fisiología y narración, genética y biografía. Lo prohibido establece y consolida esa frontera: "no matarás (a tu padre)", "no te acostarás (con tu madre)". Prohibición del asesinato y del incesto, lo prohibido es sentido como violencia por el soma. Lo prohibido divide y separa. No en vano el Dios bíblico lo primero que lanza es una prohibición.

[302] LACAN, J.: "Del barroco" en *Seminario XX. Aun*, Barcelona: Paidós, 1983, pág. 137.

La experiencia mística parte de una falta: la del cuerpo del Amado, que afecta de forma distinta a hombres y mujeres. Así, mientras los hombres escriben de la "experiencia mística" las mujeres lo hacen de "'mi' experiencia mística", ellas hablan de saborear a Dios, de besarle intensamente, de adentrarse en su corazón o en sus entrañas, de ser cubierta por su Sangre, en un ejercicio de con-tacto físico y de exacerbación sensorial.

La religiosa desea llenar con su cuerpo todo el espacio, poner por aquel que falta, para salvar la separación fundamental. Así, al imitar a Cristo se quiere encarnar el cuerpo que se echa de menos. La escena religiosa se transforma en escena amorosa, de la palabra revelada se transita hacia la palabra encarnada:

> El hecho de que la autoridad suprema, real o divina, pueda ser amada en cuanto cuerpo, aunque permanezca esencialmente inaccesible: que la intensidad del amor esté precisamente en esa combinación de goce recibido y prohibido, de separación fundamental que, sin embargo, une: esto es lo que nos va a señalar el amor que proviene de la Biblia[303].

El cuerpo se transforma en memorial, grabado por los dolores de amor, por sus sacrificios, la palabra se confunde con los lenguajes del cuerpo, con sus heridas, cuerpo escrito pero indescifrable, que perseguirá una erótica para hablar de un goce que nunca alcanza la palabra, goce obtenido desde la auto-tortura, desde el sacrificio permanente. La ascesis consiste en encargarse del otro con el cuerpo.

De la palabra performativa al cuerpo parlante, ¿Cuál es la diferencia con el masoquismo?:

> El sufrimiento gozoso infligido al propio cuerpo por una autoridad suprema y querida es sin duda un rasgo común. Pero la pasión-ágape atraviesa esa economía con la certidumbre de poder ir más allá. De mantenerse en la analogía, es decir, en la identificación lógica, nominal con el Otro, sin tener que cumplir necesariamente en la realidad del propio cuerpo el obsesivo retorno del placer sexual[304].

---

303 KRISTEVA, *Historias de amor,* ibid.: 124.

304 ibid: 127.

El cuerpo del Otro ha sido sustraído. Sin embargo, sigue seduciendo, virtuosismo técnico que escapa a la palabra. La monja se tortura en su nombre. El cuerpo individual pasa a narrar la historia de las instituciones de sentido. La mística se convierte en una puesta en escena particular: del ser, del fantasma y del amor.

María de San José busca merecer a Dios, recibir su favor, pero a Él jamás le basta, o, quizá ella espera más de lo que puede darle, la vida se convierte en una búsqueda permanente, el goce brota de la propia imposibilidad, de la necesidad de poner más para merecer más. El fantasma se haya siempre a la misma distancia.

No obstante, su cuerpo, fragmentado hasta la minucia en el relato, que no es más que la narración obsesiva de cada una de sus represiones, sólo se unifica desde el anhelo del goce perseguido, que, a veces, llega atenuado por medio de una experiencia que jamás es suficiente, que siempre apunta hacia algo que nunca culmina. Pero en el fracaso se halla el placer del intento perpetuo, goce de un masoquismo sutil.

La Madre Castillo encarna el Masoquismo, no se puede disfrutar sin padecer, su cuerpo se exhibe con descaro hasta absolutizar el texto, hasta ocupar el más mínimo resquicio, es un cuerpo total, sin fragmentos, que existe porque otro lo mira, que existe para se mirado, no hay cuerpo sin reflejo especular. La que más padece más goza.

El texto se desborda, trabaja con una lógica del exceso que todo lo atraviesa. La erótica tendrá que terminar por activarse, intento de una aproximación a una experiencia donde la falta de un cuerpo la transforma en más corporal, aquello que está ausente adquiere paradójicamente una mayor presencia.

Además, si el cuerpo que falta se aproxima hasta sentirse sobre la piel, el Diablo como antagonista dispuesto a robar aquello que no le pertenece, tiene una mayor presencia física, como si quisiera decir "Si otro falta yo lleno su hueco, vente conmigo".

Muy distinta resulta en este contexto la relación que Úrsula Suárez mantiene con Dios, que llega a preguntarle directamente por la condición de su falta: "¿Por qué no me quieres y quieres a los hombres?, ¿qué me falta a mí para que hagas esto conmigo?" (176): "Un cuerpo" podría haberle respondido ella, pero no lo hace, porque Él también tiene lo que los hombres no pueden darle. Las experiencias de Úrsula con Dios son cálidas, de goce tierno, alejadas del éxtasis y el orgasmo, totalmente opuesto a esos "casamientos" que ella tanto teme. Su Dios está construido a la medida de su miedo, como inversión de su verdadero deseo, deseo que teme, pues ¿no quiere ella aquello que ha decidido burlar?, ¿no persigue la fantasía de una violación? Si a alguien Dios no colma es a Úrsula, su discurso es aséptico, apenas se aproxima a la erótica.

Erostismo y memoria del goce horadan el relato, singularizan tres textos, que necesitan de estos espacios para escapar del corsé de escritura impuesta y decir su "verdad".

5.2.3.6. Pasadizo de espejos y seducciones

Escribir para alguien o para algo, María de San José, la Madre Castillo y Úrsula Suárez traban su relato sobre un juego de seducciones. No en vano todo ejercicio "autobiográfico" busca cautivar una mirada, sea la propia del autobiógrafo, que resultará, así, atrapado en un juego de encantamiento narcisista, sea la de un lector implícito configurado por el texto, o la de una instancia a la que el autobiógrafo se remite, si como en el caso que nos ocupa nos encontramos ante una narración asignada. Tres lógicas distintas sostienen este juego de espejos y seducciones, la *lógica del merecimiento*, que activa María de San José, la *lógica del parecer*, acorde con la comedia identitaria de Úrsula Suárez y la *lógica del padecer* que recorre el relato de la Madre Castillo sin dejar apenas resquicios.

María de San José, invitada por la Virgen a tierna edad se desposa con Cristo. Desde este momento su vida se convierte en la persecución de un objetivo: enlazar la profesión simbólica con la real, lograr convertirse en monja. Pese a ello, serán numerosos los obstáculos con los que se vaya encontrando: la oposición familiar (tópica en este tipo de relatos), el propio medio en el que María habita, que hará que durante años adolezca del apoyo regular de un confesor, teniendo que "andar a tientas" con el único soporte de los libros; pero, sobre todo, será la obstrucción del arzobispo Fernández de Santa Cruz ante su deseo de ser religiosa aquella dificultad que más cuesta sortear.

Un objeto se desea, pero este deseo se encuentra con numerosos oponentes. La *vida* de Sor María se va a presentar como una exhortación a la mujer para que luche por su propio deseo, como una acto de espera paciente (21 años), durante el que se busca *merecer* aquello que se anhela, pero donde no se duda en transgredir las barreras que la sociedad impone, aunque estas procedan de la propia familia o de la autoridad religiosa competente. El texto espoleará duramente al arzobispo, pues al redactar bajo la máscara de la humildad y de la obediencia su tiranía y su desprecio se logrará desatar contra él una particular venganza. De esta manera, María de San José utiliza su adscripción a la tradición de escritura de vida como forma de maquillar o *hacer pasar* un acto de subversión genérica y de rebelión política.

Los distintos núcleos del relato hablarán de este deseo que se ha de conquistar: la profesión y la consecución de un buen confesor, el contacto y la comunicación divinas, la Buena Nueva, pero también la escritura. Si en este contexto la trasgresión y el desafío son posibles es porque la acción y la escritura proceden de Dios. La *vida* se autojustifica: "Su Majestad es el autor de todo lo que escribo" (MJ, 151).

De este modo, el cuerpo se convierte en material sobre el que se ha de merecer: la vida ermitaña, las privaciones y el padecimiento por enfermedad o tortura se exhiben como un relato de méritos. Sin ser monja María no sólo vive como tal, *parecer* monja es una forma de demostrar que se *merece* serlo, sino que extrema su celo, demostrando que todo esfuerzo es poco a cambio de materializar el deseo.

Bajo el mismo mecenazgo y la misma justificación Úrsula Suárez escribe por segunda vez el manuscrito desaparecido de su vida: "Díjome mi señor y padre amantísimo: 'No he tenido una santa comedianta y de todo hay en los palacios, tú has de ser la comedianta' (US, 230). Su texto busca en todo momento presentarse como depositario de un original modelo de santidad, el de 'santa comedianta', 'santa de ir por casa'. Por ello resulta tan importante relatar la elección que Dios hace de ella, ya que al consignar la diferencia signada por la divinidad, Úrsula consigue liberarse de la responsabilidad de presentarse como 'santa' ante la autoridad eclesiástica. Además, si Dios la ha admitido en su seno aceptando su peculiar carácter y las singularidades de su comportamiento también los demás deberían hacerlo.

El juego de disfraces tienta a Úrsula desde su misma niñez y continúa a lo largo de su vida adulta, incluso dentro del convento, el disfraz persigue la burla y después el relato. Así, la *Relación* podrá pensarse como mascarada, ensartada en una *lógica del parecer,* que atraviesa el relato de la 'santa comedianta'. La propia profesión religiosa o la presentación como mística no son más que nuevos disfraces, con un sentido profundo, ya que el gesto de disfrazarse reviste una notable importancia y transforma la puesta en escena vital en un ejercicio de autorreflexividad textual. Este relato es una escenificación de secuencias, donde los episodios de encuentro y diálogo con Dios se construyen sobre una compleja estructura dramática, que juega a naturalizar el artificio, a borrar la puesta en escena, a contrarrestar el exceso de otros momentos, acentuando todos aquellos elementos del montaje que apuntan a la coloquialidad y la cotidianidad, para terminar por lograr un resultado sólo en apariencia menos teatral.

Por ello el cuerpo y el alma sólo entran en el relato *como sí,* son sólo lo que se espera de ellos en una narración de mística femenina, escenifican el modelo; al tiempo que lo malean con pequeños matices, doble ejercicio de modelado que responde a dos programas: el de la herencia, pero también el de la santidad como comedia.

Ante estos dos ejemplos Francisca Josefa de la Concepción del Castillo redacta una *vida* que tiene mucho de exageración barroca, pero también de merecimiento, pues la *lógica del padecer* que sostiene su texto, no sólo sirve para conseguir los favores divinos o el reconocimiento del propio confesor; sino que, además, se presenta con todo el tremendismo del gusto de la época.

Desde el mismo momento de su nacimiento Francisca está destinada a padecer, ya que tanto ella como su madre están apunto de morir en el parto. Su infancia no es sólo la de una niña traviesa marcada por las gracias divinas; sino la de una naturaleza enfermiza y aprensiva, que sufre desde muy joven la cólera de Dios, pese a su temprana afición al silencio y al retiro y los juegos de devoción. Un dios que frente al que aparece en los otros relatos se construye aquí con toda su crudeza veterotestamentaria. La afición de la niña por la lectura de comedias se castiga de forma desmedida para la condición del pecado y la naturaleza de la pecadora, una niña de ocho o nueve años: "Me castigó Nuestro Señor con una enfermedad o pena tal que ahora me espanta" (MC, 6).

La *vida* de la Madre Castillo se construye desde el continuo padecimiento, del cuerpo y del alma. La enfermedad, la zozobra anímica y el desprecio de la propia comunidad, que la vilipendia hasta la bajeza, erigen un relato del síntoma y de la calumnia, pero también del deseo, porque existe un poderoso orgullo en reconocerse como menospreciada y distinguirse por ello, si este gesto se esgrime como tributo a Dios. Cuando Francisca Josefa se presente como la más vilipendiada se está construyendo también como la más deseada. La mirada del otro es la que sostiene, la envidia edifica y eleva ante Dios y el confesor, confiere la diferencia.

Por tanto, la *Vida de la venerable* recoge el afán de promoción de una personalidad que desea legitimarse y reclamar una posición de privilegio ante el confesor, al tiempo que cumplir con una serie de presiones psíquicas. En ningún momento existirán concesiones argumentales destinadas a la comunidad religiosa. En este sentido la *Vida* se aparta de las narraciones ejemplares pensadas para servir como modelo a otras monjas de la misma orden. Estamos ante un relato de una poderosa individualidad que clama por ser reconocida y para ello exhibe de forma exacerbada el más intenso y completo padecer. El cuerpo y el alma de Sor Francisca se verán perforados por la angustia, para ellos no existe descanso.

Por ello, por encima de todas las cosas, la monja que relata su vida debe centrar su narración en una vivencia concreta: el encuentro con Dios, como pasaje entre juegos de espejos y seducciones. María de San José y la Madre Castillo juegan a ser seductoras, mientras Úrsula Suárez prefiere dejarse seducir.

La relación entre María y Dios se inicia, como se ha visto, con una propuesta de desposorio en la que la Virgen Madre actúa como mediadora, aunque el pasaje recoge el motivo de la entrega de un anillo como promesa de boda, ya presente en la mística medieval y en la biografía de Catalina de Siena, aquí no es Cristo quien hace directamente la petición, sino su madre, que, además, lo sostiene en sus brazos todavía en la forma de un niño:

> la e dicho que esta imagen de Nuestra *Señora* de quien boi hablando tenía un niño en los brasos. Este niño tenía un anillo puesto en un dedito de la manita. Io, mientras la Santísima Virgen me estaba ablando, estava mirando este anillo, porque me llevaba la atensión el verlo tan sumamente lindo. Era de oro finísimo; la piedra o piedras eran berdes. Todo el era hermosísimo. Respondí a lo que la Santíssina Virgen me dijo, que sí quería desposarme con su Santísimo Hijo, y dige que sí con veras de mi corazón y de mi alma. (MJ, 98).

¿Por qué esta variante sobre el motivo del anillo? Principalmente porque desde aquí ha de inaugurarse y articularse la lógica del merecer. La petición de desposorio divino inicia la vida adulta de María, que desde este momento vive con un propósito: merecer a su futuro esposo, y con una frustración: no volver a tener noticia de éste, la *vida* de la monja mexicana se caracteriza por una permanente ausencia de Dios; pero, precisamente, persistir en medio de la soledad se convierte en una forma de centuplicar el merecimiento y de subrayar las faltas que se trabaja por compensar. Si Dios apareciera más despistaría al lector, que sólo debe fijarse en el listado de méritos.

Asimismo, la presencia del Niño en manos de la Virgen se revela *a posteriori* como signo de una inmadurez que ha de superarse. Sólo cuando María de San José haya prosperado en el ejercicio de merecer volverá a recibir a Dios (MJ, 130-131). Esta vez experimentando en su interior la fuerza de la Pasión y recibiendo por ello el don de lágrimas, entre el dios-niño y el dios-crucificado se ha producido una interesante progresión. El tercer momento será decisivo: la profesión en el convento, el reconocimiento de la total madurez para que se materialice el definitivo desposorio, que encubre un compromiso de merecer más si cabe. El texto se articula sobre una lógica masoquista.

Mientras, el dios de la Madre Castillo exhibe una continua presencia, que, frente a lo que podría parecer, no es motivo de consuelo, sino de padecimiento y de desasosiego, ya que ésta pocas veces se guía por una lógica benévola. Dios envía la prueba, el escrúpulo y la tentación, se convierte en el principal artífice del padecimiento que enmarca el relato, y Francisca Josefa sólo logrará seducirlo si se aplica en padecer, si reconoce la pertinencia del castigo y exacerba la sensación de malestar que éste le provoca.

Frente a ello la *Relación* culmina un giro, de seductora a seducida, que presenta un inusual e imposible vínculo entre Úrsula y Dios. Úrsula Suárez juega con su dios a ser una amante esquiva: "¿Qué me falta?", pregunta éste, desquiciando los órdenes de lo humano y de lo divino, pues la falta se instala en el único lugar que no puede faltarse a sí mismo, Dios se humaniza por Úrsula, con sólo contemplar la posibilidad de la falta deja de ser Dios para ser hombre, y entabla con ella un juego de afirmaciones y reproches amorosos, donde es Úrsula quien da y quita según su conveniencia, con osadía supina:

> "Dios de mi alma, bien sabéis vos mi corasón, que solo te quiero a vos y a éstos les estoy mintiendo: ¿no sabéis, Dios mío, que mi amor es con vos fino? Yo te prometo que ya no he de verlos, que los aborresco y nada de ellos quiero; vos sois el amor verdadero: yo lo confieso y no quisiera ofenderos" Cuando yo desía esto, me desían claro y distinto: "¿Cuándo me has de cumplir palabra que tantas veses me has dado?"; yo con el corasón apretado de dolor, le respondía: "Señor de mi alma y Dios de mi corasón, ¿qué querís que haga yo?, harto lo siento: bien veis vos mi deseo y quisiera cumplirlo; más ¿qué puedo yo, Dios mío?: osadlo vos, que sois dueño de mi corasón". (US, 160-161).

La monja chilena no sólo relega a Dios y lo obliga a competir con los hombres, de quienes se confiesa dañera; sino que, además, pide que la domine a través de la violencia, que demuestre sobre ella su poder. No hay jamás en la monja reconocimiento de culpa, pues si Dios es omnipotente y está con ella ¿por qué la deja que se incline hacia los hombres y el pecado?, la falta, por tanto, está en Dios, que la hizo imperfecta. La insinuación siquiera de que es ella quien ha faltado le resulta tan incomprensible y tan poco grata que la lleva a dejar a Dios con la palabra en la boca y a salir huyendo:

> "¿Por qué no me quieres y quieres a los hombres?; ¿Qué me falta a mi para que hagas esto conmigo?; Yo le dije: "Dios y Señor mío, ¿no sabéis que no los quiero, que los estoy engañando y que vos solo sois mi dueño y mi amado, díjome: "Si no los quieres, ¿cómo sales a verlos y gustas de ellos?" "Eso hago —le dije— por lo mucho que les debo y por el interés que de ellos tengo; no por quererlos". "¿No soy yo dueño de todo? —me dijo—; ¿qué te faltará conmigo?" Entonses yo, con el corazón aflingido, sin saber que responder, me levanté temiendo no me apurase; entré a confesarme para olvidarme: tantas eran mis maldades, que huyía de lo que me desían y hasía como que no entendía. (US, 176).

Pese a ello, su descaro no cesa, pues la monja chilena llega a confesar a Dios que está con los hombres por puro interés, porque ellos mantienen su modo de vida, y llega a pedirle que la asista como ellos hacen:

> "¿Cómo hases esto conmigo; pues habiéndote yo venido a vicitar, me dejas y te vas con el hombre?; ¿por qué hases esto?: ¿merezco yo menos?"; yo le dije: "Señor de mi corazón y Dios de mi alma, ¿qué

> quieres que haga?: vos habéis dado este medio para que mantenga la vida... si de esto no gustas vos da otro medio con que yo mantenga esta vida. (US, 178-179).

El descaro y la esquivez de Úrsula obligarán al propio Dios a cambiar de estrategia: "Yo quiero manifestar la fuersa de mi poder en vos", el texto se detiene justo en el límite donde ante la pregunta "¿Qué me falta?", sólo le hubiera faltado responder: "Un cuerpo". El giro experimentado hará que el reclamo de Úrsula, su petición de ser violentada, pase a verse satisfecha.

A partir de este momento, Dios lanza a la monja chilena desafíos que saben que juegan con la violencia, ya que atentan contra "el ¿qué dirán?", enemigo salvaje de toda lógica del parecer. Primero ha de quitarse las tocas por él: acto que representa un gesto de rebajamiento ante la comunidad, pues la toca es uno de los signos que hacen más visible la dignidad de una monja profesa, más tarde la insta a que entre en la bodega del convento, y ante su negativa llega a forzarla físicamente.

Tras estas pequeñas pruebas la dificultad de la demanda aumenta, y Úrsula Suárez acaba teniendo que enfrentarse a un espejo que le devuelve un retrato de sus faltas: "Veí todos mis pecados como si los mirase en un espejo" (US, 206). El relato termina con un castigo que expone a la monja a la mirada de desprecio de toda la comunidad. Dios golpea donde más duele, pues conoce la lógica del parecer sobre la el relato construye su identidad. Sin la toca Úrsula Suárez queda despojada del núcleo que sustenta su disfraz de monja (el hábito de beata y el de profesa se distinguen sólo en el tocado), y sin disfraz la identidad de la chilena pende del vacío, se enfrenta a una nada:

> "¿qué es nada?, y desía: "Lo que ni se ve ni se palpa"... No hay palabras para decir y explicar lo que yo miraba y remiraba esta nada; y como no tiene ser no le hallaba sustancia; y como yo no la tengo en nada, conosí estaba bien comparada. Y por tres días enteros estuve conociendo mi nada, sin que esta verdad de mi mente se apartara de mi ni hubiera cosa que de ella me desviara. (US, 200-201).

La imagen devuelta por el espejo de los pecados, o por la mirada despreciativa de la comunidad, revelan que no basta con haber sido reconocida como santa comedianta, sino que hay que ser capaz de enfrentarse a la falacia sobre la que se sustenta la identidad, el reconocimiento es realmente una trampa, que acorta en camino entre la identidad puesta en escena y la nada en la que Úrsula Suárez acaba por abismarse. Pero el aprendizaje no es sencillo, y frente a la osadía y frescura que el relato destila en su primera parte, ahora sólo queda espacio para el desconcierto. La monja chilena ha terminado por ser seducida, pero el texto se detiene allí donde tocaría hablar del desconcierto amoroso.

También María de San José y Francisca Josefa de la Concepción del Castillo pasaron la prueba del espejo, a la primera Dios le devolvió una imagen imperfecta siempre necesitada de mejoramiento, a la segunda una visión de horror que por sí misma ya era una forma de padecer:

> Algunas veces mirándome al espejo me ponía a llorar en él, acompañando a aquella figura que miraba en él, que también me ayudaba llorando; Otras se me proponía ¡Oh, si me condeno; qué tal arderán mis ojos y mi cara; que espantosa estaré! (MC, 8).

Si Roland Barthes habla de la imposibilidad de capturar el propio rostro más allá del instante del espejo y de su mentira, los reflejos especulares de las monjas coloniales retornan sobre la tradición del espejo mágico, que otorga saber y conocimiento, para convertirse en una puerta que asoma a un mundo de trascendencia. La falacia de la narración de vida se deja ver aquí desde presupuestos diferentes. De la misma manera, la presencia del espejo en cada uno de los relatos se muestra como testigo del juego de miradas y seducciones. Seducir a Dios, o dejarse seducir por él, y ganarse en beneplácito del confesor, serán los objetivos fundamentales de la letra-confesión.

¿Pero es ésta única y exclusivamente una seducción de la palabra o hay un contacto de los cuerpos? Ya he tratado de la erótica presente en los textos, no obstante me gustaría condensar aquí parte de esa información. "Dondequiera que iva o estava, me paresía que lo sentía a mi lado" (MJ, 130). Ante las charlas y requiebros interminables que Dios dirige a Úrsula Suárez, la escasa presencia que la divinidad posee en el relato de María de San José depende de la sensación física, entre los prometidos no se cruza ninguna palabra. De la misma manera, la intensa presencia de Dios en la *Vida de la venerable Francisca Josefa de la Concepción del Castillo* está cifrada en un dolor o un placer que son también de signo corporal. Frente a ello, la "cuentera" o "filósofa" deberá ser seducida con sus propias armas.

De cuerpos que hablan a palabras y disfraces que esconden el cuerpo (o su ausencia), esa es la distancia que media entre los relatos. Si María de San José y la Madre Castillo quieren llenar con su cuerpo la ausencia del cuerpo de Cristo, duplicarlo, y por ello su estrategia es la de la hipérbole, Úrsula Suárez renuncia a denunciar la falta, y juega a las sustituciones: la propia identidad disfrazada y los miles de endevotados que la asisten son el resultado de una elipsis: "¿Qué me falta?", "Un cuerpo, y yo lo deseo…" El fantasma de una cópula que nunca ha de llegar atraviesa los relatos de las monjas coloniales, el programa de *Imitatio Christi*, es el resultado de la suplencia peligrosa con que para Rousseau se ve amenazada la cultura[305], escenificación loca de un goce masoquista.

Una de las líneas modulares del barroco fue la extrañeza ante la imagen y el temor frente a una posible disgregación del cuerpo. Son diversos los episodios en que Dios o el Diablo enseñan a la monja un espejo, espejo de pecado, pero, ante todo, espejo de desconocimiento, donde, a menudo, el cuerpo se refleja en su descomposición, camino de la muerte. Este ideario dispara las tensiones entre ser y parecer, entre represen-

---

305 Cifr. DERRIDA, J.: *De la Gramatología,* México: Siglo XXI, 2001, "Ese peligroso suplemento".

tación y realidad, simulacro y verdad[306]. Las tres *vidas* aquí comentadas dominan el arte de la mascarada y quieren ser ante un espejo: de época, de mirada autorizada (confesor, abadesa), de seducción susceptible (hermanas, devoto, el propio confesor). Su juego es un juego barroco, pero también "femenino". Si la mujer en el imaginario occidental es lo que no entra en la representación, su presencia se entiende siempre como simulacro o mascarada. De esta manera, el ideario de *imitatio Christi,* que gobierna el relato, no es más que uno más de sus simulacros, pero también un amarre que conjure el peligro de disgregación que tanto temió el sujeto barroco.

306 No hay que olvidar que para Jean Baudrillard (*El intercambio simbólico y la muerte*, ibid: 124) el espejo es siempre una forma de clausura, que recompone al sujeto fragmentario, duplicación fálica de la marca, donde el sujeto se seduce a sí mismo, seduce a su propio deseo y lo conjura en su propio cuerpo duplicado por los signos.

VI. DIME QUÉ ESCRIBES Y TE DIRÉ CÓMO ES TU CUERPO

Pero él curva y recurva los pliegues, los lleva hasta el infinito, pliegue sobre pliegue, pliegue según pliegue. El rasgo Barroco es el pliegue que va hasta el infinito.

Gilles Deleuze, *El pliegue. Leibniz y el Barroco.*

Un yo-monja que relata su vida, tomando como modelo un corpus de lecturas-guía, un cuerpo que se pone en escena, cumpliendo con el programa de *imitatio Christi*, mientras la experiencia mística sirve como justificación de escritura, son los componentes que conforman los textos aquí analizados, y que nos conducen a preguntarnos por la posible relación que existe entre este corpus de lectura y la autobiografía de mujeres a partir del XVIII, pregunta que nace de un espejismo de semejanza trabado sobre las metáforas corporales que saltan de una a otra tradición, que se convierten en material específico de expresividad femenina.

Así, el diseño del ideologema de cada uno de los grupos textuales ayudará a completar la comparación, al tiempo que contribuye a responder a algunas preguntas: ¿Por qué situar estos textos dentro de un corpus literario?, ¿Son extrapolables las conclusiones derivadas del análisis a otras *vidas* y autobiografías no religiosas?, ¿Qué aportan estas conclusiones a la teoría sobre la autobiografía?

Además, si la relación mujer-cuerpo-escritura ha sido el eje central de este trabajo, será necesario indagar el valor que ésta tiene para la historia de la literatura de mujeres, pero también para el pensamiento teórico feminista. La relación yo-cuerpo se presenta como una de las matrices fundamentales en torno a la que se articulan algunas de las preguntas centrales en torno a la subjetividad femenina.

6.1. DESDE UN LUGAR (IDEOLOGEMA)

> *El cuarto día de meditación de las dos banderas, la una de Cristo, Sumo Capitán y Señor Nuestro; la otra de Lucifer, mortal enemigo de nuestra humana natura.*
>
> *Ejercicios*, Ignacio de Loyola.

Una imagen, que bien podría proceder de un relato de aventuras o de caballerías: la de dos ejércitos preparados para la batalla, exhibiendo banderas rivales. Sin embargo, sus capitanes son Cristo y Lucifer, y el texto del que proviene la imagen es un manual de espiritualidad. Un lenguaje como el de *Amadís*, sus metáforas amorosas y su preciosismo, tiñen los textos espirituales de Francisco de Osuna, Bernardino de Laredo o Malón de Chaide. Místicos y predicadores se forjan en las lecturas de su tiempo. *El Castillo Interior* de Teresa de Jesús revela, por ejemplo, un profundo aprendizaje en épica y novela de caballerías. La intertextualidad, el ideologema, ayudan a forjar un lenguaje.

Todos los textos seleccionados para este ensayo presentan una característica común: un yo-mujer relata en primera persona experiencias de vida. La intención declarativa con la que se dirigen al mundo es la misma. Todas las voces que en ellos se escuchan son voces de mujeres que "entraron en religión", en todos los textos la relación con la divinidad, pero también con la propia institución religiosa, puede leerse en la misma superficie. De igual manera, el fenómeno místico será textualizado en todas las *vidas* comentadas. Así, entre los relatos de las monjas coloniales y sus herederas contemporáneas se traza la parábola, que transita de la *vida* a la *autobiografía*, de un yo-cuerpo (alma/cuerpo) a un yo-sujeto en sentido moderno.

Bajo la etiqueta de "géneros menores" las vidas y las cartas se convierten en el mundo literario barroco en el espacio narrativo prioritario al que puede acceder la mujer colonial, en el marco textual donde ésta podrá interpretarse y mostrar su deseo; al tiempo que, terminan por tematizar dicha inscripción. Esto va a observarse con gran claridad en las *vidas* destinadas al confesor, donde el propio relato se tornará autorreflexivo cuando aluda al carácter de narración de menudencias, de texto menor que se atribuye y reconoce.

Asimismo, debe tenerse en cuenta que los relatos de vida de las monjas coloniales son para su tiempo textos "verdaderos", porque para el barroco ningún discurso está más cargado de verdad que aquel que dialoga directamente con la autoridad eclesiástica, más todavía si ésta está representada por el confesor. La verdad barroca no es la del empirismo científico, sino la del testigo, la de aquel que vio o vivió.

Por tanto, su lugar se encuentra junto a la crónica, la confesión ante la Inquisición, la práctica de confesión escrita, las demandas presentadas ante múltiples formas de burocracia colonial, o incluso, la narrativa picaresca, que finge una declaración ante la ley. Pese a ello, las monjas manifiestan un tremendo rubor a la hora de consignar determinadas "verdades", pero no pueden dejar de hacerlo, porque estar ante el confesor es estar ante Dios. A través del ejercicio de escritura de la letra-confesión la monja penetra parcelas de decir que le habían estado tradicionalmente vetadas, el callar de la mujer se transforma en una obligatoriedad de decir, en el desvelar de un secreto.

Pero decir la verdad no va a significar "decir la verdad, toda la verdad y nada más que la verdad", porque los relatos comentados callan casi tanto como dicen. Si el silencio de los textos femeninos coloniales puede ser pensado como el silencio de la sumisión y la censura, también es cierto que en el caso concreto de las *vidas* seleccionadas consiguen rastrearse las distintas matrices de un diálogo complejo con los discursos de poder: los problemas del *género* en el marco del universo textual barroco, las posiciones políticas que la mujer ocupa *desde* y *en* el convento o la propia ética de la escritura. Visto así, la *Respuesta a Sor Filotea de la Cruz* es una teoría política del silencio de la mujer en el mundo colonial hispanoamericano.

De este modo, es en el seno de esa misma relación de poderes desde donde debe interrogarse la subjetividad, centro de interés para mi propuesta. La identidad en el mundo colonial se diseña en el interior de un estamento o grupo. Situarse en el *más allá* del marco social al que uno pertenece implica reconocer los límites del mismo, moverse entre sus líneas, cambiar quizá a otro estamento. Los relatos de vida responden siempre a ese carácter colectivo. Por eso hablamos de "vidas de monjas", de "bandoleros", de "soldados"... en plural. Aunque esos textos son excepcionales en tanto que luchan por articular y defender una individualidad particular siempre se sitúan dentro del grupo o frente al grupo. Los relatos de las monjas coloniales se encuentran en absoluta concordancia con aquellos textos que dicen "yo" en su misma época.

De igual manera, mantienen un diálogo privilegiado con los textos hagiográficos, que terminan por revelarse como el sustrato que se rescribe. También los textos de devoción, los libros de doctrina, los catecismos y la *Biblia*, la poesía mística y religiosa o la crónica conventual, *La perfecta casada* de Fray Luis, la comedia de santos... participan de esa mismo diálogo.

En una tradición donde la *imitatio* es la regla y donde los textos escogidos reconocen su carácter modélico el estudio detallado del intertexto se convierte en trabajo apremiante.

El primero de los intertextos que cabría señalar sería el del propio sistema de la estética barroca. ¿Qué relación guardan las *vidas* conventuales con la estética y el lenguaje barroco? Para poder responder se deben apuntar unas breves coordenadas del que es un complejo problema, que, además, se densifica en el caso de la literatura hispanoamericana.

> El barroco, como experiencia histórica y estética, ha merecido la atención de numerosos especialistas. El término *barroco* se utilizó primero en el campo de la arquitectura y de las artes visuales, para pasar luego a la música y más tarde a las letras. En su sentido primero hacía referencia a una época en la historia de las artes (siglo XVII y principios del XVIII), caracterizada por la búsqueda de la dificultad y el artificio. Más tarde pasaría a designar a cualquier manifestación artística que metafóricamente reprodujera características de este movimiento.

En el origen del barroco se encuentra una crisis espiritual, la que daría lugar al movimiento de la Contrarreforma. El arte que debía afirmar una fe iba a ser profundamente escéptico. Por eso la práctica barroca iba a buscar trasmitir la conciencia de una crisis, que se vería acompañada de un sentimiento de descentramiento. El loco, el mundo al revés, el mundo como laberinto o como teatro fueron sus metáforas y sus iconos. El arte se tiñe de personajes que ríen y lloran con igual facilidad.

En medio de un siglo obsesionado por la muerte, por el pesimismo en la mirada hacia el hombre y el mundo, mundo asediado por el tremendismo y la violencia, incluso por la crueldad, la imagen y la retórica audiovisual iban a constituir los amarres de un hombre que sólo se entiende como proceso, que habita en el permanente conflicto.

A partir de aquí, la noción de pliegue se presenta, como la imagen que captura el movimiento propio de la estética barroca, como aquella que une de forma paradójica dos zonas de conflicto siempre activas. De este modo, para Deleuze:

> El Barroco no remite a una esencia, sino más bien a una *función operativa*, a un rasgo. No cesa de hacer pliegues. No inventa la cosa: ya había todos los pliegues procedentes de Oriente, los pliegues griegos, romanos, románicos, góticos, clásicos… Pero él curva y recurva los pliegues, los lleva hasta el infinito, pliegue sobre pliegue, pliegue según pliegue. El rasgo Barroco es el pliegue que va hasta el infinito[307].

Deleuze toma las ideas de Wölfflin y de Rousset sobre cómo el violento contraste entre el lenguaje exacerbado de las fachadas barrocas y la paz de los interiores constituye el poderoso efecto de la arquitectura barroca. Mientras que la fachada barroca se proyecta poderosamente hacia el exterior, "el interior cae sobre sí mismo, permanece cerrado, y tiende a ofrecerse a la mirada que lo descubre enteramente desde un punto de

307 DELEUZE, ibid: 3.

vista, 'un pequeño ataúd conteniendo el absoluto'"[308]. Además, en el caso Hispanoamericano el plegado se acentúa, al "unir las mixturas con las texturas"[309]. La noción de pliegue captura el movimiento propio de la estética barroca, la autobiografía podrá ser pensada como pliegue.

Paul de Man analiza en su trabajo "Hipograma e inscripción"[310] los diversos usos que Saussure había encontrado para el término "hipograma"[311] a partir de su etimología griega, una

---

[308] ibid: 29.

[309] MATTALIA, S., *Máscaras suele vestir,* ibid: 103.

[310] Incluido en *La resistencia a la teoría,* Madrid: Visor, 1990.

[311] El concepto de hipograma se remonta a las teorizaciones de Saussure previas al dictado del *Curso de Lingüística General*. Éste había indagado sobre la intuición de que la poesía latina se encontraba estructurada por dispersión, codificada a través de los versos de una palabra o nombre propio subyacente, lo que suponía una suspensión de la lectura referencial en poesía y el desarrollo de todo un trabajo de elaboración formal. Él mismo decidió suspender sus indagaciones porque no pudo encontrar confirmación histórica de la existencia de los complicados códigos sobre los que se apoyaba su hipótesis, y tampoco fue capaz de comprobar si las estructuras sobre las que trabajaba aparecían por mera probabilidad o si realmente estaban determinadas por la codificación de una semiosis. Pero será sobre todo Michael Riffaterre quien dota al concepto de hipograma de mayor peso teórico. Riffaterre, formalista declarado, separa claramente el lenguaje de la poesía y lo que él llama el lenguaje lineal de la cognición y del habla mimética, en el que se supone que las palabras corresponden a las cosas. A lo largo de su producción, insiste repetidamente en el deseo de que su método de análisis establezca una equivalencia con la experiencia real de la lectura. El lenguaje poético debe ser reconstruido siempre en el proceso que tiene lugar entre texto y lector. Para que este lenguaje pueda ser actualizado tiene que llamar la atención por su anomalía, por su agramaticalidad, por la ruptura de la mimesis. Desde aquí Riffaterre transforma el hipograma en hipotexto, en núcleo generador de texto como lee de Man:

> La fragmentación de la palabra clave de Saussure en pares de sílabas (y potencialmente en letras) es reemplazada por la hipótesis de un texto clave subyacente que no es una palabra y aún menos una inscripción, sino una *donnée sémantique*, una unidad de significado legible susceptible de predica-

de esas acepciones "subrayar por medio de los afeites los rasgos de un rostro" conduce a de Man a descubrir la proximidad existente entre *hypográphein* y *prósopon*. El hipograma se aproxima a la prosopopeya, el tropo del apóstrofe. Desde aquí, el texto conduce el análisis de Saussure y de Riffaterre hacia su propia teoría de los tropos: *"prosopón-poiein* significa *dar* rostro y por tanto implica que el rostro original puede faltar o ser inexistente. El tropo que acuña un nombre para una entidad todavía sin nombre, que da rostro a lo que no lo tiene es, por

---

> ción gramatical, pero no privilegiada de ningún modo en cuanto a su valor semántico... la función de las elaboraciones textuales no es, sin embargo, *enunciar* este significado sino esconderlo, aunque el hipograma se oculta remilgadamente, será finalmente desvelado, ya que tal es, de hecho, su *raison d'être*: la forma está codificada de modo que revele su propio principio de determinación... En el límite, repitiendo la estructura de la que son versiones abismales, todos los hipogramas dicen lo mismo: repiten significativamente la suspensión de significado que define la forma literaria. (*La resistencia a la teoría,* ibid: 63-65).

Además, de Man suplementa la lectura éste teórico para hacerla entrar en su propia teoría de los tropos:

> The conclusion is written into the argument which is itself written into the reading, a process of translation or "transport" that incessantly circulates between the two texts. There always are at least two texts, regardless of whether they are actually written out or not...Whenever we encounter a text such as "Obsession"- that is, whenever we read-there always is an infra-text, a *hypogram* like "Correspondances" underneath. (DE MAN, P.: "Anthropomorphism and Trope in Lyric" en *The Rhetoric of Romanticism,* New York: Columbia University Press, 1984, págs. 261-262).

El concepto de hipograma de de Man se aproxima al de ideologema de Kristeva, generación paragramática e hipogramática podrían leerse en paralelo:

> El texto literario se inserta en el conjunto de los textos: es una escritura-réplica (función o negación) de otro (de los otros) texto (s). Por su manera de escribir leyendo el corpus literario anterior o sincrónico el autor vive en la historia, y la sociedad se escribe en el texto. La ciencia paragramática debe pues tener en cuenta una ambivalencia: el lenguaje poético es un *diálogo* de dos discursos. Un texto extranjero entra en la red de la escritura: ésta lo absorbe según leyes específicas que aún están por descubrir. Así en el paragrama de un texto funcionan todos los textos leídos por el propio escritor. En una sociedad alienada, a partir de su propia alineación, el escritor *participa* mediante una escritura paragramática. ("Para una semiología de los paragramas" en *Semiótica I*, Madrid: Fundamentos, 1978, págs. 227-269.).

supuesto, la catacresis"[312]. Así, el teórico belga pasará a preguntarse si la prosopopeya es una subespecie del tipo genérico de la catacresis (o lo contrario), si la relación entre ellas es más desbaratadora que la del género con la especie, y cómo el hipograma está, desde el primer momento, entretejido con una función tropológica específica: la catacresis por prosopopeya. La prosopopeya, en tanto que tropo de la interpelación, es la figura misma del lector y de la lectura. De esta manera, la autobiografía como "prosopopeya del nombre y de la voz" se transforma en la alegoría de la Prosopopeya, o en la prosopopeya de una prosopopeya.

El texto poético sometido a esta lógica tropológica se convierte "no en la mimesis de un significante, sino en la de una figura específica, la prosopopeya. Y como la mimesis es a su vez una figura, es la figura de una figura"[313]. La autobiografía como des-figuración abunda la estructura figural y termina por disolverse en ella, es un género totalmente barroco, un pliegue resultado del plegado sobre el hipograma, "pequeño ataúd conteniendo el absoluto". Donde el diferente hipograma sobre el que se pliegan *vidas* y *autobiografías* puntúa la distancia que las separa. Diferente ideologema, diferentes juegos paragramáticos asisten a dos grupos textuales que funcionan como pliegues barrocos.

Por este motivo, desde la exacerbación de la violencia barroca, propia de los textos de la Madre Castillo, a la mascarada textual de un mundo y una identidad entendidas como teatro, en el caso de Úrsula Suárez, pasando por el tremendismo más contenido, pero no por ello menos barroco de María de San José, la afirmación del intertexto barroco va a resultar rotunda. Son muchas las pistas que las páginas precedentes han sembrado a este respecto. Asimismo, no debe olvidarse que el barroco

---

312 ibid: 73.
313 ibid: 78.

colonial en Latinoamérica fue una producción de Estado, en la que participó de forma muy directa la Iglesia, y que las *vidas* son la consecuencia lógica de esta participación:

> En el barroco colonial, no es éste el caso de una producción cultural autónoma que se dirige hacia el Estado, sino más bien una producción *del* Estado, que es su condición de posibilidad, a la vez su patrón y su mejor consumidor. La naturaleza misma del poder político del absolutismo barroco es en cierta medida "espectacular": no existe la separación de arte, religión y política característica del liberalismo institucionalizado. La poesía —por lo menos cierto tipo de poesía culta— es todavía considerada como un discurso legislativo, coextensivo con el discurso de medios y fines de la razón de Estado. La teatralización, la alegoría, la ceremonia, el exhibicionismo carismático son la esencia del poder virreinal, no simplemente su expresión. La pompa, o la *apariencia* del poder, no es claramente separable de su sustancia: el poder es en cierto sentido ostentación. De ahí la centralidad en el barroco tanto colonial como peninsular de los espectáculos públicos como los autos de fe, especie de teatralidad del Estado mismo[314].

No obstante, a partir de la relectura que del barroco en América Latina harían autores como Pedro Henríquez Ureña, Mariano Picón de Salas o Emilio Carilla, y de la propuesta de Lezama Lima[315] de pensar el barroco como discurso tranhistórico que propugna un origen español barroco para la literatura hispanoamericana, la crítica habría de posicionarse en torno a una doble dirección de trabajo: la que apoya la propuesta de Lezama y que llevaría al concepto de "América Barroca" de Carpentier y Sarduy, la que opta por una consideración histórica frente a la transhistórica, y que parte de la hipótesis de que esta estética asume una cara doble en América, por ser un discurso importado que los intelectuales criollos

---

314 BEVERLY, J.: "Poesía cortesana y festiva: literatura de homenaje", en PIZARRA, A.: (org.), *América Latina: Palavra, Literatura e Cultura*, Vol. I, Brasil, Fundacao da América Latina, 1993, pág. 270.

315 LEZAMA LIMA, J.: *La expresión americana*, México: FCE, 1993, págs. 80-81.

adoptan con el paso del tiempo para establecer las bases de una cultura diferenciada del modelo europeo[316]. Además, autores como Roggiano tratarían de encontrar una síntesis que resolviera la oposición "barroco como concepto de época"/"barroco como estilo" y hablará de una "poiesis que se realiza como parte de la función del ser en su mundo, en un tiempo y un espacio que le da su génesis y lo condiciona", idea que permite hablar de barrocos diversos, que varían de acuerdo con el contexto religioso y nacional del que surgen[317]. Sea como fuere, no es el objetivo de este trabajo resolver dicho conflicto, sino puntuar la afirmación que del intertexto barroco es posible hallar en las *vidas* de monjas.

Junto al barroco, el sistema y norma del español de los Siglos de Oro representa un segundo intertexto que deberá tenerse en cuenta. La norma española de los siglos XVI y XVII estuvo marcada por el modelo acuñado por Nebrija, cuya *Gramática de la lengua castellana* coincide en su publicación con el inicio de la conquista (1492). Dada la temprana fecha de publicación

---

316 Roberto González Echeverría con trabajos como *Celestina´s Brood. Continuities of the Baroque in Spanish and Latin American Literature*, Durham: Duke University Press, 1993, o Carmen Bustillo, Barroco y *América Latina. Un itinerario inconcluso*, Caracas: Monte Ávila, 1988, pertenecen a la primera línea. La segunda, más cercana a la inaugurada por Mariano Picón Salas, Alfonso Reyes y Pedro Henríquez Hureña, está representada por Mabel Moraña, Raquel Chang, Rolena Adorno, etc. Un buen ejemplo de la misma puede ser MORAÑA, M. (ed.): *Relecturas del Barroco de Indias*, Hanover, Ediciones del Norte, 1994.

317 A este respecto pueden consultarse sus artículos "Para una teoría del barroco hispanoamericano en MORAÑA, M. (ed.): *Relecturas del barroco de Indias*, Hanover: Ediciones del Norte, 1994 y "Acerca de dos barrocos: el de España y el de América" en *Actas del XVII Congreso del Instituto Internacional de Literatura Iberoamericana* parte de la hipótesis de que esta estética asume una cara doble en América, por ser un discurso importado que los intelectuales criollos adoptan con el paso del tiempo para establecer las bases de una cultura diferenciada del modelo europeo.

del texto, el problema del español de América todavía no tendría cabida, y ni siquiera contaba como previsión, aunque sí la tendía la doble norma del español: oriental vs. occidental. La *Gramática* se decantaba claramente por la norma occidental.

De este modo, habrá que esperar a los procesos de Independencia en el siglo XIX, y a gramáticos como Bello, para encontrar alguna reivindicación en torno a la idiosincrasia de la lengua americana en el seno de la historia de la gramática española.

Las monjas se situaban entre los sujetos mejor instruidos de la colonia. La lectura de las *vidas* de María de San José, Úrsula Suárez y la Madre Castillo revela que nos encontramos ante tres mujeres que disponían de una buena formación como lectoras y escritoras. Sus textos afirman la gramática y la retórica de la época; pero se dotan de una particular idiosincrasia, la que los distingue como miembros de un sistema fonético propio, que más tarde llevaría a hablar de español atlántico, variante oriental, y también de español de América; al tiempo que de un léxico que incorpora la realidad cultural de su entorno y el sustrato indígena que singulariza el español de cada virreinato: México, Colombia y Chile. Sólo en el caso de la *Vida de la venerable Sor Francisca Josefa de la Concepción del Castillo* asistimos a un intento de borrado de las variantes americanas, posiblemente atribuible a una mayor formación letrada, sobre todo latina, que, sin embargo, no va a ser del todo exitoso.

Desde aquí, si hay un intertexto que se ha revelado central a lo largo de este trabajo ha sido el que viene marcado por la tradición de escritura hagiográfica. La *vida conventual* sólo podrá ser entendida en el marco de la hagiografía. Si bien es cierto que los relatos aquí presentados dependen en gran medida de las "Cuentas de conciencia" y prácticas de confesión escrita, es la hagiografía el género que los dota de la falsilla que ha de guiar la escritura. Los relatos de María de San José, la Madre Castillo y Úrsula Suárez afirman la estructura suministrada por las vidas de santos, mientras tratan de ajustarse en sus contenidos. Pero, su trabajo no será sólo de calco, puesto que tras el aparente seguimiento de un modelo se esconde un juego de fuerzas y contrafuerzas, que juega con la selección y la disposición, con el callar y el decir, las ironías, redundancias y metáforas, para singularizar y *hacer pasar* los rasgos de una identidad femenina que no se resigna a ser acallada y oprimida.

El mismo gesto puede apreciarse en relación al intertexto formado por los discursos legales, científicos y morales que determinan la inferioridad y la clausura femeninas, pues aunque en apariencia estos discursos sean afirmados, un sutil ataque se lanza sobre ellos: "las mujeres carecen de capacidad intelectual", pero los mismos textos que se adscriben a esta idea por medio del tópico de la *retórica de la humilitas* la desmienten con su misma existencia. "El cuerpo de la mujer debe ser clausurado", y así se muestra, pero las metáforas que utilizan sus fluidos, las tecnologías alimentarias o la activación de una sensorialidad segunda, que se dice del alma, trascienden esta clausura y hablan de identidad, erotismo o goce con una intensidad que se basta a sí misma. La retórica corporal femenina de la época es, asimismo, uno de los intertextos cuya manipulación más se evidencia en el seno de las *vidas*, como se ha tratado de exponer detalladamente.

Eso sí, los textos afirman absolutamente el intertexto formado por la moral ortodoxa católica, en cuyo sistema se hacen inteligibles. De la misma manera, estos textos suponen una afirmación absoluta del programa de *imitatio Christi* propuesto por esta moral. ¿Pero qué sucede con el intertexto formado por la mística del recogimiento? Aunque ni María de San José, Úrsula Suárez o la Madre Castillo legan en sus obras un análisis detallado de su experiencia, al modo de Juan de la Cruz o Teresa de Jesús, ni tampoco incluyen reflexiones teológicas, las descripciones de su experiencia van a ser suficientes para insertar su legado dentro del universo de espiritualidad individualizada y personal que traería la mística del recogimiento: cálidos arrobos, visiones interiores, espiritualidad trabada en el cuerpo, episodios de ausencia de Dios etc… configuran un panorama afirmativo de un modelo de espiritualidad que llegaría a las colonias a través de la influencia de Ignacio de Loyola y de los misioneros franciscanos. Asimismo, no debe olvidarse, que el medio de expresión de los recogidos no fue la teología, sino la palabra literaria[318].

En su libro *Literatura y filosofía*[319] Manuel Asensi estudia la relación entre filosofía y literatura a lo largo de la historia del pensamiento, desde el mundo clásico al "postestructuralismo"[320], y puntúa la época barroca como un momento de inflexión, sobre todo a partir de la figura de Cervantes, quien habría de poner en entredicho los límites entre realidad/ficción, verdad/mentira, sobre los que se sustentaba la distancia entre literatura y filosofía, se convierte en un maestro de la "tropelía"; al tiempo que "con Góngora se pierden las líneas gruesas de la geografía poética, pues son sometidas a una ruptura y un desgarro"[321]. Góngora instala la poesía dentro de la filosofía, el barroco con su estrategia de plegado convierte la oposición antinómica en fluido. Así, la mística barroca de Teresa de Jesús o Juan de la Cruz participan de esta desestabilización, no sólo como textos barrocos, sino como textos de una experiencia más allá del lenguaje, más allá de la mimesis, pero también más allá de ser. Desde la concepción clásica de poesía y filosofía la mística sólo cabe en la primera, aunque sea para desbordar sus límites.

Los rasgos del ideologema aquí diseñado justifican el por qué del concepto *vida,* y las diferencias que lo enfrentan con la noción de autobiografía que se ha presentado en el capítulo

---

318 Véase el apartado "Del misticismo en los Siglos de Oro".

319 ASENSI PÉREZ, M.: *Literatura y filosofía,* Madrid: Síntesis, 1996.

320 Sobre los problemas que presenta el uso del término "postestructuralismo" y las posibilidades de sustituirlo por conceptos como "heterismo" puede consultarse: ASENSI PÉREZ, M.: "Sobre una de las consecuencias del heterismo en teoría literaria", *Prosopopeya,* Valencia: Universitat de València, 2000.

321 ibid.: 57.

"Intertextualidad y autobiografía". A continuación se precisará esta relación.

6.2 PROSOPOPEYAS (DE UN CUERPO Y DE UN YO)

Resulta ya un lugar recurrente en los estudios sobre *auto-bio-grafía* apelar a la estructura compositiva y etimológica de la palabra como manera de situarse en el que resulta un complejo terreno de trabajo. De la misma manera, la historia de la teoría autobiográfica tiende a pensarse como dividida en tres etapas (autos, bios y graphé), según el componente que la crítica haya privilegiado a la hora de definir y estudiar el concepto[322].

Sin embargo, sea cual sea la posición teórica desde la que enfrentar los estudios sobre la autobiografía, y por muy recurrida que resulte la estrategia, se debe siempre empezar por recordar que en toda auto-bio-grafía se escenifica de una forma determinada la relación entre tres factores: reflexividad, naturaleza y letra, y que sólo aquellos textos que conjugan dicha relación pueden ser llamados autobiográficos, pues en caso contrario nos encontraremos ante otro género textual.

Por este motivo, tanto si pensamos que la autobiografía es un género (encuentro de una función histórica y una función estética), una figura de lectura, al modo demaninano[323], o un "mecanismo de construcción del yo", derivado de las tecnologías del yo de Michel Foucault, deberemos definir esa triple relación en la que se funda la naturaleza de lo autobiográfico.

---

322 En este sentido resulta muy reveladora la "Introducción" que Ángel Loureiro presenta en *La autobiografía y sus problemas teóricos. Estudios e investigación documental, Anthropos,* Suplementos 29, 1991.

323 Recuérdese la exposición que sobre de Man y la autobiografía se encuentra recogida en el apartado "De espejos y sepulturas".

Para cumplir con este objetivo, me serviré, en primer lugar, de la definición que Paul de Man hace de autobiografía, para pasar después a revisar la genealogía que Michel Foucault dibuja para el término. Dice Paul de Man:

> El momento autobiográfico tiene lugar como alineación entre los dos sujetos implicados en el proceso de lectura, en el cual se determinan mutuamente por una sustitución reflexiva mutua. La estructura implica tanto diferenciación como similitud, puesto que ambos dependen de un intercambio sustitutivo que constituye al sujeto... Las autobiografías, a través de su insistencia temática en el sujeto, el nombre propio, la memoria, el nacimiento, el eros y la muerte, y en la doblez de la especularidad, declaran abiertamente la constitución cognitiva y tropológica, pero se muestran también ansiosas de escapar a las coerciones impuestas al sistema[324].

Por tanto, puede decirse que para de Man el discurso autobiográfico se caracteriza por la construcción de un sujeto textual, cuya aparente consistencia es efecto de una ilusión referencialista, surgida del tropo básico de la prosopopeya. La autobiografía se funda en un movimiento de apropiación/ desapropiación subjetiva.

No obstante, aunque es de sobra conocido cómo el trabajo de Paul de Man se ha situado tradicionalmente en la "etapa de la grafé", pues se adscribe a un estudio tropológico del discurso, factor indispensable a la hora de pensar lo autobiográfico, me gustaría enfatizar aquella noción que se revela central tanto en el fragmento citado como a lo largo de todos sus trabajos sobre autobiografía: "sujeto", elemento que me va a permitir indagar en la relación *vida*- autobiografía.

Dice Michel Foucault que "Antes del siglo XVIII el *hombre* no existía"[325], pues "la *episteme* clásica se articula siguiendo líneas

---

324 DE MAN, P.: "La autobiografía como desfiguración", ibid.: 113-114.

325 FOUCAULT, M.: *Las palabras y las cosas,* Madrid: Siglo XXI, 1999, pág. 300. Michel Foucault propone como objetivo de su trabajo el estudio de

que no aíslan, de modo alguno, un dominio propio y específico del hombre"[326]. El mundo clásico fue el mundo de la *imitatio*, de la mimesis, donde lo verdaderamente importante se halla en el espacio objetual, la mente del autor es sólo un depósito que almacena la información que llega a través de los sentidos. El autor, el hombre, sólo desempeñan un papel pasivo, pues es una "criatura de Dios" y está sometido a su Ley.

Desde aquí, Don Quijote como representante de este tiempo:

> no es el hombre extravagante, sino más bien el peregrino meticuloso que se detiene en todas las marcas de la similitud. Es el héroe de lo Mismo. Así como de su estrecha provincia, no logra alejarse de la planicie familiar que se extiende en torno a lo Análogo. La recorre indefinidamente, sin traspasar jamás las claras fronteras de la diferencia, ni reunirse con el corazón de la identidad... El libro es menos su existencia que su deber. Ha de consultarlo sin cesar a fin de saber qué hacer y qué decir y qué signos darse a sí mismo y a los otros para demostrar que tiene la misma naturaleza que el texto del que ha surgido. Las novelas de caballería escribieron de una vez por todas la prescripción de su aventura[327].

Don Quijote se alza como metáfora de un mundo despojado de la noción de originalidad, el mismo que habremos de encontrarnos cuando leamos las *vidas*. ¿No hay por parte del yo-monja una persecución de la semejanza, una búsqueda de lo Mismo? Cada *vida* espera "paracerse a", es el resultado de la Ley

---

la "episteme", en tanto a priori histórico que en un período determinado delimita la experiencia de un campo de conocimiento, define el modo de ser de los objetos que aparecen en ese campo, dota de capacidad teórica a la percepción corriente del hombre y define las condiciones en que éste puede sostener un discurso sobre cosas que es reconocido como verdadero. Distingue cuatro epistemes: la pre-clásica (hasta mediados del siglo XVII), la clásica (hasta mediados del XVIII), la moderna (mediados del XX) y la contemporánea. El hecho de que éstas sean subyacentes e inconscientes habla de la necesidad del recurso a la arqueología como método de trabajo.

326 ibid.

327 ibid.: 53.

de Dios, pero también de la Ley de la *Imitatio*. Si "Don Quijote lee el mundo para demostrar los libros"[328], las monjas coloniales leen sus cuerpos para demostrar otros libros, las hagiografías, pero también la Palabra de Dios, la misma *Biblia*. Además, si la diferencia quijotesca entre mundo y letra es fruto de los encantadores, la monja justifica el desvío de la falsilla de la escritura como resultado de la tentación diabólica, pero también de la gracia mística, y es en estos desvíos donde se lega un decir que ha de retomar la historia de la literatura de mujeres. El yo-monja, como el loco, ocupa en la cultura occidental del XVI y el XVII, el lugar de las semejanzas salvajes.

Si las *vidas* de María de San José y la Madre Castillo se mueven, sin lugar a dudas, sobre esta lógica de lo semejante, el barroco desplazaría el pensamiento de lo semejante hacia el espacio del juego, de la quimera y de la ilusión, "por todas partes se dibujan las quimeras de la similitud, pero se sabe que son quimeras; es el tiempo privilegiado del *trompe-l'oeil,* de la ilusión cómica, del teatro que se desdobla y representa un teatro, del *quid pro quo*, de los sueños y las visiones, es el tiempo de los sentidos engañosos"[329], y el texto de Úrsula Suárez capta este desplazamiento, al que apunta con su lógica carnavalesca, como umbral o matiz, que anticipa una transformación total por venir.

De este modo, habría que esperar a pensadores como Descartes y Rousseau para asistir a la configuración de nociones como "identidad" y "sujeto" en sentido moderno, para contemplar el advenimiento del tiempo de lo autobiográfico. Así, Descartes habría de desplazar el centro de gravedad de la ciencia y la filosofía al conocimiento del sujeto; al tiempo que se refuerza la escisión cuerpo/mente. El *cogito*, "yo pienso", ejemplifica el pensamiento metódico, origen y fundamento de

---

328 ibid: 54.
329 ibid: 58.

la posibilidad de conocimiento y pensamiento, la creación deja de regirse por la mimesis. De igual manera, en el pensamiento de Rousseau el ser humano cesará de estar sujeto a las reglas sociales en virtud del poder o decreto divino, si se adscribe a ellas lo hace únicamente como demostración de libertad. En sus textos autobiográficos, pero también ficcionales, Rousseau descubre las posibilidades de la primera persona imaginativa del sujeto. Decir "yo" va a cobrar un valor diferente al que tendría en el relato de vida, asistimos a un giro copernicano de la narración en primera persona, que tendrá en la obra de Kant su culminación y su apertura hacia los "usos" románticos. Pues con Kant habría de producirse el salto definitivo de la "mente mecanicista" a la "mente productora", a través del cual:

> Que el entendimiento produzca representaciones "por sí mismo" ayuda a comprender cómo desde ese momento la imaginación o fantasía no fue ya un proceso mental por el que se hacía retornar las cosas en un orden espacial y temporal distinto del de la realidad objetiva. Al contrario: la actividad imaginativa originaba, combinaba o fusionaba un tipo de orden o construcción que no se encontraba en dicha realidad objetiva sino en el propio sujeto, en su subjetividad[330].

La filosofía del romanticismo habría de centrarse a partir de este momento en el autoconocerse de la conciencia del "yo", convirtiendo la (auto)reflexividad, indispensable para la emergencia de la autobiografía, en uno de los ejes centrales de su reflexión.

Si en la *episteme* clásica, las funciones de "naturaleza" y de "naturaleza humana" se oponían: "la naturaleza hacía surgir por el juego de una yuxtaposición real y desordenada, la diferencia en el continuo ordenado de los seres; la naturaleza humana hacía aparecer lo idéntico en la cadena desordenada de las representaciones y lo hacía por medio de un juego de

---

330 ASENSI PÉREZ: *Literatura y filosofía,* ibid.: 66.

exposición de imágenes"[331], las "ciencias humanas" no podrían existir. Habría que esperar a que el hombre se convirtiera en la medida de una finitud que se piensa a sí misma para poder hablar de pensamiento moderno:

> La cultura moderna puede pensar al hombre porque piensa lo finito a partir de él mismo. Se comprende, en estas condiciones, que el pensamiento clásico y todos aquellos que lo precedieron hayan podido hablar del espíritu y del cuerpo, del ser humano, de su lugar tan limitado en el universo, de todos los límites que miden su conocimiento o libertad, pero que ninguno de ellos haya podido conocer al hombre tal como se da al saber moderno.... Por ello es por lo que el pensamiento moderno no ha podido evitar el buscar un discurso que permitiría analizar al hombre como sujeto, como lugar de conocimientos empíricos pero remitidos muy de cerca de lo que los hace posibles y como forma pura inmediatamente presente a estos contenidos... Un papel tan complejo, tan sobredeterminado y tan necesario le fue otorgado en el pensamiento moderno al análisis de lo vivido[332].

Del yo-cuerpo al yo-sujeto se ha recorrido un largo y complejo camino, que apunta la distancia entre *vida* y autobiografía. En las *vidas* el espacio del "auto" queda ocupado por una nada, por un "sujeto cerológico", si jugamos con el concepto de Kristeva[333], y al manipularlo aceptamos que, en un universo

---

331 ibid: 300-301.

332 ibid: 309.

333 Para que las posibilidades infinitas del genotexto se concreten en el fenotexto hace falta un sujeto que apoye esa conversión. Por la misma razón el genotexto antes de concretarse en el fenotexto no puede estar apoyado por ningún sujeto. Cuando en el lenguaje poético el genotexto irrumpe en el fenotexto sin ley ni control se produce la desaparición del sujeto. El sujeto del texto definido por la significancia es lo que Julia Kristeva llama "sujeto cerológico":

> Este sujeto cerológico es exterior al espacio gobernado por el signo... no hay sujeto... mas que para lograr un pensamiento del signo que compense la pluralidad paralela de prácticas semióticas ocultas por la dominación del signo, dándose fenómenos "secundarios" o "marginales" (el sueño, la poesía, la locura), subordinados al signo (a los principios de la razón). El sujeto cerológico... no depende de ningún signo. (*Semiótica,* ibid: 89-90).

textual regido por la férrea ley de la *imitatio*, genotexto y fenotexto[334] son una misma cosa, el orden de la palabra se transforma en obsesión. Escribir es vivir, el "bio" coincide con la "grafía", si hay vida es sólo un resto, todo se reduce al modelo textual, a la letra de la Ley (divina, del Verbo, pero también del Texto, cuerpo del texto o texto del cuerpo), pues la vida queda sustituida por el vivir del cuerpo, por su escenificación. Asimismo, la única reflexividad tiene que ver con el mismo acto de escribir.

Frente a ello, el espacio autobiográfico, llena el lugar del "auto" con ese sujeto del que habla Foucault, regido por la ley de la diferencia y de la identidad, abismado en los juegos y procesos autorreflexivos. Será en relación a esta ley donde se genere la ilusión de referencialidad, donde se juegue el juego de la apropiación/desapropiación subjetiva. Si la autobiografía es la "prosopopeya del nombre y de la voz", no lo es de todo nombre y de toda voz, sino de aquellos que se activan sobre una ideología de singularidad, identidad y semejanza. El sistema tropológico no es ajeno al ideologema textual, la distancia entre *vidas* y *autobiografías* se traza a través del vínculo entre prosopopeya e hipograma.

Desde aquí, me gustaría completar esta lectura con la genealogía que Michel Foucault traza para la "escritura del yo" en

---

334 En equivalencia relativa a las nociones del generativismo de "estructura profunda" y estructura superficial' Kristeva acuñó las nociones de genotexto y fentotexto:

> En el genotexto (en la estructura profunda) una y otra expresión constan de los mismos fonemas, se asocian y equivalen en virtud de esa semejanza fónica, pero las reglas de transformación que dan lugar a un mensaje concreto (fenotexto) en el plano de un circuito comunicativo, me obligan a decirme por una de ellas. Entonces, diré una cosa o diré otra, pero no las dos a la vez, máxime si carece de sentido que aparezca una en el contexto de la otra. En cambio, en el caso de un texto poético, las posibilidades existentes en el genotexto pueden ser proyectadas en el fenotexto... Es como si el genotexto irrumpiera en la superficie del genotexto sin límites ni control. (*Semiótica*, ibid: 89-90).

Tecnologías del yo. Tal y como se apuntaba en capítulos precedentes las "tecnologías del yo" forman parte de los cuatro tipos fundamentales que determinan la vida humana, junto con las "tecnologías de producción", las "tecnologías de sistemas de signos" y las "tecnologías de poder", y son pensadas como aquellas que:

> permiten a los individuos efectuar, por cuenta propia o con la ayuda de otros, cierto número de operaciones sobre su cuerpo y su alma, pensamientos, conducta, o cualquier forma de ser, obteniendo así una transformación de sí mismos con el fin de alcanzar cierto estado de felicidad, pureza, sabiduría o inmortalidad[335].

Foucault presta especial atención al modo en que las tecnologías del yo se relacionan con las tecnologías de poder. El estudio de la representación de la corporalidad femenina que articula este trabajo surge de la atención a este vínculo, que él llama gobernabilidad, aunque decida, por último, dedicarse a historizar las tecnologías del yo.

De esta forma, es posible señalar tres momentos en la evolución de estas tecnologías, que permiten clasificar y distinguir los distintos grupos de textos con los que se ha enfrentado esta investigación. En el mundo grecorromano de los primeros siglos antes de Cristo el precepto fundamental que guiaba las tecnologías del yo era el "Cuidado de sí", entre cuyas operaciones fundamentales se encontraba la escritura, la lógica que guiaba esta etapa era la del *hacer*: se debe trabajar para obtener un bien, y la falta siempre viene marcada por aquello que no se hizo. A este momento del "Cuidado de sí" pertenecerían las *Confesiones* de San Agustín, que, además de un complejo tratado filosófico, son, en última instancia, un listado de méritos y deméritos sobre un hacer. Asimismo, a partir del advenimiento del cristianismo, donde del "cuidado de sí" se pasó a la "renuncia de sí", estableciéndose un profundo vínculo

---

[335] ibid: 48.

entre escritura y vigilancia, la lógica que guía esta etapa es la del pensar, o más bien la del "evitar pensar", pues en el confesionario se debe dar cuenta hasta de los pensamientos más recónditos. Esta sería la etapa en la que se situarían las *vidas* de las monjas coloniales y las de antecesoras como Catalina de Siena. A esto se añade una tercera etapa:

> Desde el siglo XVIII hasta el presente, las técnicas de verbalización han sido reinsertadas en un contexto diferente por las llamadas ciencias humanas para ser utilizadas sin que haya renuncia al yo, pero para constituir positivamente un nuevo yo. Utilizar estas técnicas sin renunciar a sí mismo supone un cambio decisivo[336].

Podríamos llamar a este momento "de la subjetividad", y caracterizarlo como regido por una *lógica del ser.* Esta es la etapa de la autobiografía. Confesiones-vida-autobiografía puntúan tres momentos en una genealogía marcados por condiciones ideológicas dispares.

Asimismo, antes de concluir este apartado, un apunte en relación a la "grafía" autobiográfica:

> Quizá eso que se debe llamar con todo rigor "literatura" tiene su umbral de existencia... en ese fin del siglo XVIII, cuando aparece un lenguaje que recupera y consume en su rayo cualquier otro lenguaje, alumbrando una figura oscura pero dominadora, donde desempeña su papel la muerte, el espejo y el doble, el arremolinamiento al infinito de las palabras[337].

Para Michel Foucault hasta el siglo XVIII se vivió el "tiempo de la Retórica clásica", que no hace referencia a las formas o leyes de un lenguaje, sino que pone en relación dos hablas, una muda, la otra charlatana: "la retórica repetía sin cesar, para criaturas finitas y hombres que iban a morir, el habla del

---

336 ibid: 94.

337 FOUCAULT, M.: "El lenguaje al infinito" en *De Lenguaje y Literatura,* Barcelona: Paidós, 1996, pág. 154.

Infinito que no acabaría de pasar nunca"[338], pero ahora nos encontramos en el "tiempo de la Biblioteca":

> Empalizada hasta el infinito de lenguajes fragmentarios, que sustituyen la doble cadena de la Retórica por la línea simple, continua, monótona, de un lenguaje entregado a sí mismo, de un lenguaje que está consagrado a ser infinito. Pero que encuentra en sí la posibilidad de desdoblarse, de repetirse, de alumbrar el sistema vertical de los espejos, de las imágenes de sí mismo, de las analogías[339].

La distancia entre el "tiempo de la Retórica" y el "tiempo de la Biblioteca" es la misma que media entre las *vidas* y un texto como *Roland Barthes por Roland Barthes*. En el tránsito de la *vida* a la autobiografía no sólo se ha transformado la noción de sujeto o de reflexividad, sino la de la misma "literatura", tal y como Michel Foucault entiende el concepto[340]. Junto a la autorreflexividad identitaria, la autorreflexividad de la palabra, ambas ausentes en la escritura del "yo" anterior al XVIII.

Después de lo hasta aquí esbozado, puede decirse que *vidas* y autobiografías participan de una relación intertexual, donde, sin embargo, la diferencia determinante que marca el ideologema se percibe con claridad en ese tránsito del yo-cuerpo al yo-sujeto, que impide clasificar a las *vidas* como autobiografías, pues este trabajo demuestra que claramente son dos cosas distintas. Por ello, pensar la autobiografía como "efecto contractual que varía históricamente"[341], equivaldría a dejarse arrastrar por la ficción de semejanza que hemos venido denunciando, implicaría falsear y simplificar un rico campo de posibilidades de lectura. Conceptos como "autobiografías de los siglos de oro" son el fruto de un error de lectura. Más todavía

---

338 ibid: 154.

339 ibid: 154.

340 A este particular puede consultarse "Lenguaje y Literatura" en FOUCAULT, M.: *De Lenguaje y Literatura,* Barcelona: Paidós, 1996.

341 LEJEUNE, P.: "El pacto autobiográfico" en *La autobiografía y sus problemas teóricos,* ibid.: 60.

si se piensa que en el férreo marco de la escritura religiosa de vida, encorsetado por la tradición y el modelo, la distinción entre *vidas* y autobiografías resulta del todo operativa. Junto a la prosopopeya de un cuerpo (relato de vida) la prosopopeya de un yo (autobiografía).

Por todo esto, a la pregunta de si las conclusiones obtenidas del estudio de este campo pueden ser extrapoladas a la problemática de la autobiografía no religiosa, no sólo debe responderse afirmativamente, (es, de nuevo, un espejismo no fundamentado pensar que la relación histórica vida-autobiografía cambia en el seno de los discursos religiosos), sino que, además, la particular idiosincrasia de este corpus de textos y las mitologías de lectura que la acompañan, los convierte en un campo de pruebas en extremo idóneo.

Sin embargo, llegar hasta aquí supondrá detenerse justo en el momento en que se plantea otra pregunta, una vez llegados al umbral de una nueva parábola: aquella que transita desde las autobiografías románticas o realistas a un texto como *Roland Barthes por Roland Barthes*, la que marca el desplazamiento del tiempo de la episteme moderna a la episteme contemporánea, del tiempo del sujeto al tiempo de la muerte del sujeto, pero esta pregunta sobrepasa los límites establecidos para este trabajo.

6.3. GENEALOGÍA DE UN CUERPO

Cuerpo vs. discurso, hombres y mujeres hechos de discurso. La lectura de este trabajo aborda la relación mujer-cuerpo-escritura en distintas épocas, contemplando sus evoluciones e involuciones, relación sólo pensable desde una compleja intertextualidad discursiva, donde la escritura de vida se convierte en una de las posibles matrices ordenadoras. Más todavía si se piensa en las *vidas* y autobiografías de mujeres como espacios de confinamiento, pero también de resistencia, si se indaga en las dificultades que para llenar el espacio del *autos* tiene la mujer, apresada en un doble juego desfigurativo: el autobiográfico, pero también el del género, como otra mascarada, como otro juego especular. Si en el apartado anterior se trazaba una genealogía de la noción de "subjetividad", ahora ésta debe acompañarse de una "genealogía del cuerpo", asumiendo lo que de falseamiento y simplificación tiene en resumir en apenas unas líneas uno de los más complejos problemas de la filosofía: el de la materialidad. Por eso esta apartado se entiende sólo como un esbozo, que lanza algunos cabos hacia un interesante e intenso debate discursivo que desborda los límites de este ensayo, pero desde el que sería sumamente interesante volver sobre él. Por lo que queda apuntado como línea de indagación futura.

El cuerpo es lo que se oculta en la metafísica de occidente, lo que se esconde a la mirada, lo velado, lo tachado, pues su naturaleza es la del engaño, la del error de conocimiento, el cuerpo se rechaza por contingente y accesorio, por inesencial, es un elemento dejado al margen. Habrá que esperar a Nietzsche para que el cuerpo sea recuperado por la filosofía, a la que él concibe como escritura del cuerpo, como terapéutica para su cuerpo enfermo; pero también para el cuerpo enfermo de Occidente[342]. No obstante, antes la mujer ha soportado el cuerpo, como ser fuera de lo social, como sujeto del margen y de la abyección, el cuerpo la ha acompañado, la ha convertido en proscrita.

El capítulo V de este trabajo: "Cuerpos puestos en escena: hacia una retórica femenina de la corporalidad en los siglos XVII y XVIII" historizaba ese lugar-mujer-cuerpo, y ponía en escena los mecanismo ideados por la mujer para reapropiarse

---

342 A este respecto puede consultarse CRAGNOLINI, M. B.: "Del cuerpo escritura. Nietzsche, su 'yo', sus escritos" en www.nietzscheana.como.ar/cuerpo-escritura.htm. Trabajo leído en el marco del *III Simposio Assim Falou Nietzsche: Para uma filosofia do futuro,* Río de Janeiro, 22-25 de Agosto de 2000.

de su cuerpo, para reterritorializarlo, para convertirlo en materia-arte, en un momento histórico donde la mujer es sólo cuerpo. Por eso el relato de vida es el relato de un yo-cuerpo, y la compleja estrategia política de la *Imitatio Christi* un intento por sublimar el cuerpo femenino frente a su tacha de abyección, siempre jugando en el estrecho marco que la mirada patriarcal impone a la mujer.

De esta forma, el cuerpo pasa a ser pensado como territorio que (re)significa a partir de los discursos que operan en los relatos, relatos cuyo sistema de sexo/género se ordena según una producción de poder. El cuerpo como realidad biopolítica, emerge de la mirada que pensadores como Martín Heidegger, o el propio Foucault lanzan hacia el pensamiento de la modernidad[343]. Por ello, si el apartado anterior se dedicaba a rastrear la genealogía de la noción de "subjetividad", indispensable para la indagación que articula este ensayo, ésta debe completarse con una reflexión paralela en torno a la evolución del pensamiento sobre el cuerpo.

Jaume Peris en *La imposible voz. Memoria y representación de los campos de concentración en Chile: la posición del testigo*[344] relee el fundamental artículo de Martín Heidegger "La época de la imagen del mundo"[345] y concluye:

> Lo que funda la modernidad y la hace radicalmente novedosa sería por tanto el hecho de que lo *existente lo es en su representabilidad*, lo cual implica que el mundo es un espacio objetivable en que todo lo existente es tal en la medida en que *se halla disponible* para el sujeto... conquista del mundo como imagen perfectamente disponible para su

---

343 Más tarde el filósofo italiano Giorgio Agamben habrá de desarrollar la noción de biopolítica en su trilogía "Homo saccer", citada en la bibliografía final.

344 Trabajo de Investigación leído en el Departamento de Filología Hispánica de la Facultad de Filología de la Universidad de Valencia, Marzo de 2003.

345 HEIDEGGER, M.: "La época de la imagen del mundo" en *Caminos del bosque*, Madrid: Alianza, 1998.

> cálculo y su aprehensión... en este programa de dominación y calculabilidad de lo ente en su totalidad que hace disponible el mundo para el sujeto moderno es donde puede inscribirse el proyecto de regulación biopolítica total.

Ese viraje tendrá lugar fundamentalmente a partir del siglo XVIII en los dispositivos de poder que regulan los estados europeos, y será pensado por Foucault a partir del concepto de biopolítica, donde "Los procesos vitales de los individuos han de ser perfectamente disponibles para el aparato estatal que, en virtud de esa disponibilidad potencial, tendrá la capacidad de regular a su antojo las diversas modulaciones que la 'vida' puede adquirir"[346]

Pero antes de llegar hasta aquí, Michel Foucault historiza los profundos cambios que en diversas esferas del acontecer humano habrán de producir la transformación global que lleva a la época de la biopolítica; al tiempo que, dicha evolución se revela decisiva en el tránsito de la *vida* a la autobiografía.

En *Vigilar y castigar* el filósofo francés documenta el tránsito de la sociedad de control a la sociedad disciplinaria a comienzos del siglo XVIII. El gran protagonista del mundo del control fue el cuerpo supliciado, el castigo se teatraliza y se marca sobre éste, la lógica del padecer que atravesaba el relato de la Madre Castillo es un buen ejemplo del mismo. De la misma manera, el castigo será la respuesta a una falta, según un listado de equivalencias, como en los *Ejercicios* ignacianos o en la penitencia confesional, a un mismo pecado un mismo castigo, con independencia de por quién o por qué haya sido cometido.

Sin embargo, la sociedad de control ya no castiga una falta, ya no marca un cuerpo, sino que juzga a un "sujeto", en el sentido que se ha venido explicando, no sólo por lo que ha hecho, sino por lo que es o podrá ser. Así, el castigo se

---

346 ibid: 76.

personaliza, pero también se esconde, pues no sólo ha variado su receptor, sino su misma naturaleza: "El castigo ha pasado de un arte de las sensaciones insoportables a una economía de los derechos suspendidos"[347]. El relato de Franz Kafka "En la colonia penitenciaria"[348] podría funcionar como una buena metáfora de este tránsito, ya que en la colonia penitenciaria se produce el enfrentamiento entre dos formas de penalidad: aquella que inscribe la pena en el cuerpo, a punto de ser desterrada, y la penalidad sin cuerpo que amenaza con sustituirla. Esta evolución corresponde a un cambio en el modo en que el cuerpo queda investido por las relaciones de poder, como se verá de inmediato.

La sociedad disciplinaria buscará, ante todo, hacer inteligibles los cuerpos hasta alcanzar el grado máximo de exhaustividad. El nacimiento de la psiquiatría o de las investigaciones de verdad en los procesos judiciales son síntomas de esto. Frente a ello, el cuerpo-monja, el cuerpo de la sociedad de control, aunque sometido a renuncias que aumentan el dominio de sí, todavía dejaba espacio a la interpretación: los sentidos dúplices o de los contactos con Dios o el diablo así lo permitían. Por ello, el siglo XVIII y sus medidas disciplinarias habrán de pensar un cuerpo que a más obediente más útil y viceversa.

Asimismo, el mismo proceso que Foucault observa para el cuerpo vigilado y castigado se vive también en las consideraciones en torno al sexo, como observará en la *Historia de la sexualidad*, donde de un interés moral por él se pasa a una "racionalidad", "incitación política, económica y técnica a hablar de sexo"[349], pues el sexo ya no sólo se juzga, sino que se

---

[347] FOUCAULT, M.: *Vigilar y castigar,* Madrid: Siglo XXI, 1998, pág. 18.

[348] Este relato se encuentra incluido en la recopilación *La condena*, Madrid: Alianza, 1998.

[349] FOUCAULT, M.: *Historia de la sexualidad I. La voluntad de saber,* Madrid: Siglo XXI, 1998, pág. 33.

administra, se sitúa en el límite entre lo biológico y lo económico.

Sin embargo, resulta sumamente significativo que, pese a la diversificación de discursos que hablan de sexo a partir del XVIII: medicina, psiquiatría o demografía, frente al discurso unitario religioso-moral de épocas anteriores, siga pesando sobre el sexo el estigma de "enigma inquietante", que le atribuyó la pastoral cristiana. No en vano, la matriz de los discursos sobre el sexo sigue siendo la confesión, eso sí, despojada de su carácter penitencial e inserta en todo tipo de relaciones:

> En esas postrimerías del XVIII nació una tecnología del sexo enteramente nueva; nueva, pues sin ser de veras independiente de la temática del pecado, escapaba en lo esencial a la institución eclesiástica. Por mediación de la medicina, la pedagogía y la economía hizo del sexo no sólo un asunto laico, sino un asunto de Estado; aun más: un asunto en el cual todo el cuerpo social y casi cada uno de sus individuos eran instados a vigilarse[350].

El sexo se sitúa en la encrucijada de los micropoderes que actúan sobre él, como superficie de inscripción y las políticas que participan de la regulación de las poblaciones. El sexo es un acceso a la vida del cuerpo y a la vida de la especie, saber de la individualidad, que sitúa dentro de la normalidad o la anormalidad, dentro o fuera de la especie. Toda tecnología política del cuerpo necesitará saber lo suficiente de éste para poderlo someter.

Por ejemplo, la histerización del cuerpo de la mujer sería el resultado de un tiempo en que se habla mucho de sexo, además en clave científica, pero con ello no se busca más que enmascarar aquello de que se habla. El cuerpo-histérico será el cuerpo saturado de sexualidad, que se opone, así, al modelo corporal que se busca para la mujer: cuerpo cuya fecundidad debe ser asegurada, cuerpo del orden de lo familiar, encargado del

350 ibid: 141.

cuidado y la alimentación de los niños. El modelo de mujer romántica enferma y débil, por causas normalmente vinculadas a "trastornos nerviosos", procede de aquí. Pero, muchas veces, sobre los mecanismos de opresión habita la propia posibilidad de revuelta:

> La conciencia del cuerpo se adquiere mediante el efecto de su ocupación por el poder: la gimnasia, el culto a lo "bello", la higiene, la alimentación... toda esta línea que conduce al deseo del propio cuerpo mediante un trabajo insistente que el poder ha ejercido sobre el cuerpo de los niños, de los soldados, sobre el cuerpo sano. Pero desde el momento en que el poder ha producido este efecto, en la línea misma de sus conquistas, emerge inevitablemente la reivindicación del cuerpo contra el poder, la salud contra la economía, el placer contra las normas morales de la sexualidad, del matrimonio, del pudor. Y de golpe, aquello que hacía al poder fuerte se convierte en aquello por lo que es atacado... El poder se ha introducido en el cuerpo, se encuentra expuesto en el cuerpo mismo[351].

Por otro lado, explica Michel Foucault que "durante milenios el hombre siguió siendo lo que era para Aristóteles. Un animal viviente y además capaz de existencia política, el hombre moderno es un animal en cuya política está puesta en entredicho su vida de ser viviente"[352], cruce de *zoe* (vida) y *bios* (vida politizada). Sin embargo, en el último tramo del primer volumen de la *Historia de la sexualidad*: *La voluntad de saber*, Foucault estudia las transformaciones del poder soberano en el umbral de la modernidad, centradas en una serie de cambios en la economía de las aplicaciones de poder: "el viejo derecho de hacer morir o dejar vivir fue reemplazado por el poder de hacer vivir o de rechazar la muerte"[353]. Será aquí donde se produzca el viraje de la política a la biopolítica en la modernidad, biopolítica porque se aplica y fundamenta sobre el cuerpo-

351 GIRONA FIBLA, N.: *El lenguaje es una piel,* Valencia: Universitat de València-Tirant lo Blanch, 1995, pág. 11.
352 ibid: 173.
353 ibid: 167.

especie, "en un espacio de representación homogéneo, matematizable, en el que todas las relaciones entre los entes resultan calculables y en el que, por tanto, puede llevarse a cabo un proceder anticipador"[354], donde *zoe* y *bios* habrán de entrar en una zona de indistinción, en la que no puede separarse sin violencia la condición política del individuo de su condición de viviente.

Desde aquí, Foucault articula una respuesta que se desplaza, de forma no casual, hacia un entronque de lo político con lo autobiográfico:

> El problema, a la vez político, ético, social y filosófico, que se nos plantea hoy no es tratar de liberar al individuo del Estado y sus instituciones, sino tratarnos de liberar *nosotros* del Estado y del tipo de individualización que le es propio. Nos es preciso promover nuevas formas de subjetividad rechazando el tipo de individualidad que se nos ha impuesto durante siglos[355].

Y en ese "nosotros" también se hallan contempladas las mujeres, con la especificidad determinante que las relaciones de poder juegan en las determinaciones de sexo y de género. Los primeros feminismos esgrimen un "nosotras" como bandera de actuación. En relación a esto pueden señalarse tres posturas fundamentales dentro del feminismo: a) Las mujeres reivindican igualdad de acceso al orden simbólico (Feminismo Liberal, de la Igualdad). b) Rechazo a un orden simbólico masculino en nombre de la diferencia sexual (Feminismo radical. Exaltación de la femineidad). c) Negación de la dicotomía masculina entre lo masculino y lo femenino (Aquí se sitúa el pensamiento de Julia Kristeva). Si las dos primeras posturas se han materializado fundamentalmente en acciones de tipo político, la tercera ha dado lugar a un fértil pensamiento teórico[356], que, sin

---

354 PERIS, J., ibid: 50.

355 FOUCAULT, ibid: 301.

356 La distancia que media entre uno y otro bloque de posturas puede apreciarse en afirmaciones del siguiente tipo:

embargo, comienza a ser cuestionado: la crítica puede ser peligrosa si por ella se olvida la praxis. En torno a la distinción sexo/género se nuclean buena parte de los aciertos y desaciertos de estas teorías.

Si entendemos que, en sentido amplio, el feminismo, o los feminismos, pueden ser pensados como una teoría sobre la diferencia sexual, una de las primeras tareas del feminismo sería demostrar la falacia de la naturalización de la categoría de sexo: "Una no nace mujer, sino que se convierte en mujer", cita ya emblemática de Simone de Beauvoir. Por eso se acuñaría el término *género*, como concepto que permite distinguir la categoría biológica de la construcción social e histórica. El género se convierte en una encrucijada donde se ponen en relación los procesos psíquicos, los símbolos culturales, la organización social y legal, y las formas normativas de entender el cuerpo y la sexualidad.

En este contexto Judith Butler con su artículo "Sujetos de sexo/género/deseo"[357] introduce una cuña altamente original al postular la "performatividad" del discurso de género: "No hay una identidad de género detrás las expresiones de género; esa identidad se constituye performativamente por las mismas "expresiones" que se dice son resultado de ésta"[358].

Pero, lo que pretendía ser un apunte clarificador habría de dar lugar a un conjunto de "lecturas erradas", que, aunque

---

La identidad del sujeto feminista no debería ser el fundamento de la política feminista, puesto que la formación del sujeto se da dentro de un campo de poder que se desvanece constantemente mediante la afirmación de ese fundamento. Tal vez, paradójicamente, se muestre que la "representación" tendrá sentido para el feminismo sólo cuando el sujeto "mujeres" no se dé por supuesto en ningún aspecto. (Judit Butler "Sujetos de sexo/género/deseo" en CARBONELL, N. y TORRAS, M. (comp.): *Feminismos literarios,* Madrid: Arco/Libros, 1999).

357 La primera traducción al castellano de este artículo puede encontrase CARBONELL, N. y TORRAS, M. (comp.): *Feminismos literarios,* Madrid: Arco/Libros, 1999.

358 ibid:63.

productivas, en tanto generadoras de pensamiento, necesitaban de una ordenación y revisión. Para responder a esta demanda Butler escribe *Cuerpos que importan*, que nos devuelve de lleno al problema que daba título a este apartado. Judith Butler va a revisar los conceptos de género, performatividad y sexo, desplazando el protagonismo teórico que ha cobrado el género hacia la noción de sexo. La autora reconoce haber emprendido la redacción de este libro tratando de considerar la materialidad del cuerpo, consideración que acaba desplazándose hacia otros muchos terrenos de reflexión. La pregunta que abre el libro es doble: "¿Hay algún modo de vincular la cuestión de la materialidad del cuerpo con la performatividad del género? ¿Qué lugar ocupa la categoría del "sexo" en semejante relación?"[359]. Reproduzco a continuación una cita del texto, que, aunque extensa, representa una condensación de algunas de las conclusiones a las que se llega, después de una larga y profunda revisión y puesta a prueba de las diferentes categorías, que demuestra que la teoría también debe adaptarse a los tiempos y las necesidades del feminismo:

> a) Nos es posible teorizar la performatividad del género independientemente de la práctica forzada y reiterativa de los regímenes sexuales reguladores; b) en este enfoque, la capacidad de acción, condicionada por los regímenes mismos del discurso/poder, no puede combinarse con el voluntarismo o el individualismo y mucho menos con el consumismo, y en modo alguno supone la existencia de un sujeto que escoge; c) el régimen de heterosexualidad opera con el objeto de circunscribir y contornear la "materialidad" del sexo y esa materialidad se forma y sostiene como (y a través de) la materialización de las normas reguladoras que son en parte las de la hegemonía heterosexual; d) la materialización de las normas requiere que se den esos procesos identificatorios, a través de las cuales alguien asume tales normas o se apropia de ellas y estas identificaciones preceden y permiten la formación de un sujeto, pero éste no las realiza en el sentido estricto de la palabra; y e) los límites del constructivismo quedan expuestos en aquellas fronteras de la vida

359 BUTLER, J.: *Cuerpos que importan. Sobre los límites materiales y discursivos del "sexo"*, Argentina: Paidós, 2002.

> corporal donde los cuerpos abyectos o deslegitimizados no llegan a ser considerados "cuerpos". Si la materialidad del cuerpo está demarcada en el discurso, esta demarcación producirá pues un ámbito de "sexo" excluido y no legitimado. De ahí que sea igualmente importante reflexionar sobre de qué modo y hasta qué punto se construyen los cuerpos, como reflexionar sobre de qué modo y hasta qué punto *no* se construyen; además, interrogarse acerca del modo en que los cuerpos no llegan a materializar la norma les ofrece el "exterior" necesario, si no ya el apoyo necesario, a los cuerpos que, al materializar la norma, alcanzan la categoría de cuerpos que importan[360].

Dicha reflexión teórica, junto con relecturas de Freud y Lacan, de Willa Carther, del film *París en llamas*, permiten a Butler agregar a sus conclusiones que sobre aquello que fue excluido o desterrado de la esfera propiamente dicha del "sexo" podría producirse un "retorno perturbador, no sólo como una oposición *imaginaria* que produce una falla en la aplicación de la ley inevitable, sino como una desorganización capacitadora, como la ocasión de rearticular el horizonte simbólico en el cual hay cuerpos que importan más que otros[361]". La materialidad del cuerpo no es previa al discurso, sino que es su producto.

En la pregunta por la materialidad, ante la posibilidad de aceptar o rechazar la hipótesis de Butler, es donde se detiene este trabajo, que al responder otras muchas preguntas ha dado pistas para su respuesta, ha desbrozado un camino, que, quizá, podrá ser recorrido en el futuro.

---

360 ibid: 38-39 Un resumen pormenorizado de las tesis fundamentales que el libro defiende puede encontrase en la reseña que yo misma le dedico en *Diablotexto*, Valencia: Departamento de Filología de la Universidad de Valencia, 2004.

361 ibid: 49.

BIBLIOGRAFÍA BÁSICA

Fuentes primarias

Ana de San Bartolomé: *Obras Completas de la Beata Ana de San Bartolomé,* Roma: Teresianum, 1981.

Santa Catalina de Siena: *El Diálogo. Oraciones y Soliloquios,* Madrid: BAC, 2002.

Francisca Josefa de la Concepción del Castillo: *Mi vida,* Bogotá: Publicaciones Ministerio Educación Colombiano, 1942.
- *Obras completas,* Bogotá: Banco de la República, 1968
- Sor Juana Inés de la Cruz: *Obras Completas,* ed. Alonso Méndez Plancarte, México: FCE, 1988.
- *Inundación Castálida,* Madrid: Castalia, 1982.
- "La *Carta* de Sor Juana al Padre Núñez", edición de Antonio Alatorre, en *Nueva Revista de Filología Hispánica,* t. xxxv, nº 2, México: El Colegio de México, 1987, págs. 591-673.

María de San José: *The Spiritual Autobiography of Madre María de San José (1656-1719),* Liverpool: Liverpool University Press, 1993.

Santa Teresa de Jesús: *Obras Completas,* Madrid: BAC, 1982
- *Libro de la vida,* Barcelona: Círculo de Lectores, 1999.
- *Las Moradas,* Barcelona: Editorial Juventud, 2000.
- *Camino de Perfección,* Madrid: Espasa Calpe, 2001.
- *Libro de la vida,* Madrid: Cátedra, 2001.
- San Ignacio de Loyola: *Obras Completas,* Madrid: BAC, 1997.

SUÁREZ, Úrsula: *Relación autobiográfica,* Santiago de Chile: Biblioteca Antigua Chilena, 1983.

Fuentes teóricas y estudios críticos

ACHURY VALENZUELA, Darío.: "Ascensos y descensos del alma" en *Boletín Cultural y Bibliográfico,* 10:5, 1967.
- "Tunja en tiempos de Sor Francisca Josefa de la Concepción de Castillo", en *Boletín Cultural y Bibliográfico,* 10:4, 1967.

– "La Madre Francisca Josefa de Castillo: erasmiana sin saberlo", en *Boletín Cultural y Bibliográfico,* 10:3, 1967.

ANDRADE GONZÁLEZ, Gerardo: "La Madre Castillo, una mística de la colonia" en *Boletín Cultural y Bibliográfico*, 10:3, 1967.

ANDRÉS, Melquíades (dir.): *Historia de la teología española,* Madrid: FUE, 1983.
– *Historia de la mística en la Edad de Oro en España y América*, Madrid: Biblioteca de Autores Cristianos, 1994.

ARENAL, Electa y SCHLAU, Stacey: "The convent as catalyst for autonomy: two hispanic nuns of the seventeenth century" en MILLER, Beth (ed): *Women in Hispanic Literature, icons and fallen idols,* California: University of California Press, 1983.
– "El convento colonial mexicano como recinto intelectual" en *Actas IBLI*, México: el Colegio de México, 1994.
– *Untold sisters,* Alburquerque: University of New Mexico Press, 1995.

ASENSI PÉREZ, Manuel: *Theoría de la lectura. Para una crítica paradójica,* Madrid: Hiperión, 1987.
– *Teoría literaria y deconstrucción,* Madrid: Arco-Libros, 1990.
– *Literatura y filosofía,* Madrid: Síntesis, 1996.
– *Historia de la teoría literaria (desde los inicios hasta el XIX)*, Valencia: Tirant lo Blanch, 1998.
– "Lenguaje poético como lenguaje trans-simbólico: 'Escrito a cada instante' de Leopoldo Panero" en FRÖHLINCHER, P., GÜNTER, G., IMBODEN R.C., LÓPEZ GUIL, I. (eds.): *Cien años de poesía. 72 poemas españoles del siglo XX: estructuras poéticas y pautas críticas,* Bern: Peter Lang, 2001.
– "Los secretos corredores entre lo máximo y lo mínimo", *Contrastes,* Valencia, 2002.
– *Historia de la teoría literaria II (el siglo XX hasta los años 70),* Valencia: Tirant lo Blanch, 2003.

BABINI, José: *Historia de la medicina,* Barcelona: Gedisa, 2000.

BÁEZ RIVERA, Emilio Ricardo: *Las palabras del Silencio de Santa Rosa de Lima (Hacia los testimonios de la primera escritora mística criolla de la América hispana colonial)*, Sevilla, Universidad de Sevilla, 2002.

BARTHES, Roland: *Roland Barthes por Roland Barthes,* Barcelona: Kairós, 1978.
– *Sade, Fourier, Loyola,* Madrid: Cátedra, 1997.

BARTRA, Roger: *Cultura y melancolía. Las enfermedades del alma en la España de los Siglos de Oro,* Barcelona: Anagrama, 2001.

BATAILLE, George: *Las lágrimas de Eros*, Barcelona: TusQuets, 1997.
- *El erotismo,* Barcelona: TusQuets, 2002.

BATALLION, Marcel: *Novedad y fecundidad en el* Lazarillo de Tormes, Salamanca: Universidad de Salamanca, 1968.
- *Erasmo y España, Estudios sobre la historia espiritual del siglo XVI,* Madrid: FCE, 1991.

BAUDRILLARD, Jean: *El intercambio simbólico y la muerte,* Caracas: Monte Ávila, 1980.

BENASSY-BERLING, Marie-Cécile: *La sociedad colonial hispanoamericana,* Paris: Société d´Edition d´Enseignement Supérier, 1975.
- "Sor Juana Inés de la Cruz, las monjas del convento y el arzobispo: libros, dinero y devoción" en *Revista de Indias* vol. XLVI, nº 177, 1986.

BENÍTEZ, Fernando: *Los demonios del convento: sexo y religión en la Nueva España,* México: Era, 1995.

BELL, Rudolph: *Holy anorexia,* Chicago and London: The university of Chicago Press, 1985.

BERZOSA MARTÍNEZ, Miguel: *Ignacio de Loyola,* Bilbao: Ediciones Mensajero, 2002.

BEUCHOT, Mauricio: *Historia de la filosofía en el México colonial,* Barcelona: Herder, 1996.

BEVERLEY, John: "Nuevas vacilaciones sobre el barroco" en GONZÁLEZ STEPHAN, Beatriz: *Crítica y descolonización: el sujeto colonial en la cultura latinoamericana,* Caracas: Biblioteca de la Academia Nacional de Historia, 1992.

BORRÀS CASTANYER, Laura (ed. y pról.): *Escenografías del cuerpo,* Madrid: Fundación del Autor, 2000.

BRAVO ARRIAGA, María Dolores: "La excepción y la regla: Una monja según el discurso oficial y según Sor Juana" en POOT HERRERA, Sara (ed.): *Y diversa de mi misma entre vuestras plumas ando (Homenaje Internacional a Sor Juana Inés de la Cruz),* México: El Colegio de México, 1993.
- *El discurso de la espiritualidad dirigida,* México: UNAM, 2001.

BROWN, Judith C.: *Afectos vergonzosos. Sor Benedetta: entre santa y lesbiana,* Barcelona: Crítica, 1989.

BRUMBERG, J.J: *Fasting Girls: The Emergence of Anorexia Nervosa as a Modern Disease,* Cambridge: Harvard University Press, 1988.

BURNS, Catherine: *Colonial habits (Convents and spiritual economy of Cuzco, Peru)*, Duke University Press, 1999.

BUTLER, Judit: *El género en disputa*, México: Paidós, 2001.
– *Cuerpos que importan. Sobre los límites materiales y discursivos del "sexo"*, Barcelona: Paidós, 2002.

CACHO, Ignacio: *Iñigo de Loyola. Ese enigma*, Bilbao: Mensajero, 2002.

CAMPORESI, Piero: "La hostia consagrada: un maravilloso exceso" en FEHER, Michel (ed.): *Fragmentos para una historia del cuerpo humano. Parte Primera*, Madrid: Taurus, 1992, págs. 227-245.

CANOVAS, Rodrigo: "Úrsula Suárez: la autobiografía como penitencia" en ORTEGA, Julio (coord.): *Conquista y contraconquista: la escritura del Nuevo Mundo*, México: El Colegio de México, 1994.
– "Úrsula Suárez, la santa comedianta del Reino de Chile" en RAMOS MEDINA, Manuel (Coord.): *Memoria del II Congreso Internacional: El monacato femenino en el Imperio Español: monasterios, beaterios, recogimientos, colegios*, México: Condumex, 1995.

CARBONELL, Neus y TORRAS, Meri: *Feminismos literarios*, Madrid: Arco-Libros, 1999.

CARREÑO, Antonio: "Las paradojas del yo autobiográfico: *El Libro de la vida* de Santa Teresa de Jesús" en VVAA: *Santa Teresa y la literatura mística hispánica*, Madrid: Edi-6, 1984.

CARRIÓN, María M.: *Arquitectura y cuerpo en la figura autorial de Teresa de Jesús*, Barcelona: Anthropos, 1994.

CATELLI, Nora.: *El espacio autobiográfico*, Barcelona: Lumen, 1991.

CATRELL MASCARELL, Amparo y SÁNCHEZ MANCHORI, Mar: *Teresa de los Andes. Una joven carmelita*, Madrid: Ediciones Palabra, 2002.

CESAREO, Mario: "Menú y emplazamientos de la corporalidad barroca" en MORAÑA, Mabel: *Relecturas del barroco de Indias*, Hanover: Eds.del Norte, 1994.
– *Cruzados, mártires y beatos (Emplazamientos del cuerpo colonial)*, West Lafayette: Purdue University Press, 1995.

CIXOUS, Hélenè: "La joven nacida" en *La risa de la medusa*, Barcelona: Anthropos, 2001.

DE CERTAU, Michel: *La fábula mística*, México, Universidad Iberoamericana, 1993.

DE MAN, Paul: *The Rhetoric of Romanticism,* New York: Columbia University Press, 1984.
- *Alegorías de la lectura,* Barcelona: Lumen, 1990.
- "La autobiografía como desfiguración" en LOUREIRO, Á. (ed): *La autobiografía y sus problemas teóricos, Anthropos,* Suplementos 21, 1991.

DE LA FLOR, Fernando: *Barroco. Representación e ideología en el mundo hispánico (1580-1680)*, Madrid: Cátedra, 2002.

DE LA MAZA, Francisco: *Sor Juana Inés de la Cruz ante la historia,* México: UNAM, 1980.

DE MOLINOS, Miguel: *Guía espiritual. Defensa de la contemplación,* Barcelona: Barral, 1974.

DELEUZE, Gilles: *El pliegue. Leibniz y el Barroco,* Barcelona: Paidós, 1998.

DERRIDA, Jacques: *The Ear of the Other,* Lincoln and London: University of Nebraska Press, 1988.
- *La escritura y la diferencia*, Barcelona: Anthropos, 1989.
- *Fuerza de ley. El fundamento místico de la autoridad,* Madrid: Tecnos, 1997.
- *La diseminación,* Madrid: Fundamentos, 1997.
- *De la gramatología,* México: Siglo XXI, 2001.

DILTHEY, W.: *Dos escritos sobre hermeneútica: el surgimiento de la hermeneútica y los esbozos para una crítica de la razón histórica,* Madrid: Alianza, 2000.

DONAHUE, Darcy: "Writing Lives: Nuns and confessors as autobiographers in Early Modern Spain" en *Journal of Hispanic Philology,* 1989, 13, nº 3.

DUBY, George (ed): *Historia de las mujeres, la Edad Media,* Madrid: Taurus, 2000.
- *Historia de las mujeres del Renacimiento a la Edad Moderna,* Madrid: Taurus, 2000.

DUCHET-SUCHAUX, Gaston y PASTOREAU, Michel: *La Biblia y los santos,* Madrid: Alianza, 2001.

DURÁN LÓPEZ, Fernando: *Tres Autobiografías Religiosas Españolas del siglo XVIII. Sor Gertrudis Pérez Muñoz, Fray Diego José de Cádiz y José Higueras,* Cádiz: Servicio de Publicaciones de la Universidad de Cádiz, 2003.

EHRENREICH, Bárbara y ENGLISH, Derdre: *Brujas, comadronas y enfermeras. Historia de las sanadoras. Dolencias, trastornos, política sexual de la enfermedad,* Barcelona: Lasal, 1998.

ENTWISLE, Jean: *El cuerpo y la moda,* Barcelona: Paidós, 2002.

ESPINOSA, Manuel: *La religiosa mortificada,* Madrid: Imprenta Real, 1799.

FE, Marina (ed.): *Otramente: lectura y escritura feministas,* México: FCE, 1999.

FERNÁNDEZ, Celia y HERMOSILLA, María Ángeles (eds.): *Autobiografía en España: un balance,* Madrid: Visor, 2004.

FERRÚS ANTÓN, Beatriz: "¿Nuevas miradas a la literatura latinoamericana colonial?" en MATTALIA, Sonia y DEL ALCAZAR, Nuria (eds.): *América Latina: Literatura e Historia entre dos finales de siglo,* Valencia: Ceps, 2000.
- "Contar a una mujer: Dolores Medio y la ficción autobiográfica", en VVAA: *El diario como forma narrativa,* El Puerto de Santa María: Fundación Luis Goytisolo, 2001.
- "Monja y alférez o el binomio imposible" en GIRONA FIBLA, Nuria y MATTALÍA ALONSO, Sonia (eds.): *Aun y más allá: mujeres y discursos,* Venezuela: ExCultura, 2001.
- "Catalina de Erauso: ¿Otra historia o historia *otra?*" en BERNAL, Assumpta, COPERÍAS, María José y GIRONA, Nuria (eds.), *Narrativa i història,* Valencia: Univesitat de Valencia, 2002.
- "Suspender los sentidos: Autobiografía y mística" en *Actas del V Congreso de la* AEELH, *La literatura latinoamericana y los cinco sentidos*, La Coruña, Septiembre de 2002. (en prensa).
- "Los pretextos del paratexto: *Historia de la Monja Alférez escrita por ella misma*" en *Cuadernos de Romanticismo e Ilustración*, Cádiz: Universidad de Cádiz, 2003.
- *Discursos cautivos: vida, escritura, convento,* Valencia: Quaderns de Filología-Anejos, 2004.
- "Escribirse como mujer: autobiografía y género" en *Actas del Congreso Internacional: Autobiografía en España (un balance),* Madrid: Visor, 2004.
- "Yo-cuerpo y escritura de vida. (Para una tecnología de la corporalidad femenina en los siglos XVI y XVII)" en ASENSI PÉREZ, M y GIRONA FIBLA, N.: *Tropos del cuerpo,* Valencia: Quaderns de Filologia, 2004.

FOUCAULT, Michel: *Microfísica del Poder,* Madrid: La Piqueta, 1980.
- *El nacimiento de una clínica. Una arqueología de la mirada médica,* México: Siglo XXI, 1989.

- *La arqueología del saber,* México: Siglo XXI, 1991.
- *De Lenguaje y Literatura,* Barcelona: Paidós, 1996.
- *Tecnologías del yo,* Barcelona: Paidós, 1996
- *Historia de la sexualidad I. La voluntad de saber,* Madrid: Siglo XXI, 1998.
- *Vigilar y castigar,* Madrid: Siglo XXI, 1998.
- *Las palabras y las cosas,* Madrid: Siglo XXI, 1999.
- *El orden del discurso,* Barcelona: Tusquets: 1999.

FRAISSE, Geneviève: "Del destino social al destino personal. Historia filosófica de la diferencia de los sexos" en DUBY, Georges y PERROT, Michelle: *Historia de las mujeres 4. El siglo XIX,* Madrid: Taurus, 2000.

FRANCO, Jean: *Las conspiradoras,* México: FCE, 1994.

GARCÍA BARRAGÁN, Elisa: "Santa Teresa y las monjas coronadas de la Nueva España (Estudio iconográfico)" en VVAA: *Santa Teresa y la literatura mística hispánica,* Madrid: Edi-6, 1984.

GILES, Mary E.: *Mujeres en la Inquisición (La persecución del Santo Oficio en España y el Nuevo Mundo),* Barcelona: Martínez Roca, 2000.

GIRONA FIBLA, Nuria: *El lenguaje es una piel,* Valencia: Universitat de València- Tirant lo Blanch, 1995.
- "Mal de Historias" en BERNAL, Assumpta, COPERÍAS, María José y GIRONA, Nuria (eds.), *Narrativa i història,* Valencia: Univesitat de Valencia, 2002.
- "Para una teología del fantasma: la mística de María de San José" en ASENSI PÉREZ, M y GIRONA FIBLA, N.: *Tropos del cuerpo,* Valencia: Quaderns de Filologia, 2004.

GLANTZ, Margo: "Las monjas como una flor: un paraíso occidental" en RAMOS *MEDINA, Manuel (Coord.):* Memoria del II Congreso Internacional: El monacato femenino en el Imperio Español: monasterios, beaterios, recogimientos, colegios, México: CONDUMEX, 1995.
- *Sor Juana Inés de la Cruz: ¿Hagiografía o autobiografía?,* México: Grijalbo, 1995.

GONZÁLEZ ECHEVARRÍA, Roberto: *Mito y archivo,* México: FCE, 1990.
- *Celestina' s Brood. Continuities of the Baroque in Spanish and Latin American Literature,* Duham: Duke University Press, 1993.

GÓMEZ MORIANA, Antonio: "La subversión del discurso ritual: una lectura intertextual de *Lazarillo de Tormes*", "La subversión del discurso ritual II", "Autobiografía y discurso ritual: problemática de la confesión autobiográfica destinada al tribunal inquisitorial" en *Cotextes,* n° 8, Université Paul Valery, Montpellier III, 1984.

GRACIANO, Frank: "Santa Rosa de Lima y el cuerpo sacrificial" en MORAÑA, Mabel (ed.): *Mujer y cultura en la colonia hispanoamericana,* Pittsburg: Instituto Internacional de Literatura Iberoamericana, 1996, págs. 195-199.

GUBAR, Susan: "La página en blanco" en FE, Marina: *Otramente: lectura y escritura feministas,* México: FCE, 1999.

GUSDORF, Georges: "Condiciones y límites de la autobiografía" en LOUREIRO, Ángel (ed. y prol.): *La autobiografía y sus problemas teóricos. Estudios e investigación documental,* Barcelona: Anthropos. Suplementos 29.

HAMILTON, Carlos: "Sobre los manuscritos de la Madre Castillo" en *Boletín del Instituto Caro y Cuervo,* XIX, 1969.

HEIDEGGER, Martín: "La época de la imagen del mundo" en *Caminos del bosque,* Madrid: Alianza, 1998.

HÉRITER-AUGÉ, François: "El esperma y la sangre: en torno a algunas teorías sobre su génesis y sus relaciones" en FEHER, Michel (ed.): *Fragmentos para una historia del cuerpo humano. Parte Tercera,* Madrid: Taurus, 1992, págs.159-174.

HERPOEL, Sonja: *A la zaga de Santa Teresa: Autobiografías por mandato,* Ámsterdam: Rodopi: 1999.

– "Un mar de misterios: la religiosa española ante la escritura" en ZAVALA, Iris (coord.): *Breve historia de la literatura española (en lengua castellana) IV. La literatura escrita por mujer. (De la Edad Media al siglo XVIII),* Barcelona: Antrhopos, 2000.

HERRÁIZ, Maximiliano: *Introducción al* Libro de la Vida, Burgos: Monte Carmelo, 2001.

IBSEN, Kristine: *Women´s spiritual autobiography in colonial Spanish America,* Ganesville: University Press of Florida, 1999.

KNIBIELHER, Ivonne: "Cuerpos y corazones" en DUBY, Georges y PERROT, Michelle: *Historia de las mujeres 4. El Siglo XIX,* Madrid: Taurus, 2000.

KONING, Frederik: *Historia del satanismo,* Barcelona: Bruguera, 1975.

KOTTLER, Jeffrey A.: *El lenguaje de las lágrimas. El llanto como expresión de las emociones humanas*, Barcelona: Paidós, 1997.

KRISTEVA, Julia: *El texto de la novela,* Barcelona: Lumen, 1974.

– *Semiótica I y II,* Madrid: Fundamentos, 1978.

– *Poderes de la perversión,* México: Siglo XXI, 1989.
– *Historias de amor,* México: Siglo XXI, 1991.
– *Sol negro. Depresión y melancolía,* Caracas: Monte Ávila, 1991.
– *Historias de amor,* México: Siglo XXI, 1991.
– *Las nuevas enfermedades del alma,* Madrid: Cátedra, 1995.

LAGARDE y DE LOS RÍOS, Marcela: *Los cautiverios de las mujeres: madresposas, monjas, putas, presas y locas,* México: UNAM, 2001.

LAGOS, María Inés: "Confession to the father: marks of gender and glass in Úrsula Suárez´s *Relación*" en *Modern Language Notes,* 110, nº 2, 1995, págs. 353-384.

LAVRIN, Asunción: "Cotidianidad y espiritualidad en la vida conventual novohispana del s. XVII" en VVAA: *Coloquio internacional: Sor Juana Inés de la Cruz y el pensamiento novohispano,* México: Instituto Mexiquense de Cultura, 1995.

LE BRETON, David: *Antropología del dolor,* Barcelona: Seix Barral, 1999.

LEJEUNE, Philiphe: *El pacto autobiográfico,* Madrid: Megazul-Endymion, 1991.

LLANOS, Bernardita: "Autobiografía y escritura conventual femenina en la colonia" en *Letras Femeninas,* Número Extraordinario, 1999.

LORETO LÓPEZ, Rosalva: *Los conventos femeninos y el mundo urbano de Puebla de los Ángeles del siglo XVIII,* México: El Colegio de México, 2000.

LOUREIRO, Ángel: *La autobiografía y sus problemas teóricos. Estudios e investigación documental,* Barcelona: *Anthropos,* Suplementos 29, 1991.
– *El gran desafío: feminismos, autobiografía y posmodernidad,* Madrid: Megazul-Endymion, 1994.
– *The Ethics of Autobiography. Replacing The Subject in Modern Spain,* Nashville: Vanderbilt University Press, 2000.

LUDMER, Josefina: "Tretas del débil" en GONZÁLEZ, P. y ORTEGA, E.: *La sartén por el mango. Encuentro de escritoras latinoamericanas,* Río Piedras: Huracán, 1985.

MARAVALL, Antonio: *La cultura del barroco,* Barcelona: Ariel, 1998.

MARTÍN, Luis: *Las hijas de los conquistadores,* Barcelona: Casiopea, 2000.

MARTÍN VELASCO, Juan: *El fenómeno místico,* Madrid: Trotta, 1999.

MARTÍNEZ FERNÁNDEZ, José Enrique: *La intertextualidad Literaria,* Madrid: Cátedra, 2001.

MATTALIA, Sonia: *Máscaras suele vestir. Pasión y revuelta: escrituras de mujeres en América Latina,* Madrid: Vervuet, 2003.

MCKINGHT, Kathryn J.: "Nexos del discurso femenino y la vida conventual de Sor Juana Inés de la Cruz y Sor Francisca Josefa de la Concepción del Castillo" en VVAA: *Coloquio internacional: Sor Juana Inés de la Cruz y el pensamiento novohispano,* México: Instituto Mexiquense de Cultura, 1995.

– *The Mystic of Tunja. The writings of Madre Castillo, 1671-1742,* Massachusetts: University of Massachusetts Press, 1997.

MERRIM, Stephanie: *Early Modern Women´s Writing and Sor Juana Inés de la Cruz,* Liverpool: University Press, 1999.

MINOIS, George: *Breve historia del diablo,* Madrid: Espasa, 2002.

MOLL, Ana María: "Tres tipos de doblaje clítico en la *Relación autobiográfica* de Úrsula Suárez", *Taller de Letras,* 21, Santiago de Chile, 1993, págs. 11-23.

MOLLOY, Silvia: *Acto de presencia. La escritura autobiográfica en Hispanoamérica,* México, FCE, 1996.

MONTECINOS, Sonia: "Identidad femenina y escritura en la *Relación autobiográfica* de Úrsula Suárez" en BERENGUER, Carmen (ed.): *Escribir en los bordes. Congreso Internacional de Literatura femenina latinoamericana,* Santiago de Chile: Mujeres Cuarto Propio, 1990, págs. 105-115.

MORALES BORRERO, María Teresa: *La madre Castillo: su espiritualidad y su estilo,* Bogotá: Publicaciones del Instituto Caro y Cuervo, 1968.

MORAÑA, Mabel: "Sor Juana Inés de la Cruz: letra, lengua, poder..." en VVAA: *Coloquio internacional: Sor Juana Inés de la Cruz y el pensamiento novohispano,* México: Instituto Mexiquense de Cultura, 1995.

– *Políticas de la escritura en América Latina. De la Colonia a la Modernidad,* Caracas: Excultura, 1997.

– *Viaje al silencio: explorando el discurso barroco,* México: UNAM, 1998.

MORRIS, David: *La cultura del dolor,* Santiago de Chile: Andrés Bello, 1991.

MURIEL, Josefina: *Conventos de monjas en la Nueva España,* México: Editorial Santiago, 1946.

- *Los recogimientos de mujeres*, México: Universidad Autónoma de México, 1974.
- *Las mujeres de Hispanoamérica: época colonial,* Madrid: Mapfre, 1992.
- "Sor Juana Inés de la Cruz y los escritos del Padre Antonio Nuñez de Miranda" en POOT HERRERA, Sara (ed.): *Y diversa de mi misma entre vuestras plumas ando (Homenaje Internacional a Sor Juana Inés de la Cruz)*, México: El Colegio de México, 1993.
- "La vida conventual femenina en la primera mitad del siglo XVII y la primera del XVIII" en PEÑA, Margarita: *Cuadernos de Sor Juana,* México: UNAM, 1995.

MYERS, Kathleen: "El discurso femenino en el Nuevo Mundo: la autobiografía espiritual de la Madre María de San José" en GONZÁLEZ STEPHAN, Beatriz: *Crítica y descolonización: el sujeto colonial en la cultura latinoamericana*, Caracas: Biblioteca la Academia Nacional de Historia, 1992.
- "The role of confessor in the spiritual autobiography of Madre María de San José (1656-1719)" en *Bulletin of Hispanic Studies*, Vol. LXIX, nº 1, Enero 1992.
- "'Miraba las cosas que desía': convent writing, picaresque tales, and the *Relación autobiográfica* by Úrsula Suárez", *Kentucky Romance Quaterly,*40, 1993, págs. 156-172.
- *The Spiritual Autobiography of Madre María de San José (1656-1719),* Liverpool: Liverpool University Press, 1993.
- "La otra Juana y otra *Respuesta* a Fernández de Santa Cruz" en VVAA: *Coloquio internacional: Sor Juana Inés de la Cruz y el pensamiento novohispano*, México: Instituto Mexiquense de Cultura, 1995.
- *Cultura femenina novohispana,* México: UNAM, 1995.
- *Neither sants nor sinners: writing the lives of women in Spanish America,* New York: University Press, 2003.

MYERS, Kathleen y POWELL, Amanda (eds. and trans.): *A wild country out in the garden: the spiritual journal of a colonial mexican nun,* Bloomington: Indiana University Press, 2000.

OROZCO, Emilio: *El teatro y la teatralidad del barroco,* Barcelona: Planeta, 1969.

PASTOR, Beatriz: *Discurso narrativo de la conquista de América,* Cuba: Casa de las Américas, 1983.
- "Silencio y escritura: la historia de la conquista" en GONZÁLEZ STEPHAN, Beatriz: *Crítica y descoloniazación: el sujeto colonial en la cultura latinoamericana*, Caracas: Biblioteca de la Academia Nacional de Historia, 1992.

– *El jardín y el peregrino (Ensayo sobre el pensamiento utópico latinoamericano) 1492-1695*, Amsterdam: Rodopi, 1996.

PAZ, Octavio: *Sor Juana Inés de la Cruz o las trampas de la fe*, Barcelona, Seix Barral, 1982.

PERNIOLA, Mario: "Entre vestido y desnudo" en FEHER, Michel (ed.): *Fragmentos para una historia del cuerpo humano. Parte Segunda*, Madrid: Taurus, 1992, págs. 237-265.

PERRICONE, Catherine: "La madre Castillo: mística para América" en VVAA: *Santa Teresa y la literatura mística hispánica*, Madrid: Edi-6, 1984.

PERRY, Mary Elizabeth: "Subversion and Seduction: perceptions of the body in writing of religious women in counter-reformation Spain" en SAINT-SAËNS, Alain: *Religion, body and gender in early modern Spain*, San Francisco: Mellen Research University Press, 1991.

PINTO, Raféale: "La metáfora del cuerpo en el discurso de la anorexia" en BORRÀS CASTANYER, Laura (ed. y pról.): *Escenografías del cuerpo*, Madrid: Fundación del Autor, 2000.

PORRAS COLLANTES, Ernesto: "Sor Juana Inés de la Cruz y Sor Francisca Josefa de la Concepción Castillo" en VVAA: *Coloquio internacional: Sor Juana Inés de la Cruz y el pensamiento novohispano*, México: Instituto Mexiquense de Cultura, 1995.

POUTRIN, Isabelle: *Le voile et la plume. Autobiographie et sainteté féminine dans L´Espagne Moderne*, Madrid: Casa de Velázquez, 1995.-
R.A.E: *Diccionario de la lengua española*, Madrid: Espasa-Calpe, 1992.

RAMA, Ángel: *La ciudad letrada*, Hanover: Ediciones del Norte, 1984.
– *Transculturación narrativa en América Latina*, México: Siglo XXI, 1980.

RICCIO, Alessandra: "La autobiografía de la Madre Josefa del Castillo" en ORTEGA, Julio (coord.): *Conquista y contraconquista: la escritura del Nuevo Mundo*, México: El Colegio de México, 1994.

ROBLEDO PALOMEQUE, Ángela I.: "La escritura mística de la Madre Castillo y el amor cortesano: religiones de amor" en *Thesaurus*, XLII, 1987.
– "La Madre Castillo: autobiografía mística y discurso marginal" en *Letras Femeninas* XVIII, The University of Illinois at Chicago, nº 1-2, 1992.

– "Para una teoría del barroco hispanoamericano" en MORAÑA, Mabel (ed.): *Relecturas del barroco de Indias,* Hanover: Ediciones del Norte, 1994.

ROS, Carlos: *Catalina de Siena, santa de Europa,* Barcelona: Centre de Pastoral Litúrgica, 2003.

ROSA, Nicolás: *El arte del olvido (Sobre la autobiografía),* Buenos Aires: Puntosur, 1990.

ROUSSEAU, Jean Jacques: *Las Confesiones,* Madrid: Espasa-Calpe, 1983.

ROUX, Jean-Paul: *La sangre. Mitos, símbolos y realidades,* Barcelona: Península, 1990.

ROYO MARÍN, Antonio: *La Virgen María. Teología y espiritualidad marianas,* Madrid: BAC, 1968.

RUBIAL GARCÍA, Antonio: *La santidad controvertida,* México: FCE, 2001.

RUIZ, Beatriz: "Una idea sobre el barroco de México" en PEÑA, Margarita: *Cuadernos de Sor Juana,* México: UNAM, 1995.

SÁINZ RODRÍGUEZ, Pedro: *Introducción a la historia de la literatura mística en España,* Madrid: Espasa-Calpe, 1984.

SÁNCHEZ BOUDY, Fernando: "La conquista española como obra mística" en VVAA: *Santa Teresa y la literatura mística hispánica*, Madrid, Edi-6, 1984.

SÁNCHEZ LORA, J.: *Mujeres, conventos y formas de religiosidad barroca,* Madrid: Fundación Universitaria Española, 1988.

SENDRAIL, Michel: *Historia cultural de la enfermedad,* Madrid: Espasa-Calpe, 1983.

SIMÓN PALMER, Carmen: *Aproximación a la bibliografía de Sor Juana* en "Por amor a las letras, Juana Inés de la Cruz le donne e il sacro", separata de la conferencia presentada en este congreso, Milán: Bulzoni Editore, 1998.

SOLLERS, Philippe: *La escritura y la experiencia de los límites,* Valencia: Pre-Textos, 1978.

SPADACCINI, Nicolás y TALENS Jenaro (ed.): *Autobiography in early modern Spain,* Minneapolis: The Prisma Institute, 1988.

STRADA, Graciela: *El desafío de la anorexia,* Madrid: Síntesis, 2002.

TORRAS, Meri: *Soy como consiga que me imagines. La construcción de la subjetividad en las autobiografías epistolares de Gertrudis Gómez de Avellaneda y Sor Juana Inés de la Cruz,* Cádiz: Publicaciones de la Universidad de Cádiz, 2003.

TORO, Josep: *El cuerpo como delito,* Madrid: Alianza, 2002.

TOSTADO GUTIÉRREZ, Marcela: *El álbum de la mujer: antología ilustrada de las mexicanas vol.II (La colonia),* México: Instituto Nacional de Antropología e Historia, 1991.

TUBERT, Silvia: "La construcción de la femineidad y el deseo de ser madre" en GONZÁLEZ DE CHÁVEZ, María Asunción: *Cuerpo y subjetividad femenina. Salud y género,* Madrid: Siglo XXI, 1993.
– *Deseo y representación. Convergencias de psicoanálisis y teoría feminista,* Madrid: Síntesis, 2001.

TUÑÓN PABLOS, Julia: *Women in México. A past unveiled,* Austin-Texas: Univesity of Texas Press, 1999.

UNDERHILL, E.: *Mysticism,* Londres: Methuen, 1911.

USANDIZAGA, Aranzazu: *Amor y Literatura. La búsqueda literaria de la identidad femenina,* Barcelona: PPU, 1993.

VALENTE, José Ángel: *Variaciones sobre el pájaro y la red,* Barcelona: TusQuets, 2000.

VILANOVA, Antonio: *Las fuentes y los temas del Polifemo de Góngora,* Barcelona: PPU, 1992.

VILANOVA, Evangelista: *Historia de la teología cristiana. Vol. II: Prerreforma, Reforma y Contrarreforma,* Barcelona: Herder, 1989.

VILAR y PLANAS DE FARNÉS, Johannes: *Antropología del dolor. Sombras que son luz,* Pamplona: Ediciones de la Universidad de Navarra, 1998.

VVAA: *Santa Catalina de Siena. Arte Religioso,* Madrid: Voluntad, 1924.

WALKER BYNUM, Caroline: *Jesus as mother. Studies in the Spirituality of the High Middle Ages,* Berkeley: University of California Press, 1984.
– *Holy feast and Holy fast,* Berkeley: University of California Press, 1987.
– *Fragmentation and redemption,* New York: Zone Books, 1991.
– "El cuerpo femenino y la práctica religiosa en la Baja Edad Media" en FEHER, Michel (ed.): *Fragmentos para una historia del cuerpo humano. Parte Primera,* Madrid: Taurus, 1992, págs. 163-225.
– *The resurrection of the body in westerners Christianity: 200-136,* Berkeley: Univesity of California Press, 1993.

WARNER, Marina: *Allone of All Her Sex,* London: Picador, 1976.

WEINSTEIN, D. Y BELL, R.: *Saints and Society,* Chicago: The University of Chicago Press, 1982.

WOODWARD, Kenneth L.: *La fabricación de los santos,* Barcelona: Ediciones B, 1991.